東方化

EASTERNISATION

WAR AND PEACE IN THE ASIAN CENTURY

中國印度將主導全球

Gideon Rachman

吉迪恩・拉赫曼——著　洪世民——譯

目錄

第二部 ▼ Part 2
亞洲以外的東方化

▼台灣版新序

川普當選美國總統是革命性的一刻，他的勝選在國際政策方面意義相當深遠。自一九四五年以後，歷任美國總統皆戮力支持兩大中心支柱來維護國際秩序。此兩大支柱一是促進國際貿易，二則是以美國領導的盟軍為基礎的全球安全體系。

而川普則揚言要拆毀這兩個支柱。這位美國第四十五任總統信誓旦旦，要力行貿易保護主義。他也始終如一地質疑聯盟的效益，他說北大西洋公約組織「過氣了」，並暗指日本和南韓一直在敲美國竹槓，未盡其防禦上的本分。

川普對全球事務的革命性論點，是以民眾對一種現象的不滿為後盾，此現象即本書所稱的「東方化」（Easternisation）現象——權力和財富正從西方轉移到亞洲。依據國際貨幣基金組織（International Monetary Fund）的資料，若以購買力為基準，中國已成為世界最大的經濟體，美國則退居第二，讓出自十九世紀末盤踞至今的寶座。二〇〇九年，中國成為世界最大的商品出口國，擠下二次大戰以來年年居首的美國。而中國的崛起，只是更大規模的板塊遷移的一部分：亞洲的經濟力愈來愈強。川普誓言「讓美國再次偉大」，言下之意就是要扭轉東方化的過程——讓美國回到昔日無可匹敵的地位，包括生活水準和對全球的影響力。

川普重建偉大美國的願望，很可能造成美國和亞洲新興勢力之間的衝突，特別是中國。早在二〇一二年習近平接任國家主席、大權在握後，中國也在朝更激進的民族主義邁進。早在川普發誓「讓美國再次偉大」之前，習近平就推銷過類似緬懷民族主義的思想，承諾要讓中華民族「偉大復興」。隨著習近平和川普先後在北京和華盛頓掌權，美國民族主義和中國民族主義在太平洋碰撞的舞台已然布置就緒。

最可能發生衝突的顯然是貿易。如果川普貫徹他的威脅、任意調動對中國貨物的關稅，勢必引來報復。貿易戰爭將接踵而至，戕害世界前兩大經濟體的商業關係。

川普勝選後，美中發生實質戰爭的可能性也愈來愈高。本書花了不少篇幅關注美中地緣政治的對抗，在歐巴馬執政期間如何漸趨激烈，川普入主白宮更可能大幅加速這個過程。歐巴馬政府一直刻意卻又謹慎地試著防堵中國在亞太地區的野心，這個努力也可能被川普的新做法所取代：那是比先前更咄咄逼人，也更逞血氣之勇的做法。甚至在就任前，這位新美國總統就展現出和北京作對的企圖——打破美中關係於一九七〇年代正常化以來歷任美國總統的慣例，和台灣總統直接交談。

亞洲最令川普耿耿於懷的莫過於經濟。長久以來，傳統經濟理論相信亞洲國家的財富增長對美國是好事，因為那能為美國公司開拓更大的市場，也為美國消費者創造更便宜的商品，但川普和他的顧問顯然不認同這種想法。他們怪罪「全球化」（也就是國際貿易和投資）是美國勞工生活水準低落的主因。川普的白宮首席顧問史帝夫・巴農（Stephen Bannon）就主張：「全球主義者把美國勞工階層開腸剖肚，創造出亞洲的中產階級。」在他看來，亞洲財富的與日俱增已害美國一貧如洗；絕非主流經濟學想像的互蒙其利。

在選戰期間，川普就發自內心地譴責中國，宣稱「我們對中國有五千億美元的赤字……我們不能任中國繼續強取豪奪，它是世界史上的頭號竊賊。」那些希望川普在就任後放棄貿易保護主義的人士，馬上大失所望。《致命中國》（*Death By China*）一書和同名電影的作者彼得・那法若（Peter Navarro）被任命為白宮國家貿易委員會主席，他的智囊兼合著者威爾伯・羅斯（Wilbur Ross），則獲派為商務部長。

那法若的電影一開場就呼籲觀眾「別買中國製產品」。電影中指出，美國製造業工作在二〇〇一年中國加入世界貿易組織後大量流失，並將此怪罪於一連串「不正當」的中國貿易措施，包括寬鬆的環保標準、貨幣操控、侵犯智慧財產權和非法的出口補助。在那法若強調的禍害之中，有些確有其事，例如商業間諜活動。但其他的怨言，例如對貨幣操縱的指控，已是明日黃花。

川普、那法若一派的分析還有個更大的爭議點：他們宣稱要讓製造業工作回到美國本土，但這個承諾是虛妄之辭。機器人和人工智慧持續發展，意味著現代工廠不需要再像過去一樣雇用那麼多工人。製造業的就業人數有減無增，就連中國也一樣——生產線上的人工被機器人取代，低技術性工作則移往南亞和非洲等更貧窮的國家（見第十三章）。川普政府逕行貿易保護主義之舉，反倒可能提高美國的生活成本，而對提振就業沒什麼幫助。

實施貿易保護政策遠遠不僅只著眼於經濟學範疇。中國會將美國封閉部分市場視為敵對行為，這不但危害其經濟健康，更連帶破壞國內政治安定；而美國公然針對中國所展開的貿易保護，也會從根本上瓦解數十年來美國因應中國崛起所採取的策略。過去的策略是建立於這樣的假設上：急遽拓展與中國的貿易，使中國更有興趣維持華盛頓設計和維繫的全球秩序，進而鞏固美國的全球領導地位。小布希政府的副國務卿勞勃・佐利克（Robert Zoellick）

以這句話總結這個理論：中國將成為國際秩序中「負責任的利害關係人」。歐巴馬時代，這個寬慰人心的想法已面臨嚴峻考驗（見第四章），因為事情愈來愈明顯：中國亟欲成為亞太區域的霸權。川普政府向貿易保護主義傾斜，就代表「負責任的利害關係人」一論走到窮途末路。那也表示美中合作最重要的領域，即貿易與投資，將化為戰場。隨著雙方的戰略和經濟競爭愈演愈烈，美中在太平洋的權力爭奪將更趨白熱化。

川普竟會對中國利益構成威脅，這點恐怕令北京政府相當錯愕。我在二〇一六年九月訪問中國時發現，中國官員刻意表現出對六星期後就要舉行的美國總統大選漠不關心（和俄羅斯大力支持川普形成強烈對比）。但，在表面之下，可以察覺中國對於川普有可能當選總統一事，某種程度來說是興奮的。這部分反映了中國官方對希拉蕊．柯林頓的敵視，中國政府認為她正是美國努力防堵中國在太平洋擴張勢力的始作俑者。川普向來對美日和美韓同盟語多質疑，也讓中國備感溫馨。中國一些人士懷疑，這是否意味川普領導的美國較無興趣扮演「世界警察」的角色，繼而會優雅地將東亞的「勢力範圍」讓與中國。

許多中國評論家也指出，對北京而言，共和黨籍的總統通常比較容易相處，從尼克森到小布希都是如此——因為他們大多會將重點聚焦在商業和經濟，而非人權。我試著暗示我的東道主：川普絕非傳統的共和黨員，但北京多數專家覺得川普的保護主義只是選舉辭令，並未放在心上。同樣奇妙的是，中國好像也不在乎川普陣營所提出的、要將美國海軍艦隊擴張至三五〇艘軍艦的計劃——遠高於歐巴馬時代的二七〇艘。但美軍艦隊這般大幅擴編，最可信的理由應該是為了讓美國有更雄厚的戰力，來挑戰中國在南海的影響力。在川普出乎意料的勝選後，知名中國評論員李世默在《紐約時報》專欄發表〈與特朗普（川普）共創中美美好未來〉（*How Trump Is Good For China*）。他自信地聲稱：「北京很期待華盛頓改弦易轍……中國願意與一個就事論事、而不是時刻想著重塑世界的美國打交道。」

但中國對川普過度膨脹的信心維持不到一個月。十二月二日，川普和台灣總統蔡英文講了十分鐘的電話——這通熱線打破近四十年的慣例。這位美國準總統決定跟被中國視為「叛省」的台灣領導人對話，對北京猶如晴天霹靂。之前還有不少中國領導人天真地以為川普可能會默認中國在南海主張的領土；如今卻赫然發現，這位美國新總統竟然在更敏感的議題、即台灣的地位問題上挑戰他們。美國和中國官員因此已在幕後公開討論，有朝一日兩國為台灣開戰的可能性（見六五到六八頁）。中國的軍事支出，特別是潛艦和飛彈，有一大部分是為了可能入侵台灣而做的準備。

非常有可能，川普不大明白接聽蔡總統的賀電意味著什麼。要了解台灣對中國政府有多重要，需要對亞洲現代史略有了解。在中國共產黨於一九四九年贏得國共內戰並取得政權後，戰敗的國民黨逃往台灣。此後，北京便視台北為敵對的權力中心，並一直企圖孤立台灣政府。當美國和中國於一九七九年恢復邦交後，北京便成功地要求華盛頓和台北斷絕正式外交關係。

近數十年來，台灣讓中國焦慮的根本原因已然改變。中國共產黨不再擔心台灣政府謀畫反攻大陸，反倒煩惱起台灣可能宣布脫離中國獨立，這會牴觸中國官方的「一中」原則。中國民眾學習的歷史一再強調，從一八四〇年代起，在這個飽受屈辱的世紀之中，中國積弱不振、四分五裂、屢遭外國人剝削，但一九四九年後，強大的共產黨挺身捍衛中國，並收復失土，包括先後於一九九七年和一九九九年收回香港和澳門。而把台灣「輸」給支持獨立的勢力，會對官方的故事版本造成嚴重損害，更可能對共產黨延續統治構成威脅。因此，對習近平而言，這是有高得不能再高的風險。

中國嚴辭譴責美國與台灣接觸，不代表這樣的接觸是不對的。稱台灣是中國的一個省的說法愈來愈形荒誕。台灣自一九四九年以後獨立治理至今，也因此造就繁榮的經濟。現代台灣有開放、民主的文化，和一黨專政的中國有天壤之別。因此也有相當多人主張：美國總統不應任由外國政府規定他們可以跟誰說話。誠如歐巴馬指出的，在川蔡熱線後，「再看一眼」美國對台政策，本質上是沒有什麼錯的。不過這位即當時將卸任的總統也表示：「現狀雖然無法讓涉入的每一方百分之百滿意，但至少維持了和平……如果你推翻了這項共識，就必須徹底思考後果。」

川普之前並未對台灣展現過什麼興趣，但川普圈子裡的顧問和遊說人士可不是省油的燈。那通電話是前共和黨總統候選人鮑勃・杜爾（Bob Dole）牽線促成，他是拿錢辦事的親台人士；《致命中國》作者兼川普貿易顧問的那法若則公開呼籲美國多多親近台灣。在一篇於二〇一六年七月發表、沒什麼人注意到的文章中，那法若主張美國應賣潛艇給台灣，來對抗中國的海軍擴建，還說：「我們不能再犧牲像台灣這樣的朋友，來安撫另一個正從我們的貿易夥伴兼戰略對手，逐漸變成我們仇敵的國家。」

其實川普並未明確為此種把中國當「仇敵」的觀點背書，但他一旦遭到質疑，反應就會更激烈。因此當中國抱怨川蔡熱線時，這位準總統在推特上的回應是：「中國有先問過行不行才讓貨幣貶值……給我們的商品課重稅……或在南海中央建造大規模軍事設施嗎？」

川普的回應很有意思，除了負氣鬥狠，也展現出關乎安全和經濟議題的考量。傳統上，美國在和亞洲國家打交道時，會嚴守軍事和經濟事務之間的分際，因此美國對日本的軍事承諾，從來不會被拿來影響兩國的貿易爭端。川普的本能則似乎截然不同，他將軍事安全的承諾視為議題組合的一部分，在全面性協商時可以拿來作為討價還價的籌碼。

這種手段會令美國安全機關深惡痛絕。軍事結盟的承諾是神聖不可侵犯的，如果被丟進談判的大雜燴裡，那美國的「可信性」，以及與之密不可分的「嚇阻理論」（doctrine of deterrence），將嚴重被削弱。對日本乃至台灣等盟友來說，這套全新川普理論的含意令人不安，因為那暗示安全可能被拿來作為其他談判的交易條件。可想而知，川蔡熱線讓台灣支持獨立的群眾興奮莫名，但這份興奮也摻雜著對未來的憂慮。萬一川普的做法引來中國軍事反制怎麼辦？而又該如何防範這位美國新總統，哪天為了促使中國在貿易上讓步，就把台灣給賣了？

如果台灣成了美中關係急轉直下的扳機，在許多方面來看，這都是不必要的危機。中國和台灣的現狀固然需要某些獨特的外交折衝，但近二十年來尚稱穩定。相形之下，川普任期內的北韓危機，也許就難以避免了。

在歐巴馬時代，北韓的核武計劃就一直讓美國牽腸掛肚。金正恩政權已多次測試核子武器，據南韓估計，目前北韓約有高達二十件核武。與此同時，北韓也在積極進行彈道飛彈計劃。歐巴馬任期結束前，白宮愈來愈擔心過不了多久，北韓就有能力把核子彈頭裝在可擊中美國西岸的彈道飛彈上。根據估計，北韓再兩年就有這個本事了。

雖然南韓已和北韓的核武威脅共存多年，但美國安全部門長年來的共識是：握有核子彈道飛彈的北韓，將是美國無法容忍的威脅。曾為歐巴馬政府執行亞洲政策達六年之久的麥艾文（Evan Medeiros）指出：「北韓是個只有糟糕選項的國度。」迄今，不論怎麼結合經濟制裁與外交壓力，都無法制止或破壞北韓的核武計劃。美國固然可以轟炸北韓的核子設施，但麥艾文解釋，類似這樣的行動，「會有致使朝鮮半島爆發全面戰爭的風險。」南韓首都首爾位於北韓傳統火砲可輕鬆瞄準的射程範圍內，而朝鮮半島前一次爆發的戰爭，也就是一九五〇年代的韓戰，曾引發中國和美國的軍事衝突——因為中國要力保北韓這個盟友。

朝鮮半島愈益緊張的情勢，讓北韓成為川普勝選後，歐巴馬和川普首度於白宮開會時討論的三大話題之一。川普一開始對這個主題的看法，顯示出他相信只要中國繼續施壓，就能迫使北韓放棄核武計劃。北韓一貧如洗、極度仰賴富有的鄰居中國，這當然是事實，但中國一再否認他們有能耐使北韓就範。真相可能是中國並不願意讓這個危險、不牢靠的鄰居陷入危機——北韓是中國的盟友，雖然常令人火冒三丈，但仍是盟友。

北韓危機變本加厲，加上川普本人性格使然，意味川普政府可能極想逼迫中國處理北韓問題。在最好的情況下這就已經是件難事，如果在朝鮮半島危機的幕後，美中又因貿易、台灣和南海問題爭執不休，要北京合作處理北韓問題無異是緣木求魚。若在北韓問題遇到挫折，川普很可能重啟一些歐巴馬時代認為太過危險而棄之不用的軍事選項。

對美國在東亞最親密的盟友日本和南韓來說，川普的不可預期著實令人擔心。兩國皆心知肚明，萬一朝鮮半島或南海真的爆發戰事，自己會被推上火線。因此，日本首相安倍晉三成為川普當選後第一個與他會面的外國領導人，這是相當了不起的外交成就。二〇一六年十一月十八日，安倍和川普在紐約川普大廈開會的照片，向日本百姓傳達了具安慰作用的訊息——尤其川普長年批評日本對美國的貿易順差，又曾公開質疑美日安保條約。

但儘管川普非常樂意和安倍合拍一張安撫人心的照片，實際上他的政策卻沒有那麼讓日本寬慰。和日本首相會面四天後，川普即宣布他打算在就職當日退出「跨太平洋夥伴關係協定」（Trans-Pacific Partnership, TPP）。TPP是十二個國家煞費苦心協商出來的貿易協定，其中日本和美國是最重要的兩個簽署國。為了談成TPP，以及讓TPP在東京國會強渡關山，安倍已耗費龐大的政治資本。對這位日本首相來說，TPP在經濟和戰略上的意涵同樣重要（見第五章）。一如歐巴馬，安倍也認為，談成一個將日本和美國囊括在內、且針對性地將中國排除在外的大型貿易協定，是阻止中國在亞太區域稱霸的手段之一。

一如歐巴馬政府，日本政府也了解，中國宰制亞洲最可能的途徑是商業，而非戰爭。二十年前，美國是亞洲所有主要經濟體最重要的市場，而日本跨國企業則是東南亞地區最大的外資，但那樣的時代已然過去了。現在，中國是南韓、日本、澳洲和大部分東南亞國家最重要的貿易夥伴，中國的投資對亞洲鄰國而言也愈來愈重要、愈來愈誘人。北京推廣的「一帶一路」，基本上就是在亞洲各地推廣中國在當地基礎建設方面的投資，這更進一步提升了北京的經濟力量。正如安倍和歐巴馬所了解的，中國貿易和投資在全球的重要性與日俱增，亦具有重大的地緣政治意涵。如果國家經濟前景要看北京的臉色，亞洲國家自然不願意和中國作對，或者在領土爭議上站在美國或日本那邊。

對安倍政府而言，TPP是阻擋由中國主導之東亞共榮圈成形的困獸之鬥。因此，一旦川普臨陣抽腿，將會對日本在二十一世紀的生存策略造成致命一擊。

然而，對川普本人來說，拋棄TPP合情合理。競選總統時，他便一再批判美國在柯林頓、小布希和歐巴馬時代簽署的「災難性」貿易協定。川普排斥「全球化」，而TPP正是全球化的完美象徵。且川普不是唯一一個敵視大規模貿易協定的人。反對TPP也是桑德斯（Bernie Sanders）競選總統時的主要政見。二〇一六年七月，在費城舉行的民主黨大會上，反TPP的海報幾乎和反柯林頓的旗幟一樣無所不在，而且被群情激昂地揮舞著。

拋棄TPP可說是考量國內輿情所做成的決定。但在美國之外，川普的舉動被擴大詮釋為這是美國退出全球領導的象徵。在川普宣布這項決定的兩天後，我來到布魯塞爾一位歐盟高級官員的辦公室，他對我說：「真有意思，當英國人是世界經濟霸主時，他們也是自由貿易的主要推廣者；然後美國成了世界經濟霸主，也變成自由貿易的推廣者。現在美國逐漸喪失全球化的信念，而中國逐漸變成自由貿易的主要倡導者了。你可以感覺到歷史的巨輪在轉動。」

考量到許多外國公司在中國處境仍然艱難，現在就說中國政府是世界首要的自由貿易擁護者，仍言過其實。但中國聰明地利用了川普捅TPP婁子的機會，乃不爭的事實。不出數日，中國便積極推動以中國為中心的亞太自由貿易區，以和TPP競爭。諸如澳洲等已經簽了TPP、卻被美國放鴿子的國家，皆立刻對中國的新計劃表示興趣。

貿易不是唯一一個中國拜川普的「美國優先」政策之賜，而有機會試坐全球領導寶座的領域。當川普揚言美國要退出巴黎氣候變遷協議時，中國政府迅速警告美國不要採取這種單方面行動。中國冒出頭來，比美國還要熱烈地支持反制氣候變遷的全球行動，這徹底反轉了歐巴馬時代的情勢，同時也提供北京政府結交國際夥伴的大好機會，並把美國變成不負責任的全球強權。

同樣的模式也可能發生在聯合國。在聯合國通過譴責以色列屯墾的決議後，川普在推特發文：「聯合國……不過是大家聚在一起聊天玩樂的俱樂部。」川普任命無外交相關經驗的南卡羅萊納州長妮基・哈利（Nikki Haley）出任聯合國大使，也突顯出他不認為這個世界組織有多重要。相形之下，中國就處心積慮要當聯合國安理會的龍頭，安理會是掌管世界各地聯合國授權軍事行動的機構。

歐巴馬時代，美國不時暗指中國是不負責任的國際行為者──它在氣候和南海等方面的行動，皆對國際秩序構成威脅。而川普入主白宮，則給了北京扭轉局面的機會。現在反倒是美國可能變成不安定和危險的重要因子，中國則扮演國際規範和協議的支持者角色。

川普對中國的敵意，和他對俄羅斯普丁的由衷欣賞，呈現鮮明對比。他的態度何以南轅北轍？撇開據聞克里姆林宮暗中支持川普的陰謀論不談，似乎有兩種概括的論點可解釋這位新總統對俄羅斯和中國的態度差異。

首先，川普基本上是以經濟競爭的角度來看世界。強大的中國在經濟上是美國難以對付的競爭者。相形之下，俄羅斯經濟相對疲弱，威脅較小。其次，如果川普是從戰略面思考，他也許是試圖瓦解俄羅斯和中國在歐巴馬時期愈益親密的合縱聯盟──因為這兩國和美國的關係都惡化了。

自一九七〇年代開始，「戰略三角」之說一直連結著華盛頓、莫斯科和北京。尼克森─季辛吉主張對中國開放，主要是想藉由拉攏中國來孤立蘇聯。川普政府可能是想故技重施，只是對象易位了：他想藉由拉攏莫斯科來孤立北京。九十三歲的季辛吉在美國大選後立刻造訪川普大廈和莫斯科，使人不由得相信，川普確實在考慮改變戰略。

不過，美國也不乏對這種做法的反對聲浪。首先，詭計多端、經驗老到的普丁極可能會向川普政府謀求他所能謀求的利益，卻不必然讓俄羅斯加入反中國的前線。再者，莫斯科和華盛頓踩在歐洲盟友頭上達成的協議，會破壞歐盟的安定。

川普不大可能顧慮歐盟的心情。他是一九四五年以來，第一位對俄羅斯領導人表示仰慕、卻對德國總理不屑一顧的美國總統。大選期間，川普頻頻讚美普丁是強勢的領導人，卻以「荒唐」一詞抨擊梅克爾願意接納百萬難民入德國之舉。對川普的顧問諸如史帝夫．巴農等人來說，歐盟正是國際主義和全球主義的旗手，而這也正是他們一貫譴責的學理。透過他的布萊巴特新聞網（Breitbart news），巴農和歐洲的極右派及反歐洲政黨建立關係，包括法國的民族陣線（National Front），和德國的德國另類選擇黨（Alternative for Deutschland）。

「西方」這個政治概念向來由北美和歐洲兩大基柱支撐。但如果美國和歐盟在川普時代鬧不合，「西方聯盟」將會陷入大麻煩。倡導「美國優先」的川普可能不太擔心惹惱歐洲，但西方的衰亡其實會嚴重侵蝕川普重建偉大美國的計劃，因為那會減損美國形塑世界事務的力量，如此一來，也會加快財富和權力移往亞洲的速度，而那正是川普和他的支持者最煩惱的事。

一如本書將探討的，西方聯盟持續強大，已減緩了亞洲崛起在政治上的影響。但如果西方自己分崩離析，東方化的速度將變本加厲，接著美國的權力便會一天不如一天。

序

在中國歷史上，進皇宮的外國訪客常被視為向皇帝進貢的「蠻夷」。現代中國領導人對待世界上其他國家的態度仍大同小異——這是二〇一三年十一月，我和一小群西方訪客獲習近平接見時的感想。我們一行人中有多位名聲顯赫的人士，包括前英國首相戈登・布朗（Gordon Brown）、前義大利總理馬力歐・蒙蒂（Mario Monti），和幾名西方富豪。[1]但這批外國大人物彷彿被當成小學生一般看待。

首先，有人引領我們進入人民大會堂洞窟般的中央大廳。然後讓我們在長椅上一排排坐好，準備和主席拍團體照。過了一會兒，習近平旋風般入內，握了幾個人的手（「我摸到他了。」知名學者法蘭西斯・福山〔Francis Fukuyama〕倒抽一口氣，假裝敬畏有加），然後就擺姿勢拍照了。

幾分鐘後，主席致詞。習近平坐在宴會廳中央，面對圍成半圓形的前西方領導人們，他身後有一幅巨大的萬里長城壁畫、頭上有幾盞枝形吊燈。他以提醒賓客「中國是有五千多年歷史的古老文明」做開場白。這句話，從某些方面來說，是照本宣科的官話；但中國對其數千年歷史的認知，正是其自我理解的根本。因此這也無可避免地意味著，中國某種程度上仍把美國視為新建立的國家——歷史不到二百五十年，比中國許多朝代都還短。

習近平決心重建祖國的財富和權力，這是他致詞時的中心思想。他最愛的口號之一，也是他在這群外國聽眾面前一再提及的口號，是中國的「偉大復興」。[2]但他也急欲讓聽眾放心，中國的崛起不會導致外面世界的衝突：「我們都應該努力避免陷入修昔底德陷阱（Thucydides trap），避免陷入新崛起的大國與現存大國之間毀滅性的緊張。」他如此堅稱。

習近平提到「修昔底德陷阱」，表示他或他的幕僚有密切注意美國就中國崛起一事的辯論。哈佛教授格雷厄姆・艾利森（Graham T. Allison）創造了這個詞彙，來形容既有強權遭到新興勢力挑戰的危險階段。艾利森推算，自一五〇〇年以來，共有十六件這樣的案例，其中十二件由對抗演變成戰爭。他將這種一再出現的模式稱為「修昔底德陷阱」，概念來自古希臘歷史學家修昔底德對西元前十五世紀雅典和斯巴達之戰的觀察。修昔底德認為，那場戰爭是雅典害怕斯巴達崛起所致；而對艾利森來說，「對於未來數十年的全球秩序，最關鍵的問題將是：中國和美國有辦法逃脫修昔底德陷阱嗎？」

歐巴馬時代，美中可能發生衝突一事也令白宮擔憂。在歐巴馬八年任期大部分的時間裡，他都將心力耗在中東層出不窮的危機上。那許許多多在白宮地下戰情室裡度過的漫漫長夜，他幾乎對亞洲隻字未提，只除了偶爾訂中國菜當消夜。

但歐巴馬知道事情不該是這樣。儘管視線被中東四起的狼煙遮蔽，他卻看得很清楚，中國的崛起是需要回應的劃時代事件，如果美國要維護自身在全球事務的優越地位，那個回應必須既強勢又持久；但若要避免美國在亞洲陷入可能招致災難的衝突，那就必須拿捏分寸、注意微妙的細節了。

這個挑戰相當嚴峻，因為美中此番矛盾的背後，其實有更大、更深刻的故事。五百多年來，自歐洲殖民時代濫觴，亞洲、非洲和美洲各國家和人民的命運，就操之於歐洲的發展和決定（後來還要加上美國）；如今，經過數個世紀，西方主宰世界的情況即將告一段落。這個轉變的根本原因是亞洲過去五十年卓越的經濟發展。西方政治力是建立在技術、軍事和經濟的優勢之上；但這些優勢正迅速萎縮，而萎縮的結果開始反映在全球政治上。

歐巴馬時代全球政治的主題，就是西方形塑國際事務的力量不斷消蝕。這個現象跟財富愈來愈集中於亞洲息息相關，特別是中國的崛起。其中一個後果是，亞洲各國的外交和軍事緊張急遽升溫，因為崛起的中國一方面挑戰美國和日本的權力，一方面又開始積極強調有爭議性的領土主張。至於美國，則極力防堵中國勢力擴張，除了將軍事資源轉移至太平洋，亦鞏固和印度、日本等國的聯盟，即所謂「重返亞洲」（pivot to Asia，亦譯為「亞洲軸心」或「亞洲樞軸」）政策。本書的第一部將講述這個過程。

本書的第二部則要闡述「東方化」正如何改變亞洲以外的世界。歐巴馬時代的外交政策危機大多發生在亞洲之外——包括敘利亞的內戰、西方和俄羅斯關係急遽惡化、歐盟的政治經濟混亂。但這些看似互不相干的事件，卻被一條紅線連繫在一起：西方愈來愈無力扮演穩定和強勢的角色，愈來愈不能在混亂的世界中強行建立秩序了。當然，就算在歐美強權巔峰時期，世界上也始終不缺戰爭、衝突和革命，讓西方權力掮客備覺困惑和受挫。但今時不同以往的是，西方的政治、戰略和意識型態的主宰力，在全球每一個區域都面臨挑戰：在亞洲、中東、東歐、拉美和非洲遍地開花。

西方力量的式微在中東最為明顯，歐洲強權在第一次世界大戰時建立、也在一九四五年後得到美國支持的政治秩序，正在分崩離析。於是，戰爭、恐怖主義和好幾個國家的崩潰接踵而至。美國因為無法在伊拉克和阿富汗的戰爭中取得明確的勝利，開始自縛手腳、不敢動用壓倒性的武力恢復中東地區的秩序；而為經濟危機焦頭爛額的歐盟，也無法對歐亞邊界燃燒的戰火做出有效回應。雪上加霜的是，從崩壞的中東湧出的難民潮，又使得歐洲本身更趨不穩定。

我相信歐巴馬時代最終會被視為歷史的一個鉸接點——在此之後，西方的式微變得遠比過去明顯。儘管不少評論家主張西方的衰弱是歐巴馬個人之過，但事實是有其他更深的因素在起作用。其中最重要的是全球經濟力的長期轉移，這讓美國和歐洲更難聚積軍事、政治和意識型態的必要資源，來強迫世界遵守秩序。

歷史性的轉移

要了解我們親身經歷的這個年代的意義，必須回溯到五百多年以前。十五世紀初，中國和伊斯蘭世界的經濟、政治力和技術發展，至少不亞於歐洲的水準。在一四九〇年代歐洲展開航海大探險後，全球的權力平衡才開始傾斜。一四九二年，西班牙君主雇用的熱那亞探險家哥倫布橫越大西洋；一四九八年，葡萄牙探險家達伽馬（Vasco da Gama）抵達印度。正是葡萄牙人和西班牙人開始扭轉歐洲與世界其他地方的關係。往後數個世紀中，歐洲在軍事、航海和工業方面的優勢，也讓其他歐洲國家得以建立全球帝國。俄羅斯往東擴張，跨越亞洲一路直抵太平洋；荷蘭建立了遠及印度尼西亞的帝國；法國的殖民地從印度支那（中南半島）延伸到西非及加勒比海；英國先在十八世紀掌控印度，後於十九世紀的「瓜分非洲」（scramble for Africa）獨占鰲頭。到二十世紀初，光是大英帝國就涵蓋世界近四分之一的陸地。白種人在全球稱霸，幾乎無一例外。誠如史丹佛史學家伊安・摩里士（Ian Morris）所言：「一九一四年時，歐洲人及其殖民地統治了世界八十四％的陸地，和一〇〇％的海洋。」

兩次世界大戰和一波脫離殖民的浪潮，致使歐洲帝國主義在二十世紀後半崩潰。印度脫離英國獨立；法國被迫退出印度支那；荷蘭人離開印度尼西亞。但美國在二次世界大戰後以世界卓越強國之姿崛起，延續西方的領導權。甚至連蘇聯這個在冷戰時期代表有別於「西方」的替代選項，也成了歐洲強國。

歐美列強稱霸世界的數百年是以經濟力量為基礎。聯合王國之所以能建立全球帝國，是拜英國領導工業革命所賜。德國的工業在十九世紀成長茁壯，厚植它挑戰英國的實力。一九四五年後，則是「世界最大經濟體」的地位，讓美國得以在冷戰時期奠定西方聯盟的基石，並且在柏林圍牆倒塌後，搖身變成世界唯一的超級強權。

是經濟力讓國家得以聚積軍事、外交和技術的資源，並將之轉化成國際政治權力。但，過去五十年來，西方在全球經濟的霸業一直穩定地衰落。

亞洲的經濟轉變，在一九六〇年代的日本和七〇年代的南韓、台灣及部分東南亞國家開始顯著起來。日本經濟的擴張和顯而易見的財富累積更是戲劇化，使得八〇年代晚期，許多美國人開始擔心，美國可能會被它昔日的二戰對手迎頭趕上。但單憑日本的人口（一九九〇年僅略高於一億兩千萬人），尚不足以撼動全球的經濟均勢。中國和印度的崛起就是另一回事了，因為這兩國的人口都超過十億。從一九八〇年以後，中國經濟開始一如六〇年代的日本，年年以兩位數的速率成長。印度的成長雖然沒那麼快，但在九〇年代初的經濟改革後，也開始變得強勁。

指標性的一刻在二〇一四年到來：國際貨幣基金組織宣布，若以購買力為標準，中國是世界最大的經濟體。自一八七〇年代初期以後，美國一直是世界最大的經濟體，而現在，中國成了「天下第一」。中國的崛起又只是大規模經濟力轉移中的一部分。據國際貨幣基金組織表示，世界前四大經濟體，現在有三個在亞洲了。中國第一，美國居次，印度和日本分居三、四名。我是在G7（七大工業國組織）的世界裡長大的，G7於一九七五年首次集會，世界各主要經濟體齊聚一堂。當年，七大經濟體有六個在歐洲和北美（日本是唯一的例外），但那個世界已成追憶。全球經濟力的板塊正發生大規模移動，最近一份澳洲政府所做的報告書，就捕捉到了這個變化，它指出：「在二〇一〇到二〇二〇的十年內，亞洲的經濟產出將追上歐洲和北美的總和。」

經濟力會移往亞洲的根本理由很簡單：數大便是美。到二〇二五年時，全球將有大約三分之二的人口住在亞洲。相形之下，美國和歐盟的人口將分別只占全球的五%和七%左右。瑞典卡羅琳學院（Karolinska Institutet）的漢斯・羅斯林（Hans Rosling），高明地形容世界的密碼是「1114」：意思是現今全球七十億人口中，約有十億住歐洲、十億住美洲、十億住非洲、四十億住亞洲。到二〇五〇年，全球人口可望增至九十億，而密碼將變成「1125」，非洲和亞洲都將增加十億人。

數百年來，東西方之間的財富和技術落差極大，使西方列強得以無視人口的差距，主宰國際事務和商業。但亞洲經濟在過去兩個世代迅速發展，意味財富的差距已大幅縮小，使得亞洲人口總數的力量，足以讓世界權力的天平開始傾斜。

很多西方人士亟欲相信上述種種只是短暫的現象，或是海市蜃樓，這並不難理解。國際貨幣基金組織在二〇一四年評估中國為世界最大經濟體一事，多數美國人都嗤之以鼻，他們堅信「購買力平價」（purchasing-power parity, PPP）扭曲了真實的情況。ＰＰＰ這種評估經濟體財富及規模的標準，會考量相對物價及購買力，因此在中國理髮或買一條麵包比在英美便宜的事實，會被用來校準對於相對財富的評估。這種算法會放大像中國這種低薪資、低物價經濟體的規模。於是，有些分析師主張，用ＰＰＰ來評估中美經濟體的相對規模，再以此推算兩國在全球的權力影響，是有嚴重瑕疵的指標——中國國內的物價與推估海外權力影響有何關係？若以當前的匯率為基準，美國在二〇一五年仍是「天下第一」固然是事實，不過多數經濟學者認為ＰＰＰ還是較好的經濟規模指標，因為ＰＰＰ能避開這個荒謬的情境：因貨幣市場波動，某個經濟體在一個月內就有兩位數的成長或萎縮。國內購買力也和全球權力影響有關，因為那可直接轉化為付錢給士兵或製造低成本武器的能力。無論如何，到二〇二〇年代初期，這場辯論可能變得毫無意義，因為屆時，不論按實質條件或ＰＰＰ計算，中國經濟都可望凌駕於美國經濟之上。

就算不看ＰＰＰ，中國和亞洲在世界經濟所占份量愈來愈重的事證也歷歷在目。二〇一四年，中國已經是世界第一製造國和最大出口國，同時也是全球四十三個國家的最大出口市場，而以美國為首的只有三十二國（二十年前，全世界只有兩個國家以中國為最大出口市場，而美國排名第一，有四十四國）。中國還是世界最大的汽車、智慧型手機和石油市場，也是賓士、肯德基和蘋果iPhone等西方企業龍頭和熱銷商品最大的單一市場。但亞洲人消費的不只是炸雞和手機，二〇一二年，百年來第一次，亞洲國家在軍備和軍隊上的支出高於歐洲國家。那一年，印度和沙烏地阿拉伯競爭起世界最大武器進口國的頭銜。

以懷疑的眼光看待亞洲崛起的人士，喜歡突顯所有政治或經濟混亂的跡象，特別是在中國，這種例子從來不缺。單單二〇一五年，中國就經歷了急遽的成長減緩、股市暴跌、國內異議鎮壓更趨嚴厲，也有多位高知名度的政治、媒體和商界人物，在政府「打貪」期間遭到逮捕或審問。中國經濟很可能在未來數年急遽趨緩，到二〇二〇年之前都遠遠達不到習近平告訴我們這群人的每年成長七%的目標。

不過，以地緣政治的角度來看，就算中國或亞洲的成長慢下來，也不會改變什麼。賦予中國和印度崇高權力地位的經濟發展已然發生了。多數任職於西方政府的資深分析師都已理所當然地認定：從西方到東方的經濟力轉移將持續下去，而這樣的經濟變遷會轉化為政治力量。美國所有情報機構（包括CIA在內）都要出席的國家情報委員會（National Intelligence Council）最近預測：「若以GDP、人口規模、軍事支出和技術投資為基準，在二〇三〇年之前，亞洲的全球影響力將超越北美和歐洲的總和。」

中國共產黨的體制顯然容易受到政治動盪和經濟衝擊的影響，而印度更是出了名的難以治理。但你如果因為中國或印度體制脆弱，就認為東方化的故事將很快戛然而止，那你就忽略了這個史實：西方本身的崛起，也不時穿插了極度不穩定的事件。美國在十九世紀中葉打了一場內戰，但那並未阻擋它躍升為全球首屈一指的強權。亞洲的崛起也曾偶爾被危機打斷，中國差點在一九八九年爆發革命，當時距離鄧小平開始推動經濟改革才不過十年。南韓、泰國和印尼的經濟都在一九九七年亞洲金融危機期間受到重創，但亞洲的崛起仍在持續，東方化的過程也不會終止。

不過，要估量或預測經濟力的轉變將如何改變國際政治，就難以精確無誤了，因為經濟力和政治力之間的關係並不直接明確。當中國變成世界最大的經濟體時，它並未自動變成全球最強大的國家。相反地，美國仍保有軍事、外交和制度上的優勢，穩居「超級強國」的寶座。無獨有偶，儘管國際貨幣基金組織已將印度列為世界第三大經濟體，但就連印度的領導人也承認，在國際政治上，他們的國家到目前為止，頂多算是國力中等。

但長期而言，經濟力和國際政治權力顯然關係密切。當英國經濟不再強大到足以支撐其全球開銷，大英帝國就無以為繼；蘇聯會輸掉冷戰，主要也是因為經濟無法與美國並駕齊驅。反過來說，沒有經濟做後盾，美國也不可能在二十世紀隨全球主義崛起。亞洲國家不斷增長的財富，遲早也會轉化為全世界都感覺得到的政治力；只是此時此刻，西方力量衰微最顯而易見的影響，是國際秩序崩壞、世界各地發生衝突的風險與日俱增。

西方衰弱與國際衝突

甫邁入二十一世紀，美國就經歷了自一八一二年戰爭以來，本土遭遇過最驚人的一次攻擊。對於九一一恐怖攻擊，美國小布希總統主導的反應，是透過大張旗鼓地展現美國的力量來改造世界——特別是針對中東。美國於二〇〇三年入侵伊拉克，推翻該國領導人海珊（Saddam Hussein）就是一例。在歐巴馬於二〇〇九年元月就任總統之際，事態已經明朗：依西方印象改造大中東地區的行動徹底失敗。更糟的是，二〇〇八年九月，也就是歐巴馬宣誓就職前四個月，雷曼兄弟破產產生的金融與經濟危機，使西方本身的經濟成就和穩定都得打上問號。同時面臨海外的軍事泥淖和國內的經濟危機，歐巴馬決定將重心擺在「國內建設」——將國家資源集中於重建美國經濟，並退出勞民傷財又難獲成功的中東戰場。

歐巴馬對於美國繼續投入中東軍事行動一事深表懷疑，這種態度儼然成為他執政的八年間美國外交政策的軸心，就算中東地區的動亂在二〇一一年阿拉伯之春和敘利亞內戰後蔓延開來，也沒有改變。不難理解美國政府在盤算什麼，在伊拉克受挫的記憶猶新，又遇上中國崛起和國內經濟問題的雙重挑戰，他們自是無暇多顧。

但美國無力恢復中東秩序，加上歐盟陷入癱瘓，卻營造出西方權力日漸衰退的感覺，也可能慫恿一些國家挑戰美國在亞洲和歐洲的維安。的確，隨著歐巴馬時代步入尾聲，美國主宰的全球安全秩序在世界各地都面臨了考驗。

在大中東地區的數個國家，包括敘利亞、利比亞，甚至伊拉克，都已淪入暴力橫行的無政府狀態中。二〇一四年，自稱「伊斯蘭國」（Islamic State，也稱ＩＳＩＳ）的伊斯蘭恐怖主義團體掌控了敘利亞和伊拉克邊境一塊相當於英國大小的領土。次年，俄羅斯在敘利亞發動軍事干預；而在阿富汗，這個美國和歐洲盟軍在九一一後奮戰十二年的地方，塔利班（Taliban）的伊斯蘭主義者也再度攻城掠地。

在歐洲，俄羅斯於二〇一四年占領克里米亞，這是歐陸自一九四五年以來首次有領土被併吞。冷戰結束後這二十年，美國和歐盟在制定政策時，都期盼俄羅斯能加入西方民主資本主義國家的共同體，但這份期望在俄羅斯併吞克里米亞的剎那，以及後續的烏克蘭危機中破滅了。反倒是俄羅斯和西方交戰的威脅，已重回歐洲大陸。在二〇〇八年的金融危機之前，我們可將歐盟視為西方權力的第二大支柱。它已平和地將舊蘇維埃帝國大部分的成員納入其中，它冀望向南方和東方而去，直抵北非、烏克蘭和俄羅斯，去散播財富和民主規範的抱負，也看似切實可行。但過去十年吞噬歐盟的深刻經濟及政治危機，已將失序的力量送入歐盟。歐盟內部與日俱增的危機正在侵蝕歐盟的正當性，也導致民粹和民族主義的政黨在希臘、波蘭、匈牙利，甚至法國等國家崛起。

同一時間，在東亞，中國已加強決心，要在太平洋挑戰美國和日本的霸權。它在東海拿爭議島嶼的問題向日本施壓，險些引發中日武裝衝突。在南海，中國用「填海造陸」計劃鞏固它聲稱的海洋主權，這也已導致美國和中國兩軍緊張對峙。

美國和中國在亞太地區的主導權爭奪戰，原已看似取得微妙的平衡，美國的軍力仍比中國強大得多，華盛頓更是北京望塵莫及的全球同盟中心；但中國可以在美國必須顧及全球時，傾其資源向鄰近地區展示自身的權威。歐巴馬時代，愈來愈明顯的事實是，美國難以在一個經濟力逐漸東移的世界，同時兼顧亞洲、中東、歐洲和拉美。於是，美國必須仰賴它的亞洲盟友網，以在政治和戰略上與中國的勢力增長相抗衡。但對美國來說，這些盟友也帶來風險。尤其是，如果盟友跟中國發生衝突，美國就有捲入區域紛爭的危險。

在美國政壇這個只顧自己的世界，常將美國權力面臨接二連三挑戰的責任，歸咎於歐巴馬一人——他的政敵老是指責他「軟弱」。連克里斯．克里斯蒂（Chris Christie），這個二〇一六年共和黨總統提名裡較溫和的角逐者，都說美國總統「窩囊」，充分反映共和黨的選戰主軸。但主張「歐巴馬軟弱無能」之論，實際上是在兩個關鍵面向上沒抓到重點。

首先，美國無疑是西方聯盟中最「健康」的國家。歐巴馬時代，美國會這麼「弱」，其實相當程度是盟國的「弱」所造成的。日本這個美國亞洲同盟體系的核心國，雖已在首相安倍晉三領導下，進行大刀闊斧的全國革新，但龐大的國債，以及老化、萎縮的人口，都是這個國家的沉重負擔。與此同時，歐洲經濟危機也使歐盟不得不聚焦於內部，愈來愈無法承擔來自外界的負荷。在歐巴馬執政中期，美國負擔了北約（有二十八個會員國）將近七十五％的軍事費用，遠高於二〇〇〇年的五〇％。毋庸置疑，當危機於中東和歐洲的邊境爆發後，只剩美國能夠主導軍事和外交回應了。

「歐巴馬軟弱無能」的說法不得要領的第二個理由是，這樣說的人並不了解，東方化的過程是如何深植於歷史和經濟的影響力，無論哪位美國總統皆難以憑一己之力撼動之。並非歐巴馬軟弱無能，而是他被發了一手爛牌，他的繼任者也會面臨同樣的困局。沒有哪一位美國總統有本事揮一揮魔杖，就讓亞洲的崛起煙消雲散。就連美國的策士也承認，正在進行中的轉移是如此深刻，任何一位總統的政策皆無力回天。國家情報委員會也在二〇一二年底指出：「美利堅治世（Pax Americana）始於一九四五年，始於這個美國在國際政治所向披靡的年代，而如今正急速瓦解中。」

因此，向西方權力的挑戰，以及與之有關的國際對峙，很可能不會隨著歐巴馬卸任而終止。在亞洲，中國和美國之間的緊張將時消時長，但長期而言，隨著兩國權力差距縮小，情勢可能變得更加緊繃。

如同俄羅斯在普丁當政下的轉變所證明的，東方化的過程也有一個重要的意識型態元素。在共產黨失勢後，俄羅斯寄望歐洲和美國帶給它新的經濟和政治模式，但隨著俄羅斯和西方的關係一落千丈，俄羅斯的知識分子開始回頭擁抱昔日的「親斯拉夫」概念，強調俄羅斯身分中的亞洲面向——例如繼承蒙古帝國，及其浩瀚的亞洲腹地。在和西方僵持不下之際，俄羅斯領導階層已領略權力正往東方轉移的觀念，並試圖和中國建立更密切的關係。俄羅斯頂尖戰略分析師德米特里．特列寧（Dmitri Trenin）在二〇一二年主張：「如果彼得大帝仍在世，他會離開莫斯科，但不會去聖彼得堡，而會把首都設在海參崴附近的某個地方……世界經濟、政治和軍事策略的重心，正移往亞洲太平洋地區。」

類似的思考轉向也發生在歐巴馬時代的土耳其。在一九二三年鄂圖曼帝國瓦解、建立土耳其共和國後，土耳其就轉過身，背離了自己的伊斯蘭傳統。新的土耳其，在建國者凱末爾（Kemal Ataturk）的領導下，甚至拋棄原有的土耳其文字（比較像阿拉伯文，而非西方文字），改用羅馬字母。土耳其在一九五一年加入北約，但在艾爾多安（Recep Tayyip Erdogan）

主政後，土耳其已和歐美漸行漸遠。自二〇〇三年擔任總理，艾爾多安便成為權傾土耳其的政治人物。他是虔誠的穆斯林，熱衷於有關西方的陰謀論，並在外交及文化上重新主張土耳其的伊斯蘭和鄂圖曼根源。

在發展中的非洲，從衣索比亞到南非等國的領導人，都對「中國模式」備感好奇——那似乎能帶來迅速的經濟成長，又不必屈從於西方對其民主或貪腐的指謫。

對西方最殘暴也危險的排斥是以「聖戰」的形式出現，例如伊斯蘭國就在支離破碎的中東吸引到愈來愈多的追隨者。

就連在歐洲和美國本土，近幾年也可見到鼓吹民粹的政治人物出頭，例如法國的瑪琳·勒朋（Marine Le Pen）和美國的川普，他們的政治論調皆是以西方已病入膏肓的思維為基礎。這些政治人物皆以毫不避諱的欽慕眼光看待普丁總統、甚至中國習主席更獨裁的領導。

分歧的東方

有些政治人物和知識分子預期，盛極而衰的西方必定會將全球權力拱手讓給聲勢看漲的東方。我認為他們的世界觀太過簡化。

東方的力量有兩大障礙，一是新興亞洲超級強權的內部政治問題。民主的印度和非民主的中國，皆因貪腐而民怨沸騰。貪腐不只是內部傾軋的源頭，也會使國家難以在全球化的經濟體系中建立可信賴的制度，進而形成中國和印度權力發展的阻礙。這些制度問題，根植於難以改變的文化。此時此刻，西方的制度優勢使美國和歐洲仍能繼續控制國際金融和法律，而這些都會轉化為政治權力。進入西方金融市場、教育機構和法庭的權限，對全世界而言仍至關重要。

使全球政治權力難以順暢東方化的第二個阻礙、也是更嚴重的阻礙，是亞洲內部的分歧和對抗。北美和歐洲聯合組成一個鬆散但仍有凝聚力的同盟團體，因此可合理地稱之為「西方」，那也是北約常被稱為「西方聯盟」的原因。反觀亞洲，卻陷入政治分裂。中國唯一一個正式條約盟友是北韓。中國的很多鄰國，包括日本、印度和越南，和中國都有領土糾紛，因而忌憚中國崛起。印度和巴基斯坦邊界，以及朝鮮半島，都正爆發規模雖小但貨真價實的核子衝突危機。因此，在可見的未來，不會有「東方聯盟」取代「西方聯盟」。

亞洲這些弱點和內鬥，讓許多西方分析師備感安心，因為那代表就算經濟力正移往東方，西方主宰全球秩序的現況仍可望繼續延長。在這種脈絡下，美國的「重返亞洲」政策是合理的——這為西方強權在太平洋爭取時間，等待中國改變。

西方決策者會願意公開支持的中國內部轉變，是中國制度邁向自由民主。常有人說民主化的中國較不可能挑戰西方強權。這種論點可能低估了中國民族主義的影響力；但這是美國官員能在公開場合安心發表的議論，因為倡導民主改革是無爭議的，至少在西方是如此。美國希望拖住中國腳步的第二個理由較不宜公開宣揚，但在學術界已有許多人開始討論。這個理由是，相信中國打從根本就不穩定，而經濟問題、政治紛擾和區域緊張的某種結合，最終可能會阻礙這個國家的崛起，甚至使它分崩離析。

然而，亞洲內部的政治不穩和對抗，也會對西方、乃至整個世界，造成不小的風險。今天，亞洲的大型經濟體對全球經濟非常重要，萬一東亞出現政治或經濟混亂，很可能引發全球經濟危機。在南亞，印度和巴基斯坦可能比世界上其他任兩個核武國家更接近核戰。還有擁有核武的北韓，任何陰謀詭計或內部崩解都可能引發全球安全危機。最重要的是，中國共產黨刻意操弄民族主義，做為支撐其權力正當性的手段。中國政治有任何風吹草動，都會加深共產黨的妄想，以為西方又在密謀打壓崛起的中國，進而使他們更想將民眾的憤怒集中發洩於外敵身上，例如日本或美國。

亞洲各國之間的敵對，特別是中國和其鄰國之間的對抗，也可能把美國拉進衝突的泥淖。這類衝突的威脅仍持續煩擾華盛頓和北京的領導階層。一年多前，我在北京聆聽習近平喃喃敘述「修昔底德陷阱」，一年多後，這位中國領導人在訪美期間再次提及這個主題。這一次他指出：「世界上本無修昔底德陷阱。」，隨即又補充：「不過，大國之間一再發生戰略誤判，就可能自己給自己造成修昔底德陷阱。」不幸的是，正如後續篇章所要闡釋的，這類戰略誤判的風險正持續攀升——無論在華盛頓、東京或北京本身都是如此。

第一部

亞洲的東方化

1 ▼ 從西方化到東方化

站在上海、新加坡等朝氣蓬勃的亞洲城市街頭觀察，西方化時代即將終結的概念不言而喻。不僅是你的身邊會充滿成長和革新的證據；東方人，特別是中國人，還以一種自然循環的觀念看待過往。隨著連續不斷的歷史綿亙數千年，中國人很習慣朝代興衰的概念：混亂與衰退之後，必是繁榮與進步。相對來看，歷史僅只能回溯至一七七六年獨立宣言的美國，就有比較線性的史觀。美利堅合眾國的歷史只朝一個方向，即是朝愈益繁榮和更強大的全球影響力發展。國力衰退，甚至是權力更迭的概念，在美國人心中遠比對中國人而言來得奇異而陌生。

美國稱霸全球的時代，可說是西方主宰全球事務時代的延伸，那始於十五世紀末歐洲帝國時期。葡萄牙和西班牙從一四八〇年代開始的發現之旅，為歐洲探險帶來亞洲和美洲，也在過程中改變了歐洲和世界其他地方的關係。

當時，由於西方打造遠洋船艦的技術優於東方，歐洲的商人、殖民者和士兵能相對快速地抵達亞洲，而這原是中國人獨步全球的領域。一四〇五年，中國大太監鄭和率領有近三百艘船和兩萬七千名船員的船隊，從南京航抵斯里蘭卡。在其他的航程中，鄭和也到過麻六甲海峽、東非和爪哇。「鄭和下西洋」和哥倫布最早的幾次航行的規模有天壤之別。一四九二年，哥倫布從卡迪斯（Cadiz）啟航時，「只率領了三艘船和九十位男人。」

像鄭和及哥倫布這樣的航行，促進了全球貿易，但中國皇帝從全球貿易拓展之中看到的威脅似乎多過機會。在鄭和抵達斯里蘭卡三十年後，中國君主下令禁止遠洋探險，或許是因為那會浪費資源。反觀歐洲，激戰不休的王國和帝國競相發展更新、更好的船艦，拓展在全球各地的貿易機會。葡萄牙能先後探索非洲和亞洲、美洲，乃受惠於十五世紀航海家恩里克王子（Prince Henry the Navigator）贊助的航海創新，俾使達伽馬能在一四九八年發現從歐洲到印度的航線，奠定歐洲帝國征服亞洲的基礎。

歐洲在十六、十七世紀時，先後由葡萄牙、荷蘭、英國、法國在亞洲建立的第一批殖民地，本質上是貿易站。但十八世紀工業革命造就技術發展，也提高了對新市場的需求，帶動歐洲在亞洲的帝國主義邁入更著重擴張的新階段。這會兒，歐洲再次得益於它在技術領域的領先優勢，而那個領域，亞洲也曾領先世界。眾所皆知，火藥是中國人發明的，世上第一把槍似乎十二世紀就在中國出現了。但火器槍砲在戰火頻仍的歐洲發展得最迅速，結果就是當歐洲和亞洲軍隊在十八、十九世紀狹路相逢時，亞洲人無可避免地遭到迎頭痛擊。

工業、軍事強盛的西方，和亞洲統治階級之間的對撞，可看出雙方的實力懸殊。英國的東印度公司成立於一六〇〇年，前一百五十年主要仍是經商的企業，但在一七五六年，當一名地方統治者將東印度公司逐出加爾各答的貿易站時，該公司的回應是派一支海軍部隊攻下這座城市。一七五七年，東印度公司的軍隊在普拉西戰役（Battle of Plassey）中，擊敗孟加拉王公及其法國盟軍，為英國在印度次大陸的霸業立下基礎。之後一個世紀，該公司靠軍力將英國的統治擴及印度次大陸各地，常與在地人士結盟。直到一八五八年，英國才正式設立英屬印度，取代東印度公司在此的間接統治。

到了十九世紀中葉，印度也成了英國進軍中國市場的跳板。英國希望將印度生產的鴉片賣給中國消費者，最終導致舉世聞名的一八三九至一八四二年的鴉片戰爭。當中國政府試圖在一八三九年中止鴉片交易，並將獲派管理鴉片商務的英國官員驅逐出境時，英國強烈抗議此舉違反貿易協議。英國派遣皇家海軍到中國，而其全鐵打造的新汽船，使這場衝突注定成為不對等的戰爭。英國幾年後譜寫的國歌〈統治吧！不列顛尼亞〉（*Rule Britannia*）會歡欣鼓舞地讚頌「不列顛駕馭海浪」（*Britannia rules the waves*），絕非偶然。

在英國摧毀中國艦隊後，侵略部隊暫時占領了廣東和上海。一八四二年，兩國簽訂惡名昭彰的南京不平等條約，迫使中國將香港島永久割讓予英國（後於一九九七年歸還），並開設五處「通商口岸」供歐洲貿易。一八五〇年代，歐洲人繼續進攻，追求更多貿易特權。在一八六〇年英法聯軍之役中，兩軍焚燒了中國皇帝在北京近郊的夏宮圓明園。

正如英法聯手摧毀圓明園所闡明的，欲以船堅砲利脅索貿易特權的不只是英國人。到十九世紀末，中國沿海已開闢多處港口，而法國人、德國人、俄國人和美國人都在那裡享有貿易租界。

西方強權強制開拓亞洲市場的模式，也同樣複製到了日本。在這個例子中，是美國的砲艦外交開的路。一八五二年，美國海軍司令培里將軍（Matthew Perry）肩負迫使日本開放港口以利國際貿易的任務，航著他的「黑船」抵達日本。日本人很清楚中國蒙受的軍事屈辱，他們不想冒全面潰敗的風險，於是在一八五八年簽訂條約，賦予西方列強類似他們已在中國享有的貿易權利。

不過，就日本的例子而言，與西方的對抗，以及因此引發的內部政治混亂，卻激起一場成功的國內改革運動。一八六八年到一九一二年在位的明治天皇，參照西方模式實施行政及經濟改革，為日本帶來強悍的工業和軍事能力。一九〇五年，當日本和俄國因雙方在中國和朝鮮的主權爭議打起來時，強大的日本海軍在日本海的重要戰事中擊潰了俄國。同年，日本陸軍也在滿州的奉天會戰（奉天即今瀋陽）中打敗俄軍。

亞洲國家竟能擊敗歐洲強國，這個如夢似幻的事實鼓舞了亞洲各類知識分子，包括土耳其的凱末爾．阿塔圖克，和印度的賈瓦哈拉爾．尼赫魯（Jawaharlal Nehru），這兩人後來都成為國家領導人。尼赫魯聽聞日本勝利的消息時，還是在英國念書的小學生，這激發了他的夢想：未來，他要讓「印度和亞洲脫離歐洲的奴役，重獲自由。」

但日本在重要戰事中成功擊敗歐洲國家，是二十世紀初期絕無僅有的例子。在第一次世界大戰爆發之際，歐洲國家及其附庸仍宰制全球。一九一四年，歐洲的強權開始互相攻擊，第一次世界大戰正是歐洲全球霸業落幕的開端。就連英、法兩國，雖然表面上他們的殖民領土在戰後持續擴張，但國力卻已大不如前。

第二次世界大戰真正終結了歐洲在亞洲的殖民主義。日本在大戰初期對英國、荷蘭和法國連戰皆捷，成了後來日本民族主義者自稱「解放」亞洲的根據；但日本也殖民朝鮮和滿州，更須為惡名昭彰的戰爭罪（例如一九三七年的「南京大屠殺」）承擔責任，這些事實使日本自稱助亞洲重獲自由的說法難以服眾──說得委婉一點是如此。[1]不過，第二次世界大戰顯然是削弱西方對亞洲的政治掌控的關鍵時刻，也創造了現今東方化過程的條件。誠如史學家約翰．達爾文（John Darwin）所指出的：「一九四七年英國結束在印度的統治，以及兩年後歐洲海軍退出中國，為亞洲史上的『達伽馬時期』畫下了句點。」

亞洲的殖民結束確實為未來全球政治權力移往亞洲奠定基礎，但接下來數十年，這個事實卻被兩個重要的事態發展所掩蓋。其一是美國接替歐洲列強，成為掌控亞洲和太平洋政治軍事的霸主。美國占領日本到一九五〇年代，目前在日本仍保有五萬多人的部隊。美國也分別在一九五〇及一九六〇年代打了韓戰和越戰，展現出在這個區域維繫霸權的決心。第二大關鍵發展是，亞洲的兩個巨人中國和印度，在一九四〇年代聚焦於國內，且實行扼殺經濟潛力的經濟政策。中國的結果最極端：毛澤東的政策在大躍進期間造成飢荒，又在文化大革命期間引發政治混亂和孤立。而印度也好不到哪裡去：一九七〇年代，在西方人心目中，印度就是飢餓和赤貧的代名詞。

率先激發亞洲潛力的經濟轉型，反倒發生於日本、韓國和東南亞這些在美國軍事保護傘下實行資本主義的國家。直到中國和印度分別於一九八〇及一九九〇年代開始實行類似由出口帶動成長的政策，亞洲真正的經濟潛力才完全釋放開來。

今天，中國和印度的商業首府上海和孟買，也是世界上最重要的商業城市其中之二。但這兩大亞洲商業中心的標誌，其實都是西方帝國主義遺留的東西。

「印度門」（Gateway to India，矗立在孟買海濱的拱門）上的碑文，記錄它是在一九一〇年為慶祝愛德華七世蒞臨印度而建的，那時正值大英帝國的巔峰。這座拱門至今仍是重要的地標，也是孟買的入口。

今天的上海因現代摩天大樓林立而閃閃發亮，但上海最知名景點的明信片上，可能仍是以外灘的圓頂和穹窿為焦點——也就是河畔那一排在二十世紀初，上海仍是半殖民城市時建造的商業洋樓。雖然中國從來沒有被正式殖民過，但其統治者屢屢被迫讓出上海和其他沿海城市的廣大地區，作為任西方帝國強權使用的「租界」。在租界裡，歐洲白人依照他們自己的法律生活，在地的中國人則淪為次等公民。

這些令人憶起帝國的事物，在心理及政治層面都有巨大的影響力。不妨想像，假如紐約人每一次仰望帝國大廈，都知道那是中國帝國主義者所建造，比如中國人曾於不到百年前住過紐約，行使他們自己的法律，美國人則當他們的奴僕，那麼紐約人會作何感想。或者想像假如白金漢宮是印度人所建，而在當今人們的記憶中，那是印度總督統治聯合王國的基地，英國人會是什麼心情。

多數歐洲人和美國人無法這般設身處地，部分是因為他們顯然不清楚自家的帝國史。很多美國人聽聞自己的國家（向大英帝國革命而建立的國家）曾在亞洲扮演帝國般的角色，都很生氣。就連英國人，一般以為他們仍對失去的帝國榮光念念不忘，實則大多數人對大英帝國的歷史根本不清不楚。英國前首相東尼．布萊爾（Tony Blair）在他的回憶錄寫道：一九九七年，在英國將香港主權交還給中國的儀式上，中國國家主席江澤民提議，如今英國和中國可以將歷史拋諸腦後。布萊爾坦承：「當時，我對過去發生的事情只有模糊、粗略的了解。我以為那只是出於禮貌的說法，但他是認真的、他們是認真的。」

他們當然是認真的！英國和其他帝國強權使中國蒙受的屈辱，在英國也許被淡忘了，但中國的領導人和知識分子可是非常清楚，他們正在矯正從一八三九到一八四二年的鴉片戰爭、火燒圓明園等歷史錯誤。其他崛起中的亞洲國家，也有自己與西方列強交戰的記憶，無論是印度與英國人、印尼與荷蘭人，或越南與法國人，和後來的美國人。

寫過一部亞洲「起義反抗西方史」[2]的印度知識分子潘卡吉．米什拉（Pankaj Mishra）主張：「世上有數千萬、甚至數億社會民眾是和臣服歐美的歷史一起長大的，包括中國的軟體工程師、土耳其的企業大亨，以及無業的埃及畢業生；現在，明白自己有機會反過來羞辱先前的主人和領主，他們滿心歡喜。我這麼說一點也不為過。」

他說的或許正確，但仍有數億人，甚至數十億人，對此懷抱著複雜的心情。對於廣義的亞洲「反抗西方」觀念，有一個糾葛是：對待亞洲最殘暴的帝國強權之一，是另一個亞洲國家日本。毫無疑問地，在現今的南韓，甚至中國，民間與知識界對日本的敵意仍比對西方來得濃烈。

另外，雖然有受過高等（或沒那麼高的）教育的亞洲人確實嚮往羞辱他們「先前的主人或領主」，但很多人對西方的態度複雜得多。二〇一三年的某個晚上，在上海灘一家別緻的餐廳用餐時，我極為謹慎地和一個年輕的中國研究生提起西方殖民史的話題。她怨恨歐洲人曾經扮演上海領主的角色嗎？答案令我意外。「不會啊。」我的朋友回答。她說，上海人心知肚明，上海的光輝歲月發生在一九二〇及一九三〇年代；而一九四九年共產黨革命後，上海急遽沒落。她說她這一代會把「西方」和「繁榮」及「活力」聯想在一塊兒，不會想到屈辱。

面對西方的態度，常可做為判斷中國民眾較傾向民族主義抑或自由主義的指標。民族主義者會指著西方在亞洲的帝國史，將西方為中國人權對其政府施壓或領土爭議斥為偽善；中國的自由主義者則對自己政府的論調深表懷疑，反倒認為西方帝國主義遺留的東西在某些方面來說是正面的。這種態度在香港表現得最為明顯，支持民主、反對北京的示威人士，正奮力維護英國殖民時期的一些遺產，例如司法獨立和新聞自由。

其他前殖民地也有類似的微妙辯論。印度總理納倫德拉・莫迪（Narendra Modi）常被稱為「印度教民族主義者」，他甚至提出英國該為殖民印度之事賠款。但他的政黨在文化方面的強勢主要是針對印度的穆斯林傳統，而非已經離開很久的英國人。有些印度知識分子主張，「我們終於可以毫不羞愧、毫無罪惡感地承認英國人帶給我們的好處」是印度愈來愈有自信的證據。[3]有現代化聖殿之稱的新加坡，也有類似的思考模式。這個城邦島國從一介帝國前哨基地，搖身變成最佳全球化城市之一，令新加坡人備感驕傲。而在驕傲之餘，他們也極力保護一些不列顛帝國統治時期的遺產：無論是萊佛士酒店（Raffles Hotel）的建築，或者更重要的——高度專業的公務運作和商事法庭制度。

雖然亞洲各國各地對西方態度不一，但無可否認地，隨著亞洲國家開始振興自己的歷史和傳統，東方化的過程正在蔓延，也抹去了一些西方化的產物。從簡單如地名上的改變就看得出來。一九九五年以前，孟買（Mumbai）仍叫「Bombay」，這是大英帝國幫它取的名字，而這名字本身又源於葡萄牙殖民初期（「孟買」是「Bom Bahia」的誤用，在葡萄牙語中原為「優良港口」之意）。改名的不只有城市，曾經的維多利亞與艾伯特博物館（Victoria and Albert Museum），現名鮑・達吉・拉德博物館（Bhau Daji Lad Museum）；曾經的維多利亞總站（Victoria Terminus Station），現名賈特拉帕蒂・希瓦吉終點站（Chhatrapati Shivaji Terminus）。其他印度城市也循類似途徑改名，馬德拉斯（Madras）在一九九六年成了清奈（Chennai）；加爾各答（Calcutta）的拼法在二〇〇一年改成「Kolkata」。城市如此，也不乏國家的例子。緬甸在一九八九年改「Burma」為「Myanmar」；錫蘭（Ceylon）則在一九七二年正名為斯里蘭卡（Sri Lanka）。

回到上海，有些殖民過往的痕跡也慢慢被擦去。當我於一九九〇年代首度造訪時，當時上海最時尚的地區仍慣稱「法國租借」區。後來，人們溫柔地責備我沿用舊名，並指出：「我們現在不這樣叫它了。」

亞洲經濟和亞洲人的態度改變得如此迅速，令西方許多意見領袖猝不及防，中國的興起尤其快得驚人。不列顛哥倫比亞大學教授肖逸夫（Yves Tiberghien）匯集的數據顯示，一九九〇年時，中國的經濟規模只有美國的六%；二〇〇〇年，數字也只有十二%；到了二〇〇八年，這個數字變成三十%，而二〇一一年就達到五十%。若以國民平均購買力來算（不考慮實質匯率），中國迎頭趕上的速度更為急遽，二〇〇八年時才只有美國經濟規模的五十八%，二〇一二年便已達八十%。根據肖逸夫的資料，中國的GDP已在二〇〇六年超越法國、二〇〇七年超越英國、二〇〇八及二〇一〇年分別超越德國和日本。

要理解東方化的現象，必須先了解：美中之間的經濟平衡，只是故事的一部分；亞洲和西方經濟的相對影響力，才是完整的故事。主要由西方已發展國家組成、但日本也包括在內的經濟合作暨發展組織（Organization for Economic Co-operation and Development, OECD），在一九九〇年占全球產出的六十二%。但曲線在二〇一一年交叉，如今OECD占比已不到一半。此現象肇因於「其他國家的興起」，主要是亞洲成長所致。

多數主流經濟學者、特別是西方學者，認為在未來數十年，亞洲的成長會繼續快過西方。變化的速度尚無法判定，但有些最可信的預測結果令人咋舌。《經濟學人》智庫的拉札・凱基克（Laza Kekic）預測，未來四十年，全球影響力的分布將有「驚人的轉移。至二〇五〇年，北美和西歐占世界實質GDP的百分比（依PPP），將從二〇一〇年的四十%掉到二十一%，亞洲發展中國家的比例則倍增為四十八點一%。單單中國的百分比，就可能從十三點六%升至二十%。」這些預言既不稀奇，亦不古怪，高盛集團（Goldman Sachs）和世界銀行（World Bank）都有過類似的預測。倫敦經濟學院（London School of Economics）的教授柯成興（Danny Quah）將此過程形容為「全球經濟的重心」發生轉移。藉由計算各地理區經濟活動的平均地點，他證明了全球生產正迅速往東移動。他指出：「一九八〇年全球的經濟重心在中大西洋地區。二〇〇八年，因中國和東亞其他地區持續崛起，重心已移往赫爾辛基和布加勒斯特以東的地點。」在推估世界各地近七百個地點的成長後，柯成興預測，到二〇五〇年，世界的經濟重心將確確實實落在「中國和印度之間」。

當然，所有對未來的推測都可能出錯。在美國，過去的預測錯誤記憶猶新，讓人不免以懷疑的眼光看待中國崛起。一九八〇年代蔚為流行的預測是：日本很快會對美國的全球地位構成威脅。預言沒有成真。但對美國而言，中國遠比日本像是地緣政治上的敵手，這有好幾個原因。

首先，第二次世界大戰的影響，使日本深深嵌在美國同盟體系之中，而那個體系正是美國全球影響力的基石之一。沖繩和日本其他地方，也仍有美軍的大型基地。反觀中國就不是美國領導的亞洲同盟網絡的成員。恰恰相反的，它還是那個體系的首要挑戰者。

日本不大可能成為世界最大經濟體，還有一個很簡單的理由：因為日本人口不到美國的一半（二〇一四年，美國約有三億五千萬人口，日本只有一億兩千八百萬）。因此，日本的經濟規模要追上美國，日本人平均要有美國人兩倍的富裕。反觀中國的人口大約是美國的四倍，只要簡單算一下就知道：中國的人均GDP只要達到美國的四分之一，它就是世界上最大的經濟體了。據國際貨幣基金組織的統計學家和經濟學家的說法，中國已經在二〇一四年越過了那個里程碑（至少就購買力而言）。

而民調顯示，早在事情真正發生之前，美國大眾就已經相信中國是世界上最大的經濟體了，美國菁英的意見反倒常背道而馳。二〇一二年，具影響力的新保守主義學者羅伯特・卡根（Robert Kagan）出版名為《美國製造的世界》（*The World America Made*）的書籍，主張美國繼續在全球稱霸的必要性及可能性。歐巴馬在二〇一二年的國情咨文中贊同地引用了書中內容。但卡根對美中經濟相對規模的預估太過樂觀。他漫不經心地寫道，中國經濟規模可能在二〇五〇年超越美國，實際上二〇一五年還比較接近事實。

經濟力量轉移在政治方面的含意十分深遠。美國在一八七一年成為世界最大的經濟體，而後一直穩居寶座直到二〇一四年。第二次世界大戰結束後，光美國就占了全球經濟產出的三分之一。自一九九一年蘇聯解體，美國更成為世上唯一的超級強權。但隨後亞洲權力中心陸續崛起，特別是中國，讓人不禁要問：美國還能繼續主宰全球政治多久呢？美國霸權可能中止一事，已讓國際政治界心神不寧，也令人擔心亞洲隨時可能爆發戰事。

2 ▼戰爭的風險

二〇一二年十一月，美國總統大選的十天前，華盛頓派了一支四人代表團出訪亞洲。由於歐巴馬和羅姆尼（Willard Mitt Romney）選戰方酣，沒什麼人注意到這次低調的北京和東京之行。但這個離開美國的團隊，卻肩負一項對美國、甚至對世界的未來至關重要的任務。簡單地說，他們的工作是防止一連串可能導致美中開戰的情事發生。

這支美國代表團完美詮釋了「政治止步於大洋之濱」這句箴言。在國內，歐巴馬和羅姆尼無所不用其極地打擊對方，但這支出訪北京和東京的使節團，民主黨員和共和黨員各半。這個團隊是吉姆·史坦柏格（Jim Steinberg）的心血，那時他剛辭去副國務卿，也就是希拉蕊・柯林頓的副手一職。與他同行的有主導前布希白宮國家安全會議（National Security Council）的史蒂芬・哈德利（Stephen Hadley）、前布希政府國務院第二號人物理察・阿米塔吉（Richard Armitage），和曾在柯林頓時代任職國防部的哈佛大學教授喬・奈伊（Joe Nye）。中國人和日本人完全不必懷疑，他們即將接見的代表團就是代表美國整個國家。

這支以史坦柏格為首的使節團一接獲通知便集合起來，因應中國附近海域日益嚴重的危機。中國和日本對東海幾座無人島的主權長期日趨惡化的爭執，已驟然激烈到前所未有的危險程度。中國和日本的船艦及飛機正在釣魚台列嶼周圍的海域你推我擠，互相較勁，兩國的民族主義言論也日益高漲。在中國，反日暴動四起，大肆破壞、搗毀日本人的商店和工廠，而日本則即將選出安倍晉三領導的政府——他們決意修改日本半和平主義的憲法，讓日本軍隊得以在國家並未遭受直接攻擊時出戰。外交人員判斷，安倍將會是自一九四五年以來，日本最具民族主義色彩的首相。

這支代表團裡的美國人決心扮演和事佬，但他們也很清楚，美國正面臨被捲入中日衝突的危機。美國透過美日安保條約（US-Japan Security Treaty）保障日本的國防安全，因此美國人想要表明，釣魚台列嶼在美日安保條約的涵蓋範圍內。其言外之意非常明確，也令人擔憂，那就是如果中國出兵攻打這些島嶼，美國就有義務協助日本。而這也就意味著，世界最大的三個經濟強權要開戰了。

在準備將於亞洲召開的會議時，這四名美國人討論到歷史上一個類似的情況，不免心驚，那就是將近一個世紀前，第一次世界大戰的導火線。釣魚台列嶼有可能變成一九一四年塞拉耶佛的現代版嗎？一個偏僻、罕為人知的地方，一件小小的插曲，卻急遽惡化成一場席捲全球的衝突？在第一次世界大戰爆發前，許多商界和政治人物都認為，德國和英國的商業往來如此密切，故兩國開戰是不合理也不可能的事。今天，很多人抱持同樣的觀點來看待中、日、美衝突的機率。這三個緊密交纏的經濟體之間怎麼可能發生戰爭？但一九一四年，奧匈帝國法蘭茲・斐迪南大公（Archduke Franz Ferdinand）在塞拉耶佛遇刺，開啟一連串合縱連橫，最終將所有歐洲強權都捲入戰爭。美國會不會覺得自己被美日安保的承諾綁死，就如同昔日德意志被德奧同盟拉進戰爭呢？喬・奈伊後來回憶道：「我們想要避免開出像當年德意志為奧匈帝國所開的那種空白支票。」

這群美國人肩負一項棘手、且可能自相矛盾的任務。他們必須同時讓中國和日本相信，美國的安保堅若磐石，但也必須避免採取讓美國更有可能投入戰爭的措施。

這群美國人在北京和東京進行的對話無法令人百分之百放心。在北京，他們拜會中國領導高層，包括已獲派但尚未就任的國務院總理李克強；在東京，日本首相野田佳彥也客氣地聽他們說話，雙方都向美國訪客保證他們想避免戰爭。中國總理告訴美國訪客，中國需要再三十年的和平，才能達成它所企求的富強。但中日雙方也堅持他們互不相容的領土主張有多重要、多合乎道德。中國人警告日本的民族主義正在加溫，說日本政府否認他們在一九三〇年代侵略中國後所犯的罪行；日本則警告崛起的中國一心一意想控制鄰近地區、羞辱日本，以及把美國趕出太平洋。

美國代表團飛回華盛頓後，仍憂心有可能會發生衝突。他們認為，風險不在於哪一國的領導階層會蓄意興戰，而是戰爭可能意外爆發。中國和日本的軍隊就在附近操演，他們很可能會在公海對上。兩邊都覺得不能打退堂鼓，於是衝突逐步升溫。下一任美國總統不論是誰，都必須在亞洲走一條微妙而危險的路線。結果，歐巴馬贏得連任，而中日之間的緊張該如何斡旋調解，確實成了歐巴馬政府在外交政策上最棘手的任務之一。

這不是光靠嫻熟靈巧的外交手腕就能解決的問題。因為，儘管兩方對議題的是非對錯爭執不下，但太平洋對峙升溫的根本原因是經濟力量的轉移。中國知道自己已是亞洲第一大強權，而又仍對二十世紀日本對待中國的方式耿耿於懷，因此亟欲彰顯中國亞洲霸權的地位。深知這種趨勢的日本政府說什麼也不能示弱，它擔心釣魚台列嶼的象徵性失敗，會為一個新時代搭建出舞台，即是復仇心切而專制的中國主宰亞太地區的時代。

中國和日本都昂首遙望太平洋的彼端，試著揣度美國的實力和立場。兩國都知道，美國很快就要讓出世界最大經濟體的寶座，以及歐巴馬政府亟欲削減軍事支出，因此他們都對美國在亞太地區的持久力存疑。這些問題美國一目了然，也決定要給予強而有力的答覆。就如二〇一一年十一月，歐巴馬在一次以亞洲為題的指標性演說中所言：「二十一世紀的亞洲太平洋地區之事，美利堅合眾國會全面參與。」總統這句鏗鏘有力的聲明反映了華府的一個兩黨共識：如果美國還要做全球霸主，就必須繼續在太平洋地區稱雄。喬．奈伊認為，美國斷不可能接受西太平洋成為中國的勢力範圍，因為「若這樣回應中國的崛起，將摧毀美國的可信度。」史坦柏格、阿米塔吉、哈德利及奈伊組成的代表團的核心目標，就是向中國及日本保證，美國無意抽回自身在亞洲所扮演的軍事霸權的角色。

但在華盛頓的菁英決策圈之外，不少學界人士擔心美國正踏上一條危險的道路。最敢直言的莫過於澳洲學者休．懷特（Hugh White）。曾任情報官員的他，也曾在一九九〇年代和負責太平洋安全的美國人密切合作。對懷特來說，美國正面臨犯下悲劇性錯誤的時刻，這個錯誤將「導致美國在戰略上與中國長久而激烈的敵對，除了要付出巨大的經濟成本，也有引發災難性戰爭的實質風險。」諸如此類的憂慮在美國親密的盟友之間並不罕見。倫敦的官方說法是美國的全球霸權將長久持續下去，但在檯面下，一些思慮較深的英國官員就沒那麼肯定了。二〇一二年，一位英國長輩告訴我，他相信下一代最主要的挑戰將是如何處理世界的變遷：從美國主宰的世界，轉變成中國才是首強的世界。

很少美國學者或官員敢如此口無遮攔地描述局勢，但不少人願意承認，對整個世界來說，現有強權遭到新興強權挑戰的年代，是危機四伏的時刻。喬．奈伊的哈佛同事格雷厄姆．艾利森除了以「修昔底德陷阱」之論吸引華盛頓和北京領導人的注意，也統計了自一五〇〇年以來，十六次新興強權挑戰既有強權的局面，其中有十二次演變成戰爭。其他研究過強權興衰的著名學者，認為戰爭的發生率比艾利森的推算更高。史丹佛大學的伊安．摩里士就爽快地指出：「像中國起飛這種等級的地緣政治變遷，每一次都伴隨著大規模的暴力。」

早先，這一類令人憂鬱的分析並不大受中國官場青睞，經濟獨立和「和平崛起」的說法流行得多。但現在，相信美中之間的對抗勢必愈演愈烈的看法，在中國學術界和決策圈已相當普遍。北京的辯論逐漸聚焦在如何因應急遽增長的對抗。中國進逼的分寸在哪裡？又能承擔多少風險？

閻學通是中國首屈一指的戰略思想家，在某些方面，閻堪稱中國版的喬．奈伊。奈伊在哈佛大學開的國際關係緒論，有許多美國菁英選修；閻則在北京清華大學執教——多數中國高階領導人，包括最近兩位國家主席，都是該校畢業。雖然這兩位教授當前的生活相差無幾，年輕時代卻和中美兩國的現代史一樣天差地別。二十多歲時，喬・奈伊是牛津大學領羅德獎學金（Rhodes Scholar）的研究生，閻學通則遇上毛澤東時期的文化大革命，被下放農田勞改。他就事論事地說：「我在文化大革命期間目睹許多人被殺害，所以相當習慣。」

如今，這種殘酷的務實態度可能影響了閻學通的世界觀。他相信外交政策歸根結柢就是在講權力，一如艾利森認為新興強權和傳統強權很容易發生碰撞。不過，閻學通樂觀地相信，中國和美國都是核武強國的事實，會遏阻兩國向對方宣戰。但其他人就沒那麼肯定了。艾利森本身也是研究核武與外交政策關聯性的頂尖學者，他就主張，相信強權絕對不會發動核戰的想法太自以為是，而且可能招致危險。

外交政策分析中的「現實主義」學派，相信國際關係為國家彼此爭奪權力所驅動，他們對於美中之間發生戰爭的可能性尤其悲觀。被尊為現實派老前輩的芝加哥大學教授約翰・米爾斯海默（John Mearsheimer）就在二〇一四年出版、引發熱烈討論的《大國政治的悲劇》（*The Tragedy of Great Power Politics*）一書中，闡述「中國不可能和平崛起」之論點。[1]

米爾斯海默不同於深深影響小布希的新保守主義者，他並不以道德眼光看待國家行為。他不認為中國的崛起會導致戰爭，是中國政權的本質使然。相反地，他相信戰爭可能爆發，正是因為中國的行為與其他國家並無二致，包括美國在內。米爾斯海默寫道：「如果中國經濟繼續成長，它就會嘗試以美國主宰西半球的方式控制亞洲。但美國會竭盡所能避免中國奪取區域領導權……結果便是蘊含極大戰爭可能性的激烈維安競賽。」想把這個預測斥為單純學術推理的人士，去跟美國資深安全官員聊聊，或許會清醒過來，因為他們有著同樣強調逼退和對抗的說法。一位官員曾在二〇一五年跟我說：「我認識美國海軍，他們稱霸稱上癮了。如果中國人試圖控制南海，我們的弟兄鐵定會去挑戰。他們會把船開進那些海域。」

事實上，二〇一五年時，美國、中國和日本的海軍空軍就已經不時在海上互相挑釁，飛越或通過東海和南海的爭議海域。這樣的挑釁意味他們不怕發生小規模的碰撞，相信任何衝突都在掌控之中，不致升級成大規模戰爭。

但，在這種局面下，錯估情勢的風險幾乎不言而喻。尤其美軍的計劃似乎愈來愈以這個概念為基礎：若美中開戰，美軍很可能需要馬上進攻中國本土。由此可見，關於美中可能開戰的討論，不僅限於學術理論界和打高空的外交人員，而是已深入兩國的軍事計劃之中。

到目前為止，美國仍是西太平洋的軍事霸權。它承諾保衛它的條約盟友如日本、南韓和菲律賓。美國和中國的軍隊曾在韓戰期間交手；自韓戰於一九五四年結束，同時也是朝鮮半島分裂之始至今，美軍仍有相當多的部隊留在南韓，而他們的存在和活動正受到中國嚴密監視。

不過，近數十年來，美中最緊張的對峙舞台已轉移到台灣。當共產黨員於一九四九年贏得中國內戰，戰敗的國民黨在蔣介石領導下逃往中國外海一百多哩處的台灣。此後，中國視台灣為「叛省」和其不可分割的領土，北京政府亦信誓旦旦，若台灣宣布獨立，它必不會接受，會以武力解決。美國在形式上承認北京的「一中」政策，但也誓言對抗中國任何武力統一台灣之舉。一九九五和一九九六年，眼見台灣支持獨立的民意增長，憂懼的中國於是在「叛省」周圍海域試射飛彈。美國決定反制，遂派遣航空母艦作戰艦隊到台灣附近。這項行動被普遍描述為美國自越戰後，在西太平洋地區最盛大的軍力展演。

中國收手，危機逐漸解除，但背後的爭議仍懸而未決。私底下，美國人和中國人對於因台灣而開戰的可能性有過非常直接的討論。二〇〇八年，歐巴馬首次獲選為總統不久後，我被選為歐美「學者」代表團的一員，赴北京訪問中國國防部。中國政府猜得沒錯，這群美國「學者」之中，有好幾個人可能即將接任歐巴馬政府的高階職務。[2]於是，我們的訪華之行被視為半官方的行程，雙方都做了正式聲明。在偌大的會議室裡，一位中國將領告知我方，中國視台灣問題為「國家核心利益」，一旦台灣宣布獨立，中國必以武力回應。這支歐美代表團的團長、前國防次長史洛康（Walter Slocombe）回答，聽到這句話令人深感遺憾，因為中國武力犯台將導致美國和中國之間的軍事衝突。[3]

我想這就是所謂的「嚇阻」吧。然而，台海危機二十年後，中國軍隊已強盛許多，致使一些中國人相信，美國不會再冒為台灣戰鬥的風險，更不用說無人居住的釣魚台列嶼了。過去三十年來，中國的軍事支出平均年增十二%，其軍力以令鄰居頭昏眼花、惶惶不安的速度成長。二〇〇〇年，日本的年度國防支出是中國的三倍；但到了二〇一五年，換成中國的國防預算是日本的兩倍——而且差距還在逐年擴大。

如果中國也消弭了和美國的軍事差距，那恐怕就是美國的噩夢了。在冷戰結束、蘇聯解體後，美國的軍事預算比世界其他國家的總和還多是常有的事，但隨著中國的軍事預算持續增加，美國又著手削減軍事支出，雙方的差距正在縮小。備受敬重的國際戰略研究所（International Institute for Strategic Studies）就主張，到二〇二三年時，中國的軍事支出可能會正式超越美國。這項預測能否成真，取決於美國是否依照旨在平衡預算的自動減支法（sequestration law），徹底執行前述預算削減——但那不大可能；而如果中國經濟趨緩，近幾年都以兩位數增加的中國軍事支出也可能縮減。但就算如此，中國和美國軍事力量差距正在縮小的趨勢仍十分明確。也別忘了，美國是試圖在全球各地維持其軍事霸主的地位，反觀中國，只想在它所在的地區稱雄。

中美軍事競爭的焦點是西太平洋的掌控權。華府仍有點難以置信，「美國已不能再理所當然地將太平洋納入自己的掌控，」因為正如曾於小布希及歐巴馬政府擔任國防部長的勞勃・蓋茲（Bob Gates）所言，「自二次世界大戰結束後，對我們的海軍而言，」太平洋「形同美國境內的一座湖泊。」但如今，太平洋已成為眾人競爭的地盤。在雷根時代擁有近六百艘軍艦的美國海軍，現在剩不到三百艘；反觀中國海軍在近二十年的大規模擴軍計劃後，已有三百多艘軍艦。但這裡的數量只是概數，而且多數中國軍艦仍比不上美軍的先進，例如二〇一五年，美國有十一艘現代航空母艦，中國只有一艘遼寧號，而且還是跟烏克蘭買的二手貨。中國已經宣布自製航空母艦，但那需要時間。不過，在其他一些重要的軍艦種類，例如潛艇上，中國海軍擁有的數量已輕易超越西太平洋的美軍。

另外，中國購買的軍備武器，大多是專門設計來讓美國更難在南海及東海維持海上霸權的。新一代的中國巡弋飛彈、彈道飛彈和潛艇，都是針對美國控制中國外海航空母艦所布置的。二〇一五年，這些「航母殺手」飛彈在北京一場盛大的閱兵典禮、即紀念一九四五年對日抗戰勝利七十周年的慶典上，首度公開亮相。在未來的台海危機，或在東海或南海的對決中，美國務須了解，它的航空母艦已非沒有弱點，而這可能意味美國不會再願意像一九九〇年代時那樣，讓這些易受攻擊的巨獸游來台灣海峽了。

中國也重金添購了可鎖定美國人造衛星的武器。在資訊時代，美軍極度仰賴測繪系統和通訊科技，讓它從鎖定飛彈到協調軍隊行動什麼都做。但中國的軍事演習已展現它有將通訊衛星轟出天空，亦即迫使美軍必須「盲目作戰」的能耐。

為因應中國的新本事，美軍重新思索了它的教戰準則。「海空整體作戰」（Air-Sea Battle）的新概念應運而生，並已於二〇一〇年為五角大廈所採納：鎖定中國那些軍事術語稱為「反介入／區域阻絕」（anti-access/area-denial）的新武器，因為那些武器有辦法阻止美國海軍進入靠近中國沿岸的地區。海空整體作戰的擁護者主張美軍必須做這樣的戰略更新，他們相信那是面對中國擴軍不可避免的回應。誠如美國一位資深官員對我說的：「要不是美中緊張局勢升高，我們就不會做好我們的工作了。」

美中緊張局勢升高可能真的無從避免，但美軍若執意在與中國衝突之初即採取攻勢，卻可能帶來極高的風險。海空整體作戰準則的難處在於，若要付諸實行，美國可能必須迅速拉高衝突的等級：發動大規模空襲，攻擊位於中國陸地上的飛彈和監視系統。而軍事計劃內含什麼樣的假設，可能對一場危機有決定性的影響——這在一九一四年就有一個明顯的例子：德國陸軍運用精準火車時刻表的迅速動員計劃，就被證明難以在危機中做出應變。希拉蕊·柯林頓任國務卿時的副手吉姆·史坦柏格非常清楚海空整體作戰這種概念蘊含的風險，他指出，美國若採用這種軍事準則，會被某些亞洲人詮釋成「替美中對抗除去腳鐐，從此不受約束」。

受到「海空整體作戰」的言外之意所警示，使一些美國鷹派主張，萬一與中國發生衝突，美國應厲行封鎖來扼住中國的經濟命脈。這些人討論過各種劇本，其一是在中國沿海或更遠處進行海軍軍事行動——包括封鎖連接印度洋和太平洋的麻六甲海峽。但，如果這樣的封鎖成功切斷中國取得石油或連結世界市場的途徑，結果可能只是稍微拖延全面衝突發生的時間，並無法根絕海空整體作戰批評者的憂慮。

推演諸如此類的劇本，無可避免地讓雙方開始權衡本身的相對軍力和意向。對美國官員來說，就連討論美國的軍事計劃都像是在走鋼索。如果美國太強調軍力，就有可能聽起來好勇鬥狠，而著了中國鷹派的道；但如果美國人貶抑自身的軍事能力，則可能陷入另一種危境，即加深中國人「美國就是軟弱」的印象，變相鼓勵他們尋釁。二〇一二年，在《華盛頓郵報》的一篇文章中，吉姆．史坦柏格試著謹慎措辭，先提出：「儘管美國的國防支出和軍力在中國看來仍是天文數字……但北京官員應記住，美國的國防能力約有一半是為世界其他地區而準備……美國絕非沒落中的超級強權，但這個國家確實厭倦戰爭，也財力短缺。美國領導人甚至一面倡言亞洲『再平衡』，一面削減軍事支出。」但隨後，史坦柏格和他的合著者，布魯金斯研究所（Brookings Institute）的歐漢龍（Michael O'Hanlon）改弦易轍，傳遞了截然不同的信息，充滿力量和自信：「若換算成股價，現代美軍值三兆美元；中國雖然支出驚人，卻大概只有那個數字的十%。且中國軍隊也沒有現代軍事作戰的經驗。」

這篇文章是仔細權衡過的作品，為的是向中國傳遞訊息。但那也反映出由衷的不確定感。在北京、華盛頓和東京，軍事及戰略計劃人員都必須審慎評估亞洲的情勢，且深知他們的猜測只能在外交挫敗導致戰爭的事件中驗證。

除了分析軍力，雙方也必須評估彼此的意向。有些美國人，包括史坦柏格在內（他修過中國史），知道十九、二十世紀美國被歐洲和日本帝國主義者從海上襲擊的經驗，使美國人一直對海洋深感不安。然而就連像史坦柏格和亨利．季辛吉（Henry Kissinger）這般富同理心的分析師（季辛吉於一九七〇年代主導中美復交，使他在北京成為備受敬重的人物）也擔心，一些中國人士可能有好鬥的傾向。

就像史坦柏格、奈伊、哈德利和阿米塔吉的北京訪問團，季辛吉也將二十一世紀初的美中關係和二十世紀初的英德對抗相提並論。季辛吉於二〇一一年出版《論中國》（*On China*）一書，得到北京和華盛頓的熱烈迴響。他在該書後記中明確地把一九一四年爆發的戰事拿來做詳盡而有爭議的比較，並特別引用了「克勞備忘錄」（Crowe memorandum）。這份英國外交官艾爾．克勞（Eyre Crowe）在一九〇七年寫的著名分析，預見了英德之間難以避免的對抗，也推測德國擴建海軍是暗示該國正在追求「全面的政治主導權和海事優越性，而這會威脅鄰國的獨立，最終更會威脅英國的存在。」

季辛吉指出，克勞相信，不管德國人作何盤算，德國海軍擴軍的事實都將不可避免地對大英帝國構成威脅。但他也駁斥了美中注定演變成類似軍事對抗的想法。

不過，一九一四年與今時無比鮮明的相似之處，似乎是美國的中國分析師所無法甩脫的陰影。[4]二〇一四年二月，獲派出任美國駐華大使的參議員馬克斯．博卡斯（Max Baucus），就對季辛吉寫的那一章念念不忘，而屢屢在中國高階官員面前引用「克勞備忘錄」，藉此拐彎抹角地問他們中國擴軍背後的意圖。這種提問方式稍嫌怪異，但博卡斯、季辛吉和其他人殊途同歸，都是想弄清楚同一個關鍵的問題：中國是否準備和它的鄰國、甚至和美國開戰？這個二十一世紀的新興超級強權，究竟作何盤算？

3 ▼ 中國不再韜光養晦

習近平在二〇一二年十一月十五日，即歐巴馬贏得連任八天後，被宣布接任中國共產黨總書記，這位中國領導人隨即闡述他對國家的願景。十一月二十九日，五十九歲的他在北京天安門廣場的中國歷史博物館，以「中華民族偉大復興」的計劃為題，發表重大演說。這八個字究竟是什麼意思?任何想要理解的外國人，不妨前來參觀這座以博物館重新設計而成的藝廊，它訴說了共產黨眼中所見的中國近代史。

展覽告訴遊客，十九世紀「帝國主義列強」是如何「蜂湧而至，掠奪財富、屠殺人民」。另有廣大空間專門展出一九三七到一九四五年日本侵華帶來的苦難，奪走一千五百萬中國同胞的性命。

不過，幾乎沒有空間用於呈現更多的同胞如何在一九五八至一九六二年的飢荒，以及毛澤東「大躍進」的國家殺人期間喪命。

在中國，對日戰爭的恐懼並未隨時間淡去。恰恰相反地，在習近平時代，讓中日衝突繼續縈繞民眾心頭，似乎成了官方政策，電視台也時常播出以對日抗戰為背景的愛國戲劇。二〇一五年九月，習近平親自在北京一場盛大閱兵典禮上向士兵行答禮。那是一場紀念二次大戰結束、日本投降七十周年的慶典。過去中國辦過很多次這種紀念活動，但伴隨這麼大規模的軍力展示，展現飛彈和踢正步的部隊，這還是頭一遭。對中國的許多亞洲鄰國來說（不只是日本），這似乎是不祥之兆。

天安門的閱兵式經過國家歷史博物館門前，無非在強化這樣的訊息：共產黨的使命是矯正歷史強加在中國身上的錯誤，並帶領中國回到世界事務上應有的地位。我在北京會見習近平時也發現，他是相當適合傳遞這項訊息的人物。他身高一百八十公分，體型魁梧。在像中國這般執著於高大的國家，那有助於他傳達權力和威信的訊息。

相比之下，對現代中國崛起居功厥偉的男人，是小個子的鄧小平。他身高一百五十二公分，卻堪稱中國現代史上的巨人。正是鄧小平從一九七八年展開的經濟改革和對外開放政策，讓中國得以在未來一個世代中徹底轉變。經濟改革在被鄧小平解開束縛後，每十年都順利讓中國經濟規模擴增一倍以上，使西方專家跌破眼鏡：他們全都預測中國的大好景氣很快就會結束，結果全部失準。在習近平於二〇一二年掌權時，中國距離世界最大經濟體的寶座，僅剩咫尺之遙。

鄧小平也針對崛起的中國該如何和外面世界打交道，給予共產黨同僚一些建議。鄧小平的格言「冷靜觀察、穩住陣腳、沉著應付、韜光養晦、決不當頭、有所作為」後來聞名全球，西方決策圈常簡稱為「韜光養晦」（hide and bide）。純就英文字面而言，「hide and bide」一語聽來可能像是要人欺騙和密謀，但其實鄧小平是在強調處理國際事務要謙卑、合作，而這對中國和西方來說都很有道理。正是這個政策給予中國經濟轉型的空間和時間，也讓西方得以分享中國創造的財富。如此一來，一項本可能令人擔憂的事態發展（也就是中國的崛起），便以「雙贏」的姿態出現。這本是西方的行話，但中國迅速採用。

鄧小平的繼任者延續類似的政策，也喊出類似的安慰人心的口號。二〇〇二到二〇一二年，在共產黨總書記胡錦濤的領導下，中國開始採用往後被稱為「和平崛起」的政策。後來，「崛起」兩字被認為對外界太具威脅性，於是他開始偏愛「和諧世界」的說法。

胡錦濤時代，倡導中國和平崛起能讓中美互蒙其利的人士中，北京大學教授王緝思是立論明確、表現突出的一位。他認為，中國的崛起只可能在全球化的脈絡下發生，而設計並維持全球化架構的正是美國。一個繁榮、穩定、逐漸融入以美國為首的世界秩序的中國，也跟美國有利害關係。王緝思認為，中國可「良性、審慎地利用美國在全球體系中的權力」，而美國也可從「在穩固而有改革決心的領導管理下，秩序井然且逐漸蛻變的中國」身上獲益。

王緝思曾赴美擔任普林斯頓大學的客座教授，那裡堪稱他所信奉的「自由國際主義」思維的大本營。諸如約翰・伊肯伯里（John Ikenberry）和安妮・瑪麗・斯勞特（Anne-Marie Slaughter）等普林斯頓教授（斯勞特後來獲國務卿希拉蕊・柯林頓任命為國務院政策規劃小組的第一位主任），都致力反駁強權注定一戰的觀念。伊肯伯里反過來主張，中國和美國是「支持現狀的強權」，對於維持一個對雙方而言運作良好的全球體系，都有強烈的興趣。推翻這個體系對雙方皆無實質利益可言，更不用說還要冒戰爭的風險了。

在習近平掌權之前的十年間，在中國政府的官方辭令中，可以見到王緝思這套美中相互依存論的影響。那段期間，中國國務院總理溫家寶曾說：「中美之間的共同利益遠遠大於我們的分歧。」自二〇〇八年三月起，擔任中國外交政策最高職務的國務委員達五年之久的戴秉國，也和王緝思私交甚篤。在任職期間，戴秉國盡心盡力與白宮發展合宜的合作關係。在歐巴馬第一任任期內，久任國家安全顧問的湯姆・唐尼隆（Tom Donilon），完全信任他的中國對等官員，他曾這麼告訴親信：「凡是戴答應我的事情，他一定會做到。」季辛吉也是戴秉國的崇拜者，稱讚他是「考慮周到又負責」的領導人。二〇一〇年十二月，在一篇很多人都讀過的文章中，戴秉國為王緝思等思想家宣揚的和平崛起和相互依存理論背書。據戴秉國的說法，中國的首要目標是「告別貧窮、享受更好的生活」，需仰賴和平的國際環境。他主張，中國明白自己是「國際大家庭中的一份子」。

儘管強調相互依存，但當中國認為它的「核心國家利益」受到威脅時，戴秉國也能完美無瑕地採取強硬的立場。二〇一二年，在中國與日本和菲律賓的領土爭議變本加厲時，他仍是國務委員。不過，在節節升高的緊張情勢中，戴仍被華盛頓視為溫和可信賴的對話窗口。因此，二〇一三年三月，習近平甫接任總領導人，戴秉國即自國務委員一職退下，此舉似有象徵意義。

中國外交決策的新面孔是楊潔篪，他的作風挑釁得多。他是中國前駐美大使，英語流利，在華府如魚得水。但他也不吝使用對抗性語言，那是前幾代在「韜光養晦」傳統中培養出的中國外交官會避免使用的語言。

對中國的許多緊張不安的鄰國而言，一起惡名遠播的事件確立了楊潔篪的形象。二〇一〇年，他仍擔任外交部長時（職位低於國務委員），他向其他亞洲國家發出直率的警告，叫他們在處理和中國的領導爭議時不要妄自尊大。在越南召開的一場亞太國家高峰會上，他宣布：「中國是大國，你們全是小國。事實就是如此。」

那一刻，對一些來越南開會的外交官來說，感覺就像中國終於拿下了面具。「韜光養晦」退場，強硬出頭。就連一些中國籍的觀察家也被楊潔篪的介入嚇壞了，認為那很可能招致反效果，驅使較小的亞洲國家投入美國的懷抱。但習近平顯然不覺得楊潔篪超出限度，反倒讓楊潔篪升任中國決策階層的最高職位。

習近平本人上台時即有「擁抱軍事」之名，他與軍隊的關係比前任主席胡錦濤密切得多。而這位新領導人也迅速提出證據，證明他願意採取會贏得堅定民族主義者青睞的行動。

二〇一二年十二月，即習近平接任總書記和軍事委員會主席後的那個月，中國軍機自一九五八年以來首次進入日本領空。兩個月後，二〇一三年二月，一艘中國驅逐艦將其導彈系統鎖定爭議領土釣魚台列嶼附近的一艘日本驅逐艦。同年十月，中國親民族主義的《環球時報》寫道：「中日間的摩擦升級成軍事衝突的可能性正在增高。」一個月後，中國又讓美日政府瞠目結舌：他們宣布中國的「防空識別區」（Air Defence Identification Zone, ADIZ）涵蓋東海大部分範圍，包括爭議島嶼在內。要求所有進入該區域的非中國飛機，都要向中國當局表明身分。

在胡錦濤和戴秉國掌控外交政策期間，中國空軍就一再要求宣布ＡＤＩＺ，始終未獲首肯，但習近平開了綠燈。美國則派軍機飛越該區，而未事先知會中國當局，藉此表明拒絕接受新ＡＤＩＺ之意。新局勢蘊含的危機在二〇一四年八月浮上檯面：一架中國戰鬥機在海南島外海一百三十五哩處攔截一架美國海軍軍機。美國國防部形容這次遭遇「非常接近（衝突）、非常危險。」

宣布ＡＤＩＺ之後的幾個月，中國外交政策愈趨激進的證據似乎增多。中國在爭議海域設置鑽油平台之舉惹惱了越南，越南各地都掀起反中國的暴動。習近平訪問印度之行也被這個消息奪去光彩：在中國國家主席於德里笑容滿面地和人握手的同時，中國軍隊長驅直入印度控制的爭議領土。

愈來愈多事例證明，北京已經走上更具攻擊性的路線。在習近平當政的前十八個月內，他正式視察人民解放軍的次數比前任十年間加起來還多；但中國也懂得恩威並施，在恐嚇之餘，也不忘承諾有利可圖的「雙贏」政策。

二〇一四年十一月，習近平接任黨總書記屆滿兩年之際，他利用在北京召開的亞洲太平洋經濟合作會議（Asia-Pacific Economic Cooperation Forum, APEC），向世界展現中國較為柔和的那一面。美國和中國宣布一項有關氣候變遷的新協議，同時，在東京方面極力遊說了好幾個月後，這位中國領導人終於答應和日本首相安倍晉三握手。

同時，中國的其他亞洲鄰國都受到中國拋出的投資和經濟合作的誘惑。中國大力宣傳總部設於北京的亞洲基礎設施投資銀行計劃（簡稱亞投行），旨在協助全亞洲大陸打造基礎建設並推廣貿易。中國媒體一再吹捧的北京新口號，叫作「一帶一路」。「一帶」是憧憬一條「新絲路」，重新創造古時候那些連結中國和其西邊中、南亞鄰國的貿易路線。「一路」（不免令人混淆）則是大致沿著明朝大太監鄭和曾經行過的路線，開發中國附近海域的新貿易路線。

對某些人來說，習近平強調一帶一路，看似明示他正從當政前幾個月令人膽顫心驚的軍國主義，回到環繞經濟合作的舊政策。或許有人會主張，習近平已經發現他較激進的政策正逼使亞洲國家投入美國的懷抱，所以重新思考了？但事實上，在習近平領導下，中國外交政策的經濟和軍事層面，仍服膺於同樣的戰略目標——打造並擴大中國稱霸亞洲和太平洋地區的能耐。

就算習近平採取了懷柔的措施，他的做法似乎仍在彰顯中國愈來愈清楚自己在這個區域的首強地位。因此這位中國主席和日本首相在APEC高峰會的會面，並未設計得像是對等的會面：安倍晉三被獨自留在攝影機前，耐心地等候獲准握習近平的手。一位親眼見證這場交流的亞洲外交官跟我保證，習近平一定排練過他和安倍握手時，臉上一閃而逝的嫌惡表情。

一直有人希望時間會證明，習近平當政第一年採取的強硬政策只是一時權宜之計，而這樣的希望在ＡＰＥＣ高峰會後幾個月迅速破滅。中國的領土主張開始透過一種新穎而充滿想像力的方式提出：南海「造島」聯合計劃。為了將中國有爭議的領海主張擴展到中國大陸的數百哩外，北京開始野心勃勃地填海造陸，把海上的礁嶼變成小島。北京政府指出，其造陸工程是為了提供燈塔之類的公共財，而且其他國家也做過類似的事情；但中國造島的規模遠比越南或菲律賓嘗試過的大。歐巴馬政府確信，中國的填海造陸有其軍事意圖——例如永暑礁上所闢建的、兩哩長的簡易飛機跑道。

在多數資深中國觀察家的眼中，中國這般毫不避諱地展現維護亞太地區核心地位的欲望，一點都不令人意外。二〇一五年逝世、和歷任中國領導人皆私交甚篤的新加坡前總理李光耀，就始終相信中國最終一定會試圖重現它的歷史榮光。他主張：「中國有長達四千年之久的文化，有十三億人口，他們很多都是非常有才華的人……他們怎麼能不渴望成為亞洲第一，繼而成為世界第一呢？」

這種中國是亞洲的「中心王國」、其他地區皆以其馬首是瞻的想法，深植於中國的歷史中。考慮到中國的歷史、幅員和經濟活力，只要國家變得富裕而有自信，「韜光養晦」絕對可能讓位給更強勢的政策。在習近平上台之際，已經有不少新的思維和政策可供他援引做為強勢外交政策的基礎了。其中有三種相關思想格外重要：民族主義受欺凌的感受、對中國相較於美國的實力愈來愈有信心，以及對於中國國內政局安定和西方可能暗中破壞的深刻恐懼。

中國共產黨欣然接受民族主義論述的時間有個相當確切的日期，那就是一九八九年六月，鄧小平和同志們做了重大的決定，鎮壓質疑中國共黨統治的學生暴動。天安門廣場屠殺事件對中國政府造成極大的威脅，一黨專政的存續和正當性都受到嚴厲挑戰。為因應這種局面，共產黨逐漸開始強調民族主義和民族復興，也就是「中華民族偉大復興」，來做為重建其統治正當性的手段。

一九八九年後，中國歷經「一個世紀的屈辱」，幸有共產黨將中國自弱肉強食的世界救出的思想，透過新版的歷史教科書和博物館，逐漸灌輸給新一代的各級學生。一九九二年起，中國近代史成了高中的必修課。這門新歷史課的教學綱要明確指出：「中國近代史是一部屈辱史，中國逐漸淪為半殖民半封建社會……也是一部在中國共產黨領導下成功完成新民主革命的歷史。」政府鼓勵各級學校參觀新建或改裝過的博物館和紀念地，灌輸同樣受外國列強凌辱、賴中國共產黨復興的訊息。例如北京的國家歷史博物館和南京的侵華日軍南京大屠殺遇難同胞紀念館皆是如此。在習近平獲選為共產黨總書記時，一整個世代的年輕中國人已經吃了民族主義的「狼奶」長大了。

當上領導人後，習近平馬上開始更明目張膽地跟民族主義的思想及語言眉來眼去。與他關係最密切的理念非「中國夢」莫屬——這個構想迅速被接納，且在中國執迷於口號的政治文化中被大肆宣傳。「中國夢」當然是在模仿「美國夢」，許多受到中國人鼓舞的外國觀察家相信，習近平談「中國夢」，是在直接回應具影響力的《紐約時報》專欄作家湯馬斯・佛里曼（Thomas Friedman）的一篇文章。佛里曼在文章中呼籲中國發展屬於它自己的原料，開發「夢想」，結合更乾淨的環境。但，早在佛里曼或習近平講出這個詞彙之前，很多中國人都已透過解放軍大校劉明福的暢銷書，熟悉「中國夢」的概念了。

劉明福的著作《中國夢》於二〇一〇年在中國出版，開宗明義即道：「成為世界第一，是中國百年來的夢想。」一如一九三〇年代日本的民族主義者，劉明福認為，中國的崛起是範圍更廣的亞洲復興的一部分。他寫道：「當中國成為世界第一，將能終止西方人種族歧視的觀念……近代史上每一位全球領導人都來自歐洲和北美，但亞洲是世上最大的大陸，絕對應當擁有世界第一。」

對劉明福來說，「中國夢」也是規模更大的東西方權力轉移的一部分。中國將站在亞洲繁榮新時代的核心，也將迎來更和諧的世界，因為它的領導會比美國更睿智、更仁慈。一如許多中國的民族主義者，劉明福相信，美國自然會把中國視為敵手而傾全力阻擋中國的崛起，就像它曾經阻撓日本和蘇聯那樣。現年五十多歲的劉明福住在北京國防部附近的軍人宿舍大樓區，當我在《金融時報》的同事傑夫・戴爾（Geoff Dyer）去那裡拜訪他時，劉明福告訴他：「身為一個平凡的軍人，我大聲疾呼，中國該試著成為世界第一，該競爭成為首屈一指的國家。」

當習近平採用「中國夢」這個詞時，他一定非常清楚那對劉明福的諸多讀者的含意。而確實也有其他跡象顯示，劉明福的觀點完全說到中國政府高層的心坎裡。他的書請來劉亞洲中將寫序，而劉亞洲正是習近平的親信。對劉亞洲來說，中國和美國之間剛開始的競爭，可望是「史上最大的一場全球權力競賽」。

要推斷中國政府是否相信中美或中日有可能、甚至有必要一戰，必須先釐清這個問題：中國領導階層相信它已將民族主義辭令注入國家教育體系到何種地步。有人認為，中國最重要的領導人是「陽奉陰違」地把民族主義當政治工具來用，不是真心相信民族主義的基本論點。無疑地，中國一貫採取的政策，都在表明中國願意務實地讓該國的經濟融入西方經濟

——例如加入世界貿易組織、鼓勵對內投資和推動海外的中國投資。

在個人方面，中國領導人也對西方所提供的事物表達強烈的欣賞。習近平的女兒用假名在哈佛大學唸書；曾被視為習近平的對手，後因貪腐和謀殺案件垮台的民粹領導人薄熙來，特別擅長民族主義辭令，但那並未阻止他把兒子送去哈羅公校（Harrow School），即邱吉爾的母校，然後再送往牛津和哈佛。

也有人認為，中國領導人也許私下和民族主義的論調保持距離，但仍有落入其圈套的危險。這個理論認為，中國用民族屈辱和復興的故事撫養了一整個年輕世代，一旦來到和美日的決裂關頭，沒有哪位中國領導人能打退堂鼓。中國領導人深諳中國史，他們一定記得：一九一九年，信奉民族主義的學生因不滿國家領導人接受凡爾賽條約（Treaty of Versailles），群起示威，間接促成中國共產黨的創立。

不過，也有跡象顯示，許多中國領導人本身支持民族主義圈子盛行的某些陰謀論和反西方論。在一部重要的中國民族主義研究《勿忘國恥》中，學者汪錚主張，中國的高階領導人都有內化的民族主義思想，也深深懷疑西方的意圖。一九九九年，北約轟炸貝爾格勒中國大使館之後，中國領導人曾召開祕密會議，而汪錚在書中大量引用從那場會議流出的討論。私下，沒有一位領導人接受美國「轟炸純屬意外」的解釋，所有人都認為那是蓄意挑戰中國的國家尊嚴，甚至有人覺得那是激怒、顛覆中國的計謀。汪錚的結論是：「這些領導人不只善於教育和操控人心，也對自己的新意識型態深信不疑。」

第二個促使中國在習近平主政下愈來愈強勢的因素是，中國很清楚，它日益增長的財富和權力與西方有關。當二〇一四年國際貨幣基金組織宣布，就購買力而言，中國已成為世界最大經濟體時，中國的反應表現出某種「韜光養晦」的傳統。在國際貨幣基金組織的討論會上，中國官員不認同中國可能馬上就要正式成為「世界第一」的見解。在許多方面，中國仍適合自稱為發展中國家，沒有必要讓美國人心生恐慌；何況如果中國被列為世界最大經濟體，就有可能被要求背負更多責任，例如在氣候變遷或開發援助方面。

然而，在其他方面，愈益強烈的財富和權力感，無疑成了中國領導人的後盾。世界領導人接連在北京現身，背後跟著龐大的貿易代表團，人人都希望搭上中國成長的順風車。中國已經發現，進入巨大中國市場這個誘餌，是改變外強行為極有效的工具——包括那些曾用槍桿子逼中國開放市場的外國人。二〇一二年五月，在英國首相大衛・卡麥隆（David Cameron）會晤西藏領袖達賴喇嘛後，中國的回應就是將英國人放進外交的冷凍庫。見不到中國領導人的經濟意味令英國政府大為驚恐，只好默默修正自己的行為。英國政府讓中國人明白，他們不會再和達賴喇嘛進一步碰面，而卡麥隆終於獲得在二〇一三年十二月訪問北京的獎賞。

數個月後，當香港發生民主示威、運動領導人前往倫敦尋求支持時，英國首相刻意不接見他們。在北京看來，英國人已經學到教訓了。而為了搶搭中國的順風車，英國願意以多大的幅度調整其外交政策呢？答案在二〇一五年三月變得明朗：英國與美國分道揚鑣，成為第一個簽署成為亞投行創始會員的西方強國。前國際貨幣基金組織中國部主任艾斯瓦・普拉薩德（Eswar Prasad）這樣評論：「英國和德國等傳統強權爭相拜倒在中國面前，無疑是新世界秩序成立的象徵。」

知道中國正在成長的經濟力能提升該國的外交力，中國領導人無疑志得意滿。但數十年來經濟迅速成長給心理的回報遠不止於此，這也讓許多中國人無論在商業或社交生活上，都不再那麼畏懼西方的財富和成就。企業家馬雲就是活生生的例子：他的網路公司「阿里巴巴」讓他成為超級富豪。年輕時，馬雲利用在家鄉杭州當導遊的機會自學英文，一九九九年成立阿里巴巴時，他號召各界友人和同事，告訴他們：「中國人的腦筋跟美國人一樣好，這就是我們敢和他們競爭的原因。」往後十年，馬雲不只和美國人競爭，更打敗了美國人。阿里巴巴的全球營業額比eBay或亞馬遜等美國網路巨擘來得高，而該公司的首次公開發行恰與習近平升任主席同時，當時募得了一千多億美元。

阿里巴巴堪稱二十一世紀中國財富、前景和信心成長的縮影，而和這種心情並駕齊驅的是許多中國知識分子的信念，也是頻頻在媒體上呈現出來的信念：美國和整個西方正在衰退。二〇〇八年濫觴於華爾街、撼動全球經濟的金融危機，也侵蝕了美國在中國國內的威信。忽然之間，曾經充滿自信、全球地位穩固的美國，看來正在蕭條和破產的邊緣搖搖欲墜。二〇〇八年十一月，也就是雷曼兄弟破產兩個月後，我在北京遇上一種前所未有的氣氛，北京大學中國與世界研究中心主任潘維的這番話即為例證：「我相信二十年後，我們可以直視美國人的眼睛，跟他們平起平坐。但或許也不用那麼久。他們的制度正陷入混亂，需要我們的金錢援助。」

中國因政府大規模支出之故，從二〇〇八年的衝擊中恢復的速度遠快於西方。此一事實進一步提升了中國人的自信。民眾愈來愈清楚美國向中國借了多少錢，也因此產生華府和北京的傳統權力關係正在改變的印象。

於是，中國在美國面前趾高氣揚起來。二〇一一年，在中國大連市舉行的世界經濟論壇（World Economic Forum）的一場會議上，就出現了這種新的態度：面貌英俊、廣受歡迎的電視主播芮成鋼公開詢問美國大使駱家輝，坐經濟艙與會是不是在「提醒美國欠中國錢？」駱家輝如實回答，坐經濟艙純粹是美國政府的既定政策。但芮成鋼已挑動敏感神經（也許不是故意的）。歐巴馬政府負責和中國打交道的高級官員無不哀嘆，他們太常為了重要的談判飛來北京，而在機艙坐了十四個小時後，他們全都累得不成人形。有名官員忿忿不平地對我描述，有次他在華盛頓登機，「舉步維艱地擠到經濟艙的座位時，經過了正在商務艙啜飲香檳的中國大使身旁。」

在金融風暴後的那些年，西方，特別是歐洲的外交官，開始在和中國人打交道時，察覺到一種新的口吻。二〇一一年，一名剛從中國回來的英國外交官笑著告訴我，他到過那麼多國家，唯有中國人跟他說：「你要記得，你來自一個衰弱、正在走下坡的國家。」另一位非常資深的英國外交官透露：「跟中國人打交道愈來愈不愉快，也愈來愈困難了。」我回他，有些在華府的外交官仍對和他們交手的中國最高官員讚譽有加。這位英國官員回答：「中國人是有一種特別的口吻，但現在只說給美國人聽了。」儘管中國仍強調自己還是發展中國家，但北京政府的言行舉止愈來愈像個成形中的超級強權了。而在它眼中，唯一仍能跟它平起平坐的國家是美國。

不過，在習近平當政下，就連美國人也開始察覺中國的外交口吻出現顯著變化。在中國，自由國際主義者的影響力顯然正在減弱。正如另一名美國高級官員在二〇一三年對我說的：「王緝思那一派說的話已經沒有人聽了。他們現在都躲在學術機構裡，用代碼交談。」

這句話或許稍嫌誇大。十八個月後，當我造訪北京時，王緝思仍相當活躍，很高興地跟我見面喝咖啡。帶著某種自嘲的微笑，他形容自己是「惡名昭彰的溫和派」，並溫柔地暗示，如果不要公開我們拉拉雜雜的談話內容，可能會比較輕鬆。不過，在他公開出版的著作中，王緝思自己也詳盡描述了習近平主政下的氣氛轉變。他在二〇一四年四月寫道：「過去兩年，中國的官方媒體和文件都對中國民眾提出愈益嚴厲的警告，說美國不只試圖在軍事及政治上遏制中國，更陰險的是，它正策動一場意識型態之戰，目的是在中國製造混亂失序。」

王緝思敏銳地指出，中國在習近平領導下愈來愈強勢的民族主義，既流露出信心，也反映出不安全感。這就是政府支持的中國民族主義之所以在習近平時代崛起的第三個因素：擔心共產黨延續數十年的統治，會受到西方顛覆力量的威脅。

當二〇一四年十月，香港抗議學生發起「占中運動」，要求香港實施完全民主的選舉，那看來就像中國最大的噩夢成真了。一九九七年，英國殖民統治結束，香港的領土主權回歸中國，但仍依香港自己的法律，遵循「一國兩制」原則治理。這是一種匠心獨具的平衡做法。比方說，香港居民可以年年舉辦紀念一九八九年天安門事件的活動，這在中國內地想都不用想。此活動年年吸引數萬示威人士湧入香港維多利亞公園，參加感人的燭光晚會。

但中國打算給予香港的言論自由和民主是有限度的，而那些限度在二〇一四年被揭露出來。那一年，中國表明願意實現承諾已久的香港特首直接民選，前提是中國要先篩選候選人，而那是香港的學生和民主運動人士所不能接受的條件。他們在二〇一四年底走上街頭，導致香港日常運作停擺數天時，有些人擔心，中國可能會像一九八九年在北京時那樣回應：出動軍隊。

這一次，中國政府聰明地放任示威活動自生自滅，較無直接或暴力的干預。但在北京，香港的示威徒然加深中國對「顏色革命」的恐懼。這個詞原本是造來形容在前蘇聯和中東國家一連串支持民主的暴動，成功的樣本包括二〇〇三年喬治亞的「玫瑰革命」（Rose Revolution），和次年烏克蘭的（第一次）「橘色革命」（Orange Revolution）。在那之後，似乎每隔一段期間，世界就有一處爆發「有品牌」的革命。黎巴嫩在二〇〇五年發生「雪松革命」（Cedar Revolution），有助於迫使敘利亞軍隊撤出該國；伊朗在二〇〇九年發生不成功的「綠色革命」（Green Revolution）；而震驚阿拉伯世界的起義，則從二〇一〇年突尼西亞的「茉莉花革命」（Jasmine Revolution）開始。

在二〇一〇年突尼西亞民眾起義後不久，中國的網路使用者發現，「茉莉花」一詞的網路搜尋結果遭到封鎖。那次審查行動證明，阿拉伯世界的革命浪潮（一直持續到二〇一一年結束），已在中國共產黨內激起深切的焦慮。反對不民主政權的平民暴動，以及這種暴動可能造成的混亂，成了中國政治思考的焦點。西方民運人士、機構和技術在這些事件扮演火上加油的角色，北京也注意到了。埃及二〇一一年的起義被封為「臉書革命」（Facebook Revolution），以及起義最重要的初期組織幹部之一是Google高階主管這兩件事，注定這兩家公司在中國要遭受封鎖的命運。

二〇一四年，初次橘色革命十年後，烏克蘭發生第二次革命，這又為中國官員對顏色革命的被害妄想添了一把火。中國官員似乎是發自內心接受俄羅斯對烏克蘭起義的看法：指責那其實是美國人籌畫，使用他們所有窮兇極惡的工具，包括網路和西方資助的非政府組織（NGO）。在烏克蘭革命後不到幾個月就爆發的香港抗爭，似乎驗證了北京最深的恐懼。從中國政府官員的角度來看，那就像顏色革命的技巧已輸入中國大陸，危險至極：靜坐抗議、學生、外國電視台的工作人員、運用社交媒體，以及採用動聽易記的「品牌」名稱——「雨傘革命」（因為當時香港經常下雨）。

震驚於香港的抗爭，北京政府開始提高警覺，慎防西方顛覆。二〇一五年年初，中國教育部長袁貴仁對全國大學發布一道政令，聽來像是來自毛澤東思想全盛時期：「別讓宣傳西方價值觀的教科書進入我們的課堂，」部長大聲疾呼。「我們絕不允許任何攻擊或詆毀黨內領導及社會主義的觀點。」

現在來中國的訪客可能都會覺得，此時才鎮壓外國的影響力為時已晚。中國的首都是所有你想得到的西方品牌的大本營，從藍寶堅尼到星巴克都不缺。在北京各大學校園附近的咖啡館裡，中國學生閒聊、上網，跟西方大學生並無二致。但表面的熟悉也可能是騙人的，那些在網路咖啡店上網的人，都可能直直撞上現代版的萬里長城——阻止民眾進入Google、推特和其他許多西方網站的防火牆。

在習近平主政下，防火牆愈築愈高，藉此壓制已對大學、部落客和電視節目表造成影響的西方勢力。大學教授埋怨再也不能上《紐約時報》做研究，涉足自由政治的人受害則更慘重。據人權組織報告，在香港示威抗議後，數百名民運人士和異議分子遭到拘留，外國非政府組織也受到更嚴密的監視和更強大的壓力。隔年，壓力有增無減：二〇一五年七月，中國大規模圍捕民權律師。雖然多數旋即獲釋，但其寒蟬效應不言而喻。

但中國政府也有自覺，並非所有國內的不滿都是好管閒事的外國人的錯。習近平一掌權便言明，中國的「偉大復興」必須包含打擊貪腐。他主張，如果體制無法淨化，就是將中國共產黨的存續置於險境。

許多外國和中國觀察家認為反貪腐的行動不會深入也不會持久，但他們錯了。習近平主政三年以來，中國已有一些最富有、最具知名度的人遭到逮捕或羞辱。其中包括曾在胡錦濤任內擔任公安部長的周永康，以及胡錦濤的中央辦公廳主任令計劃（在二〇一二年，令計劃的兒子於北京攜兩名半裸女伴駕，駛法拉利車禍喪命後，他的消費習慣便已受到監視）。

在肅清行動中被抓的還包括芮成鋼，曾斗膽拿美國大使搭經濟艙一事做文章的那名新聞主播。在他被捕前六個月，我曾在達佛斯舉行的世界經濟論壇碰到他。當時他一如往常聰明伶俐、目中無人，他甚至在向日本首相安倍晉三提問前說了這樣的開場白：他去東京時，喜歡上安倍上的那家健身房。六個月後，即二〇一四年七月，自誇有三億觀眾看他的節目的芮成鋼，就在於北京中央電視台攝影棚準備播報前遭到逮捕。過了十八個月，他仍未遭指控，也沒有再公開露面過。

一如反貪腐行動的許多逮捕案，芮成鋼失蹤的真正原因也引發諸多揣測。他是真貪，或只是冒犯了某位當權者？還是兩者兼而有之？

習近平的想法沒錯：猖獗的貪腐會對共產黨的正當性和支持度構成威脅，但難就難在，雷厲風行地逮捕超過十萬人（這是二〇一五年底的估計），恐怕會從另一角度造成政治紛擾。由於欠缺獨立的警務和司法制度，沒幾個有權勢的中國人敢說自己絕對不會被一波波逮捕行動掃蕩到：習近平主政三年來，軍事、媒體、地方政府、大型國營事業和高級金融界，都有資深人士陷入羅網。

習近平的中國表現出一種矛盾。它強勢的外交政策和辭令代表中國對本身的權力和國際角色愈來愈有自信。但在經濟趨緩的背景下，打壓國內的異議和貪腐，卻表明政府高層仍有強烈的不安全感。對外強勢的民族主義、國內煩擾不休的不安全感，這兩大主題，因政府害怕西方顛覆而聚在一起。

北京某些圈子相信香港的示威抗議是受美國干預驅使，這種想法淡化了香港示威者由衷的憤慨。但中國人更普遍的感覺是：美國對中國崛起愈來愈不自在，亦與此息息相關。因為在習近平主政期間，他們不只看到中國在世界各地愈來愈強勢，也親眼目睹美國變本加厲地遏阻中國的崛起。北京和華府不同以往的態度，對由王緝思、約翰·伊肯伯里等重要學者長久推動、也風行一時的「雙贏」相互依存概念，已構成深刻的挑戰，而這也反映在華府和北京的官方聲明中。

在深入反省時，美國官員明白，美中之間新出現的對抗，並不單純是習近平引領的中國民族主義氛圍下的產物，也是美國對於一個新強權的崛起採取本能反應的結果。誠如第一任歐巴馬政府的亞洲事務助理國務卿庫爾特·坎貝爾（Kurt Campbell）所說：「關於美國，中國相當深刻地了解一件或許連美國公民都不大清楚的事，就是美國不會坐以待斃。無論在心理或政治上，美國都已經習慣在全球舞台上當群龍之首了。」事實上，要形容美國對其全球角色的認知，「群龍之首」恐怕還太謙虛了。在歐巴馬的領導下，不遜於小布希，美國決意維護自己世界首強的地位。

4 ▼ 美國的反應

我初次見到曾於二〇一〇年到二〇一三年、在歐巴馬政府擔任國家安全顧問的湯姆・唐尼隆時，我猛然想起，他跟另一個湯姆有幾分神似——就是在《教父》系列電影中，擔任柯里昂（Corleone）家族「軍師」的湯姆・海根（Tom Hagen）律師。真實的湯姆和虛構的湯姆都身材高大、衣著光鮮、略顯憔悴、髮線倒退、一副看透世情的模樣。兩個湯姆的本業都是律師，而後出任老闆的重要顧問。

這個比較或許有點牽強，但和唐尼隆及其他美國決策人士討論中東問題時，我常回想起《教父3》的一句話，電影中麥可・柯里昂（Michael Corleone）哀嘆：「當我以為我已經出去時，他們又把我拉回來。」正如麥可可能永遠脫離不了黑手黨，美國看來也永遠逃不出中東。因為做出「美國外交政策必須將『軸心』轉離中東，轉向東亞」（唐尼隆其實偏愛「再平衡」一詞）這個明智的判斷是一回事，但能否在中東危機層出不窮時忠於計劃，又是另一回事。

從歷史角度來看，美國在二〇一一年宣布亞洲外交政策再平衡的決定，是相當諷刺的。那一年，中東情勢突然爆炸，雖然一開始被賦予了「阿拉伯之春」這樣樂觀的名稱，其後卻演變成革命、鎮壓、動亂和戰爭的不斷循環。

二〇一一年十一月，即埃及總統胡斯尼·穆巴拉克（Hosni Mubarak）被推翻十個月後，歐巴馬在坎培拉一場對澳洲國會發表的重要演說中宣布，美國正逐步中止它在中東的戰事，轉而投入一項對亞洲的新承諾：「歷經十年，打了兩場讓我們付出慘痛代價、豁出鮮血和財力的戰爭後，美國正將注意力轉向亞太地區的雄厚潛力。」這個「新焦點」反映了「美國一直是、永遠是太平洋國家」的事實。當歐巴馬試著充實新政策的意義時，他的重點毫不掩飾地落在軍事和安全議題上：「削減美國國防支出並不會、我重複一次，是不會犧牲亞太地區……美國是太平洋的強國，會一直留在這裡。」在用十個冗長的段落闡述美國在亞洲的軍事立場後，美國總統說出那句老生常談：「美國將持續努力和中國建立合作關係。」

在此之後，歐巴馬剩下的總統任期，皆面臨外交決策的持續角力：一邊是希望繼續將戰略焦點放在亞洲，一邊是不斷分散心力的頭痛難題：中東和後來俄羅斯的騷亂。

但對歐巴馬在坎培拉演說時的國家安全顧問唐尼隆來說，美國「亞洲再平衡」的戰略邏輯是無懈可擊的。他在二〇一三年夏天離任不久後，這麼解釋：歐巴馬政府「環顧世界，自問，哪些地方我們過於著重，哪些地方我們不夠重視？」結論是：「我們過於著重一些地區和區域，包括我們在中東的軍事行動……我們不夠重視其他區域，例如亞洲太平洋地區。」

歐巴馬本身，則相當容易被重新平衡亞洲外交策略的邏輯說服。在夏威夷出生、童年時也住過印尼的歐巴馬，可以說是美國第一位「太平洋總統」。他要將美國從中東戰事中拉回的決心，完全符合他多關注亞洲的願望。

在歐巴馬第一任任期內擔任國務卿的希拉蕊・柯林頓，二〇一一年十月在《外交政策》雜誌（*Foreign Policy*）上，發表標題為〈美國的太平洋世紀〉（America's Pacific Century）的指標性文章，闡述她稱為「戰略轉向亞洲」的基本論據，其中強調了亞洲正在增長的經濟實力：「從印度洋通過麻六甲海峽到太平洋的廣大海域，包含了世界上最蓬勃的生氣和貿易路線。」至於南海，「全球有一半噸數的商船會經過這個水域。」希拉蕊不必詳述這個事實的重要性，因為，所有這個區域的觀察家都知道，中國惡名昭彰的「九段線」，主張幾乎整個南海都屬於中國領海。印在每一本中國護照上的九段線，延伸至距離中國大陸數百哩的海域，將菲律賓、馬來西亞、越南和印尼一部分的海岸線通通涵蓋在內。

希拉蕊這篇刊登在《外交政策》的文章，最早的起草人是亞洲事務助理國務卿庫爾特・坎貝爾，他也是最匹配「軸心論教父」之名的決策者。[1]坎貝爾擁有看似可望一路當上總統候選人的資歷。他在牛津大學拿馬歇爾獎學金（Marshall Scholar），是該校網球校隊，並擁有俄羅斯外交政策博士學位。之後，他曾進海軍服役，包括現役及後備役。但冷戰結束後，坎貝爾將注意力從歐洲轉向亞洲，一次赴日本的海軍任務讓他對亞洲一見鍾情，而後愈來愈著迷——「那是一九八八年的事，那改變了我的一生，此後，再多亞洲的東西也滿足不了我。」藉由著眼於太平洋的軍事平衡，坎貝爾同時也在追憶自己的家族史。他的父親曾於第二次世界大戰期間，以海軍軍官的身分在太平洋打仗。坎貝爾的嗜好之一是深海潛水，尋查在戰爭中沉入太平洋海底的船骸。

一九九〇年代，柯林頓總統任內，坎貝爾在五角大廈工作，負責鞏固美國在太平洋的安全聯盟網絡。他昔日最親密的合作夥伴之一，正是澳洲情報官休・懷特，但這反而加深坎貝爾被背叛的感覺。因為後來懷特驚覺歐巴馬在坎培拉的演說，其中隱含的軍國主義，於是他成了美國重返亞洲政策最有力的批評者之一。不過，當坎貝爾在歐巴馬就職後被任命為國務院首席亞洲事務外交官時，一切尚在未定之天。坎貝爾熱切地相信，十年來的中東戰事已讓美國的外交政策危險地失焦了。就如他後來所指出的：「基本上，中東是一齣令人難以置信的餘興節目，它突然占據中央舞台，喧賓奪主。」修正此一失衡對美國的全球權力至關重要，因為「在二〇〇九年時，亞洲多數國家已判定美國正在退出太平洋強權的行列。」因此，展現美國哪兒也不去，而且是太平洋的在地力量，乃當務之急。到了二〇一一年時，坎貝爾和吉姆・史坦柏格等盟友，已在官界及學界雙雙贏得「重返亞洲」的辯論。成果就是歐巴馬的坎培拉演說，和希拉蕊・柯林頓的〈美國的太平洋世紀〉一文。

但在知識界贏得論戰是一回事，能否讓美國將焦點持續鎖定亞洲，並轉化成一連串一貫而有效的政策，又是另一回事。就連在同意美國外交政策應將軸心轉向亞洲的「亞洲派」之中，對於政策的正確調配也有不小的分歧。坎貝爾認為，美國政策太集中在中國，排除了其他重要的亞洲強權。他主張，「中國優先」政策無非是默認北京視鄰國為「附庸」、必須調整自己以符合中國利益的觀念。

這是相當精闢的論點，但在實務上，很難避免中國主導亞洲政策的討論。首先，中國的經濟規模實在太大——在二〇一五年，它是另一個準亞洲「超級強國」印度的五倍。其次，相較於美國的盟友（例如日本）或其他民主政體（如印度），中國因其政治制度與戰略野心使然，會對美國領導的世界構成非常直接的挑戰。如同坎貝爾在卸任時所承認的：「大部分的資深決策人員仍屬『中國優先』陣營。」

不過，中國該成為美國亞洲政策焦點的決定，並未回答該採取何種政策的問題。無論誰當政，美國政府都必須面對美國和中國亦敵亦友的事實。身為世界上最大的兩個經濟體，貿易制度環環相扣，全球經濟穩定對兩國都有好處。而兩國也都有需要趕緊解決的全球性難題（例如氣候變遷）。但美國和中國雖是經濟夥伴，卻也是戰略方面的對手。

因此，美國和中國之間的任何關係，都勢必夾雜合作與競爭的成分。美國決策人士的問題是如何取得平衡。在歐巴馬執政的八年間，美國愈來愈將中國視為對手，勝過視之為夥伴。二〇一四年春天，我徹底了解到這個天平有多傾斜：一名白宮官員告訴我，他認為目前的美中關係是「八十%的競爭和二十%的合作」。我驚訝得請他再說一次，怕是我聽錯了。「八十%的競爭。」他重複道。

要了解這表示美國的政策出現了多大的轉變，我們必須回到小布希和柯林頓的年代。在那些年，共和黨和民主黨都秉持同樣的假設：中國的崛起是可以管理的，只要在維繫戰後的國際體系（這基本上是美國設計和維持的體系）一事上，賦予中國明確的利害關係。因此，美國支持中國申請加入世界貿易組織——這在二〇〇一年成真，也為中國經濟注入一劑強心針。理由是，如果中國能夠明白它的日趨繁榮和現有國際秩序息息相關，它就不會想顛覆那個秩序，即使世界的管理體系仍掌握在美國之手也是。這個概念可用勞勃・佐利克的一個詞概括，身為共和黨最後幾位信奉國際主義的人士之一，並於二〇〇七到二〇一二年擔任世界銀行總裁的他，說中國該成為國際體系中「負責任的利害關係人」。

當歐巴馬在二〇〇九年初上台，他授意微調美國政策，以因應中國愈益強大的經濟和政治實力。華府的焦點仍擺在和北京鍛造以合作為主的關係，但也心照不宣地同意讓中國在國際體系中扮演更吃重的角色。甚至有人明言，美中成為「G2」，可合力解決世界最棘手的國際問題。雖然歐巴馬團隊從未正式採納「G2」一詞，但也沒有極力否認——這個疏忽讓日本和印度政府深感不安，唯恐這樣的安排意在讓兩國於亞洲淪為配角。

歐巴馬團隊起初會對G2的想法感興趣，是著眼於跨國的全球問題：例如金融不穩定、氣候變遷和核擴散。事實很明顯，這種種挑戰要取得進展，必須仰賴中國的合作，因為它是世界最大的溫室氣體排放國、世界第二大經濟體、是有核子武器的國家，更是聯合國安理會的常任理事國。國家安全會議東亞部主任傑夫・貝德（Jeff Bader）後來回憶道：「綜觀二〇〇九年，我們的外交政策團隊……都在努力爭取中國支持我國處理全球重大議題的方式，我們將這件事置於美中關係的**第一優先**。」（粗體字是我加的。）由此可見，至少一開始，歐巴馬中國政策的首要目標是在林林總總的跨國議題上取得北京方面的合作，貝德列舉如下：「伊朗和北韓的非核化、恢復世界經濟、對抗氣候變遷、打擊阿富汗和巴基斯坦的恐怖主義、中止蘇丹的內戰和種族滅絕，以及達成能源安全。」

但二〇〇九年十一月，歐巴馬首次訪問北京之行，卻成為一次幻想驟然破滅的經驗。出訪前幾個月，歐巴馬即特地避免觸怒中國人，拒絕和達賴喇嘛會面。但他一抵達北京就發現，所有美國提出可以合作的重要議題，中國一概拒絕讓步——從貨幣、氣候到制裁伊朗皆然。歐巴馬想藉由舉行「市民會議」（town hall meeting）、與上海學生面對面來施展個人魅力，結果也踢到鐵板。出席的觀眾大都是經過精挑細選的共產主義青年團成員，美國試圖邀請的知名中國部落客都被拒於門外，而且這場會議幾乎沒有中國電視台報導。

這次挫敗讓新任美國總統及其顧問留下深刻的印象。在歐巴馬從北京返美一星期後，一支印度政府代表團在訪問華盛頓時發現了這件事。「我們本來是要討論多項國際議題，」印度總理曼莫漢・辛格（Manmohan Singh）的顧問希亞姆・薩蘭（Shyam Saran）回憶道：「但歐巴馬講來講去都是中國。他顯然很不高興。」歐巴馬願意跟德里代表團吐露心聲，也暗示印度可能在新的亞洲權力平衡中扮演何種角色。如果美國想跟中國進一步合作的希望注定落空，那麼印度這個亞洲替代夥伴的角色就會變得更加重要。

在歐巴馬初次訪問北京的數星期後，美中關係的惡性循環仍在加劇。二〇〇九年十二月，在哥本哈根舉行的全球氣候變遷會議上，雙方出人意表地不歡而散。由歐巴馬親自率領的美國代表團，發現自己被中國著眼於巴西、印度和南非等新興勢力的外交攻勢給孤立了。在會談的重要階段，歐巴馬是真的必須「闖入」一場由中國人召集、而美國被排除在外的會議。氣候變遷是典型需要美中密切合作的重大全球議題，而這一次，歐巴馬政府再次遭遇挫敗。哥本哈根會談後的那個月，中國宣布將中止和美國的軍事交流，以回應美國對台軍售。二〇一〇年中，美國決定要劃清界線。在越南河內的一場會議上，希拉蕊・柯林頓宣布「尊重南海國際法」符合美國利益。這個宣言意在直接挑戰中國在那些區域的主權聲索，也表現出歐巴馬政府對中態度的重要轉變。而對美國而言更重要的是，出席河內那場會議的東南亞國家，似乎全都歡迎美國對中國這般堅定的還擊。

儘管備受挫折，歐巴馬政府仍持續尋找能和中國合作的領域。這並不容易。雖為美中高峰會做足準備，美國人仍常發現自己在自討苦吃。一位近距離觀察這些高峰會的美國高級外交官員後來指出：「中國和美國的最高領導人發現彼此難以溝通。他們就像使用不同作業系統的電腦。」胡錦濤以自說自話出名，而更有自信的習近平「也沒打算跟別人交換意見」。有些難題則來自美國這邊。歐巴馬雖然在公開場合極具群眾魅力，私底下卻可能冷若冰霜

——他很難跟人建立密切的關係，即便是其他西方領導人也不例外。在英國，幾位大衛・卡麥隆的顧問戲稱歐巴馬為「史巴克」（Spock）：《星際爭霸戰》裡那個冷漠而只講邏輯的瓦肯人。

由於屢屢在經營美中關係時受挫，美國不免對中國在亞洲的野心愈來愈悲觀。在華府看來，中國似乎對一連串領土爭議，從釣魚台列嶼到南海和中印邊界，採取更強硬的態度。中國可成為美國領導體系中「負責任的利害關係人」的想法，看來愈來愈不可信。歐巴馬的一位高級助理指出：「中國需要穩定地和美國合作才能完成崛起固然是事實，但它也視美國為自身崛起最大的阻礙。」

美國官員逐漸相信，如果他們不做出反應，亞洲盟友將開始懷疑華盛頓的持久力，而美國領導的太平洋安全體系將開始分崩離析。他們也開始覺得中國的野心是無止境的。「中國將不斷得寸進尺，直到遇上阻力。」這是歐巴馬一位高級顧問的結論。在國務院，坎貝爾也有類似的感想。當我向他表示，美國說釣魚台列嶼在美國安保的範圍內實非明智之舉，他回答：「如果我們在那一點讓步，我敢說中國人不會放手。」

雖然嘴裡講著經濟，最終驅動坎貝爾所構思的軸心轉移，以及隨後堅持在太平洋重新部署美軍的，正是這種戰略考量。從一開始，「亞洲軸心」就毀譽參半，而批評者常是從數種不同的角度抨擊這項政策。對休．懷特一派來說，美國此舉過於軍事化，對中國也太過挑釁，可能會迫使世界上兩個最強大的國家步上戰爭一途。一些美國評論家也認同這個觀點。例如，亞特蘭大卡特中心（Carter Center）的戴維．蘭普頓（David Lampton）就在二〇一五年五月於上海發表的重要演說中，敲響美中關係惡化的警鐘，並主張「美國必須重新思考在太平洋的首要目標」。蘭普頓擔心，眼見自己在全球經濟的份量愈來愈輕，美國尚未做好心理和策略上的調適。他並指出：「第二次世界大戰後、美國占全球GDP三十五%時看似自然形成的秩序，在美國所占比例低於二十%時就無法維繫了。」但雖然蘭普頓的演說在中國備受關注，他在美國外交決策界卻沒多少發言權。

對其他評論者，例如日本和美國太平洋指揮部的人士而言，「亞洲軸心」是絕佳的主意，但資源不足。他們批評的是，歐巴馬在坎培拉等地高談闊論，卻連根棍子都沒給他們。雖然美國打算將六十%的海軍部署於太平洋，但那是在裁軍的背景下進行。「我看著提供給我的資源，」美國海軍一位高級將領埋怨：「可沒看到軸心在哪裡。」

其他批評家則抱怨，真正短缺的不是軍事硬體，而是時間和關注。希拉蕊．柯林頓、湯姆、唐尼隆和坎貝爾都曾為軸心政策殫精竭慮，但歐巴馬連任一年後，他們全都離職了。接替他們的官員，特別是新任國務卿約翰．凱瑞（John Kerry），和新任國家安全顧問蘇珊．萊斯（Susan Rice），似乎對亞洲興趣缺缺。在某次和國務院資深顧問開會時，有人告訴凱瑞，希拉蕊相當慎重地安排她以國務卿身分首次出訪亞洲的行程，那人建議凱瑞效法。他的反應相當不屑。「不必了。」他說，並表明他的首要之務是促使以色列和巴勒斯坦簽訂和平協議。聽聞他的選擇，幾隻國務院老鳥不免呻吟，他們認為事實會再次證明以巴協議只是海市蜃樓（結果所信正確）。曾在希拉蕊和凱瑞之下擔任副國務卿的比爾．伯恩斯（Bill Burns）後來這般圓滑地形容凱瑞的中東任務：「我欽佩他的努力，由衷欽佩……唯一的難題是機會成本──你因此錯失亞太再平衡的良機。」

凱瑞確實盡責地數次到亞洲長途訪問，但昭然若揭的是，最令他牽腸掛肚的主題是伊朗、俄羅斯和大中東地區。至於萊斯，以處理非洲事務開啟政壇生涯的她，在歐巴馬第一任期時擔任駐聯合國大使。接任國家安全顧問後，她的工作常涉及危機管理──而一如她的前任唐尼隆所發現的，最曠日彌久的危機似乎總發生在中東。

不過，對新軸心政策最具說服力的批評，是它過分執著於中國構成的軍事挑戰。這麼一來，美國便有忽略這個事實的危險：美國在亞洲的地位之所以被撼動，根本原因是中國的經濟實力大增。最好的事證莫過於二〇一五年美國反制亞投行的潰敗。當中國宣布意欲在北京成立亞投行時，華盛頓的反應是猜忌、敵視。中國此舉畢竟不同於加入既有機構，如設於華盛頓的世界銀行，或設於馬尼拉、以日本為首的亞洲開發銀行（Asian Development Bank）。這是明顯將由中國主控的新機構，因為就設於北京，中國也將是最大的股東。亞投行看來也可能成為中國外交策略的工具，特別是要在亞洲各地新造基礎建設的「一帶一路」，那將鞏固（就像用水泥接合般）亞洲各國和該區最強經濟體中國之間的關係。

美國舉出對管理和透明度的疑慮，開始遊說盟友不要加入亞投行。但二〇一五年初，美國盟友對亞投行的抵抗力開始瓦解，第一個叛離的國家是英國。一名憤怒的白宮官員譴責英國「不斷遷就」中國（對此，一位英國高官當著我的面伶牙俐齒地回答：「不斷遷就當然不好，但**一些**遷就有其必要。」）。連美國最親密的盟友都脫隊加入亞投行，彷彿給其他也想分一杯羹的美國盟友開了綠燈。不出幾星期，澳洲、南韓和德國等重要國家相繼答應加入亞投行，唯二堅拒到底的是美國和日本。但，華府和東京看來不像堅定反中陣線的堡壘，反倒顯得孤僻而任性。

看到這個盛況，曾任歐巴馬第一任財政部長，也是前哈佛大學校長的拉瑞・薩默斯（Larry Summers）相信他正看到歷史的演進，而此方向不利於美國。「過去一個月，」他寫道：「或許會被後人記得的，是美國失去全球經濟體系擔保人這個角色的時刻。」現在下此結論看來言之過早，因為亞投行未來的成就如何，沒人敢打包票，但連向來自信滿滿的薩默斯都敢做出如此悲觀的評估，無非證明美國當局愈來愈擔心他們世界第一的地位即將不保。

在亞投行一役潰敗後，愈來愈明顯的是，美國的亞洲軸心需要更強有力的經濟要素。那個要素稱為「跨太平洋夥伴關係協定」（TPP）——一項超大型亞太地區自由貿易協定，在二〇〇五年首度提出，後成為歐巴馬政府國際經濟政策方面最具企圖心的冒險之舉。TPP涵蓋了十二個據說合計占世界貿易四十%的國家，包括美國和日本，但非常針對性地未納入中國。美國人的主張一如他們對亞投行的說法，說這單純是維持開放和管理標準的問題，但我們不可能察覺不出其中強烈的策略動機。正如美國海軍正試圖阻止中國在戰略方面稱霸太平洋，TPP也意欲阻止中國在經濟方面主宰亞太地區。

當歐巴馬努力說服國會授予他談判TPP的快速通關授權（fast-track authority）時，他愈來愈明白不諱地闡述這項新貿易協議背後的戰略考量。他告訴《華爾街日報》：「如果我們不訂規則，中國就會制定那個地區的所有規則……我們會被關在外面……我們不希望中國運用它的規模、依據不利於我們的規則，挾持那個地區的其他國家。」但賦予TPP種種戰略和經濟的重要性，是美國總統的豪賭。我們尚不清楚美國國會是否會做出艱難的必要決定，讓這項新貿易協議得以運作。事實上，過去正是美國國會不願同意更改各國在國際貨幣基金組織的投票權重、更確實反映中國的經濟影響力，使北京相信，自己永遠不可能在總部設於華盛頓的布列敦森林機構（Bretton Woods）獲得公平的待遇。[2]國會的懷疑反映出美國大眾對自由貿易和全球化的強烈反彈。擔任國務卿時，希拉蕊．柯林頓是「亞洲軸心」的最初倡導者，也是TPP的重要支持者，但二〇一六年，成為總統候選人的希拉蕊，為了與主張貿易保護的參議員伯尼．桑德斯競爭選票，決定在政治上有必要反對TPP協議。許多希拉蕊的同事都相信這不是出自真心的決定，如果她順利入主白宮，很可能予以推翻。但無論如何，希拉蕊覺得有必要反對她原本擁護的亞洲貿易協定是事實，而這個事實充分反映了美國的政治氛圍。

一如歐巴馬當局，日本政府在說服強大的國內利益人士接受新的貿易協定時，也面臨艱鉅的難題。但日本首相安倍晉三也將TPP視為針對中國的重要戰略推手。在對美國國會一場聯席會議發表的演說中，安倍辯護道：TPP是關於「法律、民主和自由的規則……長期來看它的戰略價值也非常卓越。」

安倍成為第一位對美國國會聯席會議發表演說的日本首相，這份榮耀象徵美國正授予它和日本的「特殊關係」更高的重要性，同時試圖遏阻中國在亞洲日益強大的影響力。但美國更親密地擁抱日本之舉固然可以理解，卻也相當冒險。一九八〇年代活力充沛的日本早已成追憶，今天的日本儘管仍然富裕且技術先進，卻是個人口正在萎縮的老化社會，也是個已停滯二十年的經濟體。同時它又是個民族主義派系強大、與其好戰過往藕斷絲連的國家。而最能完美體現這種曖昧的人，莫過於這位於二〇一五年四月向美國國會發表演說的領導人：安倍晉三。

5 ▼日韓的兩難

安倍晉三和習近平有不少共通點，這兩位男士在東京和北京掌權的時間相距僅數星期。安倍是在二〇一二年十二月、以五十八歲之齡當選日本首相；在此一個月前，五十九歲的習近平才獲任命為共產黨總書記。兩位男士都將「民族復興」視為核心任務，兩人都是有群眾魅力的領導人兼民族主義者，兩人也與歷史關係密切，而兩人的親族正站在一九三〇年代中日戰爭的對立面。安倍的外祖父兼政治啟蒙導師岸信介，是日本占領中國東北的行政首長之一（滿州國工業部長）。當時習近平的父親習仲勳也在東北，他是毛澤東的老戰友，正代表共軍和日本打仗。

但這兩位中日領導人的個人風格迥異。二〇一四年元月，我曾在達佛斯的世界經濟論壇會見並採訪安倍晉三。相較於習近平的派頭十足，安倍本人不拘小節得多。他快步走進記者會，不動聲色地就在我對面坐下來。當我問他訪問能否做正式記錄，他毫不遲疑地答應。那也許是個錯誤，因為他對我的開放性問題的答覆，後來在國際引起軒然大波。我問他，我們是否可以想見，中日可能終將一戰。安倍不但沒有駁斥這樣的想法（這顯然是比較有外交手腕的回應），反倒提醒在場觀眾，二〇一四年是第一次世界大戰的百年紀念。當年，英國和德國有密切的貿易關係，但這也無法避免戰爭爆發。今天的中國和日本，他說，「處境類似。」安倍這番話上了國際頭條，也馬上招來中國的譴責。人在現場的我覺得事情很清楚：安倍無意拿戰爭來做威脅，他只是想要解釋情勢的嚴重性。但這樣的比喻，一位世界級領袖這樣比喻，仍令人吃驚。

當然，安倍絕非第一個提及今天的東亞和一九一四年前的歐洲情況相似的人。十五個月前，喬．奈伊和他的美國同事就曾在赴北京和東京的外交任務期間討論過同樣的類比。採訪完安倍的幾個小時後，我在達佛斯的迴廊巧遇奈伊，我趁機問了他，在他訪問亞洲之後，日本和中國的形勢是變好還是變壞了。奈伊皺著眉頭說，總的來看，情勢只會愈來愈危險。兩國都派遣更多飛機和船艦進入爭議島嶼周圍的海域，考驗彼此的意志力。「我們已經盡量緩和情勢，」他說：「如果繼續放任情勢高漲，總有一天會燒起來。」

複雜的是，在美國人試圖在這場危險遊戲中扮演大公無私的仲裁者的同時，他們也是關鍵的參與者。美國和日本有安保條約的事實，意味中國永遠不會相信美國會是誠實的中間人。事實上，很多中國人相信美國將日本視為一艘「不會沉的航空母艦」，對它牽制中國的行動至關重要。現在仍有五萬多名美國士兵以日本為基地，而負責巡邏太平洋的美國第七艦隊也仍從日本港口出發執行任務。

對美國來說，安倍晉三冒出頭令他們憂喜參半。一方面安倍誓言重振日本經濟，並修改日本和平憲法、讓日軍得以和美國並肩作戰，兩者都是美國外交政策的長久目標。但安倍生氣勃勃的民族主義也有不利的一面：對日本帝國史的矛盾態度，不僅會使中國因此疏遠，也可能使南韓甚至新加坡等美國的重要盟友掉過頭去。於是，美國企圖打造一個統一陣線來壓制強勢中國的努力，就更加複雜了。

在安倍上台之際，幾乎沒有人會懷疑日本需要釜底抽薪的變革。表面上，這個國家依然繁榮，生活水準仍遠高於中國，或者該說高於新加坡以外的所有亞洲國家。東京仍是世界最五光十色、最歡迎觀光客的城市，但種種數據顯示，除非經濟成長能夠復甦，否則日本極可能陷入負債和人口減少的惡性循環。日本的人口從二〇一〇年開始減少，人口統計學家預測，照目前的生育率推估，日本人口到二〇六〇年會從一億兩千八百萬銳減至八千七百萬，而且其中有四十％超過六十五歲。在歐巴馬時期，美國想到國債可能增至GDP一〇〇％就頭皮發麻，而日本的國債與GDP比在安倍上台時已突破二〇〇％。到了這個程度，就算利率探底，支付國債利息的成本仍要耗費政府預算的二十五％。一旦利率驟升，財政的世界末日便在眼前，因為支付日本國債利息的成本勢將暴增，而將排擠掉其他所有形式的支出。

面臨這樣的數字，像安倍晉三這樣精力充沛、激進又愛國的改革者，看來正是現今的日本所需要的。安倍上台時採用的經濟改革計劃極具個人風格，迅速獲得「安倍經濟學」之名。其理念是，日本必須無所不用其極打破會壓抑支出和投資的通貨緊縮（物價下跌）循環，因為在通縮的環境中，消費者和公司行號會預期物價繼續下跌而緊抓住錢不花，通縮也會讓日本如山的債務看來更嚇人。安倍經濟學的目標是刻意鼓勵二％以上的通膨，希望日本勞工可獲得加薪、消費者願意花錢、國債會因通膨而縮減。與此同時，安倍經濟學亦承諾推動結構性改革，讓日本公司更容易雇用和解雇，並鼓勵日本女性進入職場。藉由允許日本中央銀行大印鈔票，且印的是先前作夢也想不到的量，安倍讓世界各地的經濟學家興奮不已（有時也深感恐懼）。

但這位首相的動機絕不只是打破壓抑成長、讓日本深陷債務泥淖的通縮循環。對安倍來說，激進的經濟政策是壯大日本以抗衡中國的必要條件。如同東京一位分析師對我指出的：「安倍經濟學的重點不在通縮，而是中國。」

安倍決心強化日本以便和中國一爭高下的做法，還包括操弄亞洲政治中最具煽動性的素材——日本昔日作為帝國強權殖民朝鮮、侵略中國、蹂躪東南亞的歷史。二〇一三年十二月，獲選為首相一年後，安倍參拜東京靖國神社，即據說在戰爭中陣亡的日軍官兵靈魂安置之所。此舉激怒了中國人和韓國人。靖國神社的爭議在於，該處紀念的陣亡將士中，包括一些在一九四六年東京大審判中被判罪的戰犯。那一年，即便只是短暫造訪，我也明白靖國神社對二次世界大戰採取的修正主義觀點，一定會讓曾經對抗日本的亞洲和其同盟國家惶惶不安。神社的博物館裡有一架零式艦上戰鬥機（也就是日本版的噴火戰鬥機或空中堡壘式轟炸機），以及一段讚美該戰機彪炳戰功的頌詞，和參觀學童幫它寫生的照片。我也能買到繪有日本海軍名艦大和號，並以日本帝國旗為背景的咖啡杯。在神社的庭園裡，還有一尊相對新的印度法官拉達賓諾德・帕爾（Radhabinod Pal）紀念像，他在一九四六年東京大審判的法庭上獨排眾議，不同意有罪判決。他認為那些被判為戰犯的人，也許有朝一日歷史會還他們清白，因此日本民族主義者視他為英雄。二〇〇七年，在前一次短暫的首相任期中，安倍曾於訪問印度時，抽空到加爾各答拜訪帕爾法官的兒子。

對安倍來說，日本「戰犯」的定位問題是極為私人的問題。他非常尊敬他的外祖父兼啟蒙老師岸信介。岸信介除了曾為日本帝國陸軍管理滿州國，後來也在二次世界大戰期間擔任主管軍火的工商大臣。日本戰敗後，岸信介曾被列為戰犯而遭逮捕，入獄三年。但在冷戰的政治氛圍下，美國認為讓岸信介這種技術官僚重建日本、抵禦毛澤東的中國和蘇聯，比起訴所有戰犯來得重要，因此岸信介的指控被撤銷。重獲自由之身後，岸信介迅速重建政治生涯，成為日本在一九五七到一九六〇年的首相。當時照片常拍到他在逗弄抱在膝上的可愛小男孩，那就是他的孫子安倍晉三。安倍沒有逃離外祖父遺留的政治資產，反倒欣然接受。他曾在回憶錄中寫道：「在我眼中，祖父是正直的政治家，心裡只有他的國家的未來。」

對安倍來說，參拜靖國神社是維護國家尊嚴的必要之舉，因為當時日本正受到強大的壓力，要他們在島嶼爭議上對中國讓步。東京許多人士認為，現在換成中國取代日本，正試圖對亞洲其他國家遂行本身的意志，而有重現令人戰慄的一九三〇年代之虞。與安倍親近的前外交官宮家邦彥就在二〇一三年和我共進午餐時表達這個憂慮：「中國正重蹈日本一九三〇年代的覆轍。他們正在挑戰美國在太平洋的權力，也讓軍隊脫離政治人物的掌控了。」

這份恐懼一直縈繞在日本心頭：愈來愈強大的中國會想報復一九三〇年代讓他們受屈辱者，而且，一旦權力在手，中國也許會加倍奉還。如果中國人成功爭取到釣魚台列嶼的主權，就象徵世人接受亞洲的新階級：中國居首，日本被貶為附庸。而釣魚台列嶼還可能只是開頭。日本人很清楚，在北京的智庫和政府支持的報社中（就算沒有發布官方聲明），日本在沖繩群島的主權也愈來愈受質疑。人口一百四十萬的沖繩擁有美國在日本最重要的軍事基地，跟無人居住的釣魚台列嶼是大相逕庭的命題。但，正如一些較坦白的日本知識分子所承認的，沖繩的身分也和日本其他地方截然不同。組成沖繩的島嶼位於日本本島遙遠的南方，到一八七九年才正式併入日本領土。許多沖繩居民至今仍在悲嘆二次大戰的激烈戰鬥對島嶼的摧殘，也怨恨美軍基地對當地環境和社會帶來的衝擊。對中國來說，如果機會出現的話，沖繩和日本的身分認同之間有足夠的縫隙可以插針。

東京官方對於中國崛起的力量和意圖的憂慮，在安倍晉三掌權時簡直已變成執念。就算正與高築的債務奮戰，安倍掌權的日本仍試圖增加國防支出——雖然官員們已絕望地意識到，中國的軍事支出早就大幅超越日本了。安倍也試圖改變日本的法律和行政結構，為可能與中國進行的冷戰做好準備。二〇一三年，安倍政府設立國家安全保障會議，將關鍵的安全決策權集中於首相辦公室，這是模仿白宮的架構（而中國也約莫在同時成立國家安全委員會）。安倍也發動外交攻勢，在達佛斯和英國國際戰略研究所（ＩＩＳＳ）於新加坡舉行的「香格里拉對話會」（Shangri-La Dialogue）高峰會等論壇中發表立場明確的演說。他二

○一四年的演說呼籲亞洲和平，以及援用國際法來解決爭議；但他的語言中對試圖「運用武力或政治脅迫改變現狀」者語多譴責，此舉卻引來中國的激烈抱怨，甚至讓一些中立觀察家認為接近挑釁。IISS中曾任英國高級情報官員的奈傑爾．殷克斯特（Nigel Inkster）說他「從來沒有聽過有人是用如此激烈的態度擁護和平的。」

對於安倍及支持他執政之廣大民族主義聯盟，西方又愛又怕，殷克斯特這樣的評論正是這種矛盾心情的寫照。日本官方對安倍參拜靖國神社的解釋是，首相只是去向數百萬名在日本多場戰爭中受難和陣亡的官兵致敬。聽在某些西方人的耳裡，那合情合理，但安倍政府仍有其他看似挑釁的舉動，怎麼解釋也難以消除他人疑慮。

二○一三年，在參訪靖國神社幾個月前，我也拜訪了南韓。當時，南韓報紙的頭版都刊出安倍坐在一架日本噴射戰鬥機裡露齒而笑、豎起大拇指的照片。那是那種競選中的政治人物有時會耍的花招。但令南韓毛骨悚然、義憤填膺的是機身上的數字。那個數字是731——一支惡名昭彰的日本部隊的編號。那部隊曾拿中國和韓國的戰俘進行生物和化學實驗，包括活體解剖。日本官方的解釋是：那純屬令人遺憾的巧合。但我在南韓見到的人，沒有人相信那種說辭，而抱持懷疑的絕不只是南韓人。結束訪韓行程不久，我遇到一位新加坡的政治菁英，問他認為安倍的「731瞬間」是不是故意的。「當然是故意的，」他大聲說：「而且噁心至極。」如果安倍的舉動是故意的，那或許是在對民族主義右派眨眼——那是他政治聯盟的要員，且堅決認為日本的戰爭紀錄遭到國家現今和過去的敵人不公平地扭曲。

但對國內觀眾示好的民族主義舉動，是要在國際間付出代價的。就連新加坡總理李顯龍，在被我問及他對日本極力否認二次大戰時的侵略行為有何想法時，也有罕見的情緒性反應。「那當然是侵略，」他高喊。「他們來新加坡殺了好幾萬人……我的叔叔被帶走，再也沒有回來。」

在安倍執政期間，731事件只是一連串有民族主義意涵的外交失態中，最令人錯愕的一件。二〇一三年，日本讓該國自二次世界大戰以來所造最大的戰艦公開亮相：那名義上是驅逐艦，實為不折不扣的航空母艦。建造該艦是對中國海軍擴建的正當反應，或許也有其必要，但把這艘新船取名為「出雲號」（和一九三〇年代日本侵略中國的船艦之一同名），無非是送給中國一份宣傳大禮。而這樣的禮物日本還一直送、一直送。同年，日本副首相麻生太郎在提及修改日本和平憲法的必要時，將納粹改寫德國憲法列舉為可行的模式。而安倍向日本民族主義右派低頭的舉動也未停歇，從他派任日本國營電視台NHK董事的人選便可見一斑。人選之一曾否認日軍強迫朝鮮和中國婦女做性奴隸，這句話當然特別令韓國人憤怒。

在南韓，「慰安婦」是令人無比沉痛的故事。自一九九二年以來，每周都有倖存的「慰安婦」和其支持者在首爾的日本大使館外示威。

在西方，安倍政府的民族主義舉動引發日本觀察家的關切和辯論。一位長住東京、深受西方政府倚重的顧問語帶譏諷地告訴我：對安倍政府的某些高級官員來說，「二次世界大戰唯一的錯誤就是日本戰敗。」美國「重返亞洲」政策的構思者庫爾特．坎貝爾則似乎認為日本的民族主義和中國版的民族主義是同樣麻煩的問題，他寫道：「東京和北京都決心操弄民族主義者的情感。」

私底下，有些美國官員甚至擔心，也許日本才是亞洲不穩定的最主要源頭。約翰．凱瑞接任國務卿不久後，問了一個讓華盛頓的亞洲觀察家大吃一驚的問題：「我要怎麼阻止日本發動對中國的戰爭？」對凱瑞在白宮和五角大廈的同事來說，這個問題絕對問錯了，他們相信崛起中且獨裁的中國，才是亞洲和平及美國在太平洋利益的最大威脅，無可匹敵。就算安倍樂於迎合日本的民族主義，將日本和中國相提並論，從一開始就錯了。畢竟日本是有言論自由和半和平憲法的民主國家，自一九四五年就沒有對任何國家興戰。華盛頓支持日本的遊說團體主張，與其抱怨日本的民族主義，美國應更積極支持安倍企圖改變美日安保條約不對等性質的努力——依據條約，美國有義務為日本防禦，但日本則無為美國防禦的互惠義務。

依據一九四七年制定的日本憲法第九條，日本已聲明永遠放棄發動戰爭的權利。長久主張日本應是「正常國家」的安倍，理想上會想廢除那個條款，但他知道他缺乏民意支持。所以他勉為其難、備受爭議地重新解釋憲法，讓日本軍隊不僅能在被直接攻擊時保衛家園，也能參與「集體自衛」行動。例如，如果美國海軍在東海遭受攻擊，日本就可以出面協助，也許是透過後勤，也許是並肩作戰。

但就連這個聽來溫和的改變，也招致國內強烈的反對。二〇一五年七月，當安倍政府提出放寬日本軍隊限制的立法時，反對派退出國會，示威群眾則在外唱和。對擔心日本民族主義復甦的外國人來說，這些公眾的不安在某種程度上是令人放心的。日本民眾的態度看來仍強烈傾向和平，和常在中國網民間燃燒迸射的民族主義呈現鮮明對比。

這起事件突顯了兩國安保體系的矛盾，在美國和日本皆是如此。日本安全部門亟欲使美國協防日本的承諾穩固可靠，並將修改憲法視為努力的關鍵，但日本許多民眾和政治反對派似乎有相反的恐懼，他們怕過於強勢的美國會把日本拖下水。一如戰後德國的左派始終懷疑美國的軍國主義，現今日本的自由派和左翼輿論也對美國仰賴軍力做為太平洋外交政策基礎的手段深不以為然。這種情緒若持續發酵，便會提高這種可能性：安倍政府強勢的民族主義也許只是階段性的。歐巴馬甫就任時，日本民主黨領導的日本政府，就曾說過要削弱與美國的關係，試圖與北京親善和解。那條思考的脈絡尚未從日本的辯論中消失，因此可以想見，未來某一時期的東京政府絕對可能因對抗中國的危險而退縮，默默接受北京的東霸天地位。

美國對日本的態度也有類似的曖昧。美國決策官員有時看似左右為難，既擔心挑釁的日本可能把他們拉進與中國的對抗，又怕衰弱的日本可能失去在西太平洋抗衡中國霸權的意志力。

然而，到了二〇一四年，中國在這個區域的行為，已使天平倒向歐巴馬政府之中，主張表現對日本的支持乃當務之急的那一派。中國一連串的動作，包括宣布防空識別區、擴大海軍及空軍巡查範圍、持續對菲律賓及日本施壓等，已讓美國相信，它必須採取堅定的立場來支持它在亞洲的條約盟友。歐巴馬在二〇一四年五月的東京之行中，明確表明支持日本這邊。在那一次訪問中，他成了第一位親口證實美日安保條約涵蓋釣魚台列嶼的美國總統。總統的一名貼身助理生動地將這個承諾形容為「對中國比中指」。這也正是安倍政府引頸期盼的那種保證。

但就算華盛頓已決定擁抱安倍，對其優缺點一概接受，右翼日本民族主義的挑釁本質仍令美國人頭疼。這是因為美國在西太平洋的重要盟友並不打算原諒安倍民族主義的作風，南韓對日本的怨恨恐怕只會與時俱增。倖存「慰安婦」日漸凋零的事實，只會讓韓國人在聽到日本似要「洗白」惡行的言論時更加憤怒。南韓本身和日本也有「島嶼爭議」，也就是獨島

（日本人稱為竹島）。這在南韓激起的民族主義狂熱，不亞於釣魚台列嶼在中國的情形。我在二〇一五年拜訪南韓外交部時，發現大廳正在播映海浪拍打（無人居住的）獨／竹島的實況。那些礁岩目前由南韓掌控的事實，顯然無法安撫已經被喚起的情緒。

日韓之間的緊張，讓這兩個民主國家更難攜手合作面對兩國真正的安全威脅。長期而言，他們最大的威脅是中國；短期而言，則是北韓反覆無常且擁有核武的專制政權，北韓的一舉一動更可能挑動首爾，甚至東京的敏感神經。

拜訪仍將朝鮮半島一分為二的非軍事區，彷彿回到了冷戰時期。在南側，觀光客拿望遠鏡凝視北韓。一面巨大的朝鮮民主主義人民共和國國旗在微風中飄揚。一九五三年韓戰結束，至今已逾半世紀，使人們很容易忘卻分裂的朝鮮依然危機四伏。但當北韓於二〇〇三年首次成功進行核武測試後，任何對朝鮮情勢的自以為是，都應戛然而止了。此後，北韓據信已發展大批核子武器，也測試過射程可及阿拉斯加的彈道飛彈。哪天北韓能將可射到美國西岸的彈道飛彈裝上核子彈頭，就是美國的噩夢了。

所有太平洋強權皆受到北韓的威脅，只是方式不同。南韓的首都首爾，距非軍事區僅三十五哩。美國在南韓有兩萬八千五百名駐軍，就位於邊境之南。北邊，中國和北韓接壤，萬一朝鮮半島發生核戰，中國也難以倖免於難。日本距離戰區也近得另他們無法安適。北韓武器測試時，曾有飛彈直接飛越日本上空，然後才落入大海。

以上國家都有理由擔心擁有核武的北韓喪失理智。中國常被西方認為握有向平壤政權施壓的鑰匙，但中國堅決認為，對核武北韓的經濟施壓，可能會招致危險的反效果。地緣政治的緊張也讓北韓的鄰國難以攜手合作，中國不願見到兩韓統一，因為那會讓美國的軍事基地直上中韓邊界。日本也有它自己的顧慮，因為擁有七千萬人口的統一韓國，將形成東北亞的第三大強權，而且是對日本有歷史積怨的強權。

日本和韓國也知道，北韓不是他們共同面對的唯一問題。長期而言，兩國的自主性都會受到中國強勢崛起的威脅。且兩國都是民主政體，也都是美國的盟友。就算如此，歷史留下的情感傷疤，卻讓日韓的合作難上加難，反倒是中國人和韓國人有同樣的怨懟。二〇一二年，新任南韓總統朴槿惠打破慣例，選擇在訪問東京前先赴北京。這是個象徵性的時刻，而習近平投桃報李，也先訪問首爾，然後才去平壤這個中國的老盟友、但正令人惱火的北韓首都。二〇一五年九月，朴槿惠也成為唯一參加北京那場紀念二次大戰結束、和戰勝日本的盛大閱兵典禮的美國親密盟友。

中國和南韓愈來愈親密，自然引起華府和東京的嚴正關注。那表示讓所有亞洲民主政體統一納入美國領導聯盟的計劃可能以失敗收場。幕後，歐巴馬政府頻頻向它最密切的兩個亞洲盟友施壓，要他們修補裂痕。二〇一五年十二月，這些努力似乎開花結果了：日韓政府宣布已就如何解決「慰安婦」的激烈爭議達成協議。日本政府答應支付八百三十萬美元為倖存的受害者設置基金，南韓則承諾不再強加要求。

日本和南韓的民族主義者都對那項協議感到不悅，但在華盛頓，眾人則暗暗鬆了口氣。一名美國決策官員形容這是安倍版的「尼克森訪華」時刻。一如一九七二年，堅決反共的理查．尼克森（Richard Nixon）撇開個人經歷，訪問毛澤東治下的中國，民族主義者安倍晉三也向憤怒的南韓示好。「尼克森訪華」的類比或許高估了安倍此舉消除日韓仇隙的重要性，但仍透露出一個重要的面向。尼克森決定在一九七〇年代試著修補和中國的關係，是牽涉更廣的地緣政治策略的一部分。他真正關注的是從側翼包圍冷戰中的蘇聯，挑撥莫斯科和北京的關係。同樣的，東京努力與首爾親善和解，也是整體戰略競賽的一部分。

對日本和美國來說，目前在亞太戰略上最需要擔心的，顯然是崛起的中國的強勢作為。在日本、中國和兩韓相互碰撞的東北亞，這個憂慮日益加深，而在亞洲戰略對抗的另一大戰場東南亞和南海，中國的一舉一動也令人愈來愈煩惱。

6 ▼ 東南亞的爭鬥

站在新加坡濱海灣金沙酒店（Marina Bay Sands）的頂樓，全球最重要的貿易航線盡收眼底。那是二〇一四年的春天，在清晨的薄霧中，數十艘貨船和油輪依稀可見，正等著穿越連接太平洋和印度洋的狹窄水道。每年世界有三分之一的交易貨品會通過麻六甲海峽和新加坡，這是連結東亞和歐洲及中東的海上樞紐。

這一間飯店的地下室也可讓人一瞥全球化如何在此運作。那是一間超大型的賭場，而最有利可圖的顧客，是一擲千金的中國人。這些中國觀光客在賭桌上輸的錢，讓賭場老闆薛爾頓・艾德森（Sheldon Adelson）獲利豐厚。艾德森是在拉斯維加斯起家的超級富豪，有明確的右派政治觀，會用他的財富贊助鷹派的共和黨員參選美國總統，並支持以色列班傑明・納坦雅胡（Benjamin Netanyahu）的右翼報紙。在此，東南亞一個旋轉的輪盤將中國、美國和中東連結在一起。

新加坡現為全球的十字路口，但它擢升到這個地位是最近的事，主要得利於它的位置橫跨歐亞之間最重要的貿易路線。而那條貿易路線，即麻六甲海峽的歷史，也體現了東西方之間的權力轉移。十五世紀時，位於今馬來西亞南濱的麻六甲鎮，是一個強盛伊斯蘭王國的所在地，但該國的蘇丹在一五一一年葡萄牙侵略行動中被廢黜。當時抵達麻六甲的葡萄牙船隻，是歐洲殖民主義者的先鋒，往後數個世紀，他們殖民了大半的世界，葡萄牙本身也崛起為全球最大的帝國之一，幅員從巴西、非洲南部、印度次大陸直到東亞。葡萄牙的殖民延續了數個世紀，而它最後兩個亞洲據點，是直到不久前才讓出的。澳門在一九九九年歸還中國，東帝汶則在一九七五年脫離殖民。

然而，在我眺望麻六甲海峽時，已經很難相信葡萄牙曾是全球一大強權了。最近一次訪問里斯本時，我順路造訪達伽馬的雕像，也就是一四九八年發現從歐洲到印度的航線、為葡萄牙帝國奠定基礎的探險家。里斯本國際機場寫著中文、向中國投資客推銷房地產的廣告牌，這更能表現現代葡萄牙的情況。身陷債務危機，而需國際貨幣基金組織和歐盟紓困的葡萄牙，正試著透過向願意花五十萬美元買房地產的外國人兜售居留簽證，來振興本國經濟。

到二〇一四年時，里斯本曾是世上首要權力中心的歲月已完全過去了，反觀新加坡已崛起為二十一世紀全球最大的城市之一。它的天際線布滿鑲有巨型國際金融企業之名的摩天大樓：花旗、滙豐、瑞銀、澳盛。它的港口和機場都是世界數一數二的繁忙。

新加坡和葡萄牙的命運翻轉，正是財富和權力從西向東移轉的象徵。新加坡最早是在十九世紀初被英國人建為貿易站，但誠如新加坡國父李光耀在邁入二十一世紀時指出的：「新加坡已經存在了一百八十年，但在一九六三年之前的一百四十六年，它只是英屬印度的前哨基地。」一九六〇年代，新加坡缺乏天然資源，甚至沒有自己的供水系統，想要獨立的希望看來也暗淡無光。但在李光耀堅定的領導下，新加坡善用它擁有的每一項優勢，特別是戰略位置。後來它和台灣、香港和南韓合稱「亞洲四小龍」，在經濟以驚人速度成長的同時，也（套用李光耀的話）「從第三世界跨入第一世界。」

穿越麻六甲海峽的商品成了新加坡繁榮的基石，也是全球貿易蓬勃發展的和平年代的一大象徵。但，在不同的形勢下，麻六甲海峽也可能變成國際的引爆點。海峽最窄之處，夾在新加坡和印尼之間，僅有兩哩半寬，而中國從外界進口的石油大多必須經過這個細細的孔道。每年通過麻六甲海峽運往東亞的石油量，是通過蘇伊士運河的三倍。

美國人和中國人都深知麻六甲海峽對戰略的重要性，正如巴拿馬運河連結美洲東岸和太平洋，麻六甲海峽連結太平洋和印度洋，也是中國取得中東和非洲能源供應的門戶。美國一位軍事計劃人員直言：「如果發生戰爭，那就是我們取勝之處。」換句話說，中國的一大弱點在於它仰賴海運進口，以石油為最，但也包含其他重要物資，如穀物和鐵砂。如果真的爆發衝突，美國海軍可以試圖在麻六甲海峽和另三個較少使用、連結南海和印度洋的海峽（巽他、龍目和望加錫）口掐住中國的經濟。

但中國對這個弱點一清二楚，過去十年，「麻六甲難題」一直是中國戰略討論的焦點，也已促使中國大幅提高鋪設橫越大陸的油管和天然氣管，從俄羅斯、哈薩克、巴基斯坦和遙遠的中國新疆省運送能源的經費。中國海軍也從該國提高的軍隊預算中獲得特別高的挹注，因為中國希望降低海軍遭美國封鎖的可能性。

麻六甲海峽在美中戰略思考中扮演的角色，反映了東南亞在亞太霸權爭奪戰中占有舉足輕重的地位。自一九七五年越戰結束，東南亞已經歷一段黃金年代。國外貿易和投資激增，使迥異如新加坡城邦和廣大的印尼群島等國家，都享有多年經濟迅速成長的光景。就連曾因實行共產主義或軍事獨裁而與世隔絕的國家，如越南和緬甸，現在也成了不容忽視的貿易國，更是外國投資客和觀光客的重要目的地。

但在人們的記憶中，東南亞也是群雄逐鹿的戰場。日本在一九四二年二月十五日占領新加坡，「粉碎了白人所向無敵的神話」，更是對英國國際形象一記毀滅性的重拳，開啟大英帝國在二戰後垮台的序幕。日本和同盟國於二次世界大戰期間一些最血腥的戰鬥，是在菲律賓、緬甸和馬來亞進行的，而東南亞的衝突並未隨戰爭落幕而結束。隨著殖民時代步入尾聲，英國在馬來亞對抗一場暴動，法國則在印度支那討伐越南獨立同盟失敗。接著，脫離殖民的戰爭退場，改而上演冷戰的血腥衝突。越戰奪走五萬五千名美國人和超過百萬名越南人的性命。鄰近的柬埔寨也因越戰陷入動盪，經歷波布（Pol Pot）和「紅色高棉」（Khmer Rouge）近乎種族滅絕、造成一百多萬柬埔寨人民喪命的統治。一九六五年，印尼軍事政變後的大屠殺，以「疑似共產黨員」的罪名殺害數十萬人，這次政變也讓親西方的軍事強人蘇哈托（Suharto）因而掌權。居帝汶島東半部的東帝汶，也在一九七五年葡萄牙統治垮台、引來印尼入侵後，造成相近的死亡人數。

但從一九八〇年代起，東南亞開始將它浴血的過往拋諸腦後。隨著冷戰逐漸結束，和平曙光乍現，這個地區的國家把握了全球貿易迅速增長、通訊和運輸改善，以及西方和日本跨國企業直接投資所帶來的契機。新加坡、馬來西亞、泰國和印尼等國家，開創了一道以出口、製造業和外國投資為基礎的迅速經濟成長公式，之後，這套公式也為中國所採用，且規模大得多。如歷史學家克里斯多福・貝利（Christopher Bayly）和提姆・哈波（Tim Harper）指出的：「直到一九八〇年代，日本經濟復興、新加坡和馬來西亞崛起，以及亞洲共產主義朝自由市場資本主義轉型，亞洲才開始嶄露頭角，成為二十一世紀超強的大陸。」

一九九二到一九九五年間，我主要在曼谷擔任《經濟學人》駐東南亞通訊記者時，那個地區已成為全球化經濟的中心。大型日本跨國企業，如豐田（Toyota）和索尼（Sony）等，都把泰國和印尼當成製造基地，東南亞本身的公司則是中國最早的外國投資客。我的第一次上海之行，是報導泰國卜蜂集團（Charoen Pokphand）在當地所做的投資，該集團經營的生意甚廣，從加工雞肉到摩托車應有盡有。一九九三年，這筆投資讓中國人喜出望外，高興到讓一部全新的卜蜂摩托車雄踞上海機場行李轉盤的正中央。在那個時期，上海新興的中產階級仍較可能買得起新的摩托車，而非汽車。河流南岸的浦東一帶，卜蜂集團設廠之處，當時仍是倉庫林立的破敗地區。十五年後，上海的街道車水馬龍，浦東則宛如現代摩天大樓的叢林。

在一九八〇年代及一九九〇年代的短暫歲月，東南亞國家是亞洲發展的輻輳，甚至堪稱中國和印度的榜樣。但現在，經過二十年的迅速成長，中國和印度經濟體的龐大規模，意味著東南亞再次為巨人的陰影所籠罩。與此同時，東南亞和中國之間的商業往來遠比之前緊密而熱切。一九九〇年代初期，曼谷和上海間一天只有兩個班機，如今有十四班。像泰國這種以往仰賴西方觀光客的國家，已愈來愈倚重中國市場，因為中國的中產階級酷愛旅行。

中國經濟持續「和平崛起」，讓東南亞各國抱持希望：他們可續搭亞洲日益繁榮的順風車。但中國民族主義的擴張也令人憂慮，尤其是戰爭可能回到東南亞這點。這個地區最深思熟慮的政治人物，都非常清楚當地潛在的危機。

儘管繁華而耀眼，新加坡的處境卻和以色列有八分像。如該國第三位總理李顯龍（也是李光耀之子）二〇一四年在倫敦一場午餐會上跟我說的：「從歷史的角度來看，小國家多半命不長久。」

為保長治久安，新加坡試著和區域的巨人培養感情，成效頗佳。事實上，它或許是世上唯一一個可自稱和中國及美國都有特殊關係的國家。「李PM」（新加坡人習慣這樣稱呼他）親自展現了他的國家兼顧東西方的能力。他自幼就會英語和中國普通話；後在劍橋大學念書，以數學一等榮譽畢業。只是有點遺憾地，李顯龍拒絕劍橋三一學院的入學許可，放棄學術生涯，回到新加坡從事建國工作。他在服役一段時間後，追隨父親腳步進入政壇。

李氏父子都決定，要讓國家卡好位置，以便取中國崛起之利。自一九七〇年代起，新加坡政府即力行讓該國七十五%的華人人口同時學習普通話和英語的政策。他們認為新加坡人該講中國統治菁英的語言，而非在新加坡自家裡較可能說的區域性方言，如福建話，這個堅持表現出斷定中國必將崛起的先見之明。新加坡人是中國的早期投資者，許多前景看好的北京公務員都來新加坡受訓。隨著中國愈來愈富裕，新加坡也成了中國資金的熱門標的，熱錢源源注入新加坡的房地產和銀行。而在中國人民幣終於國際化後，新加坡政府也致力讓本國成為人民幣交易的海外重鎮。如李顯龍對我指出的，中國絕對可以在與東南亞國家的關係中施展魅力：「中國人非常認真……他們過來做推銷，有明確具體的提案，還有資源做後盾。所以他們會和你合作進行海洋研究，也會在教育方面幫上忙。他們會列出七、八個品項，確定無一遺漏，也希望彼此關係良好。」除了經濟，中國和新加坡也有政治連結。一如中國，新加坡也推廣儒家思想，強調階級與責任，以和西方的自由主義及個人主義分庭抗禮。

但就在新加坡人和中國交好的同時，他們也依賴美國。美國海軍的船艦會輪流進出新加坡，將新加坡用作維持南海秩序和看守麻六甲海峽的基地。美國海軍猶如新加坡抗衡印尼和中國等較大鄰國的保單。

新加坡小心翼翼、兼顧東西方的平衡舉措，反映了亞洲當前不安定的權力平衡。無可避免地，這也有得罪雙方的風險。當我問李顯龍，中國對於新加坡口頭支持美軍繼續在太平洋露臉一事的看法時，他心平氣和地回答：「他們不喜歡，但能諒解。」他繼續解釋：「在亞洲太平洋地區，我們仰賴美國人在這邊扮演良性而有效的角色，就像他們自大戰以來一直在做的事那樣。」新加坡的樟宜軍港是兩艘美國戰艦在此區活動的重心，二〇一五年，中國聲索領海之舉引發緊張情勢，美國海軍宣布再派兩艘軍艦固定輪流進出新加坡，並有針對性地指出，這些沿海用的船艦非常適合在南海的淺水域運作。但李顯龍的官員不願用「基地」一詞，來形容美軍於新加坡的存在，也幾乎沒有美軍人員駐紮於此。對新加坡人來說，美國海軍並非以他們城邦為基地，他們只是使用了設備而已。

新加坡人的敏感充分反映出，為了華盛頓和北京兩邊都不得罪，新加坡的行事有多戒慎恐懼、委屈求全。無疑地，當二〇一四年越南和中國爆發海事爭議時，新加坡國營媒體的新聞報導顯然刻意保持中立。任何希望東南亞能稍微團結一點的人，恐怕都要失望。覺得失落的不僅是越南人，一位白宮官員也跟我抱怨，新加坡什麼也沒做，無意促成東南亞口徑一致以回應北京的挑釁，連公開談論中國在南海的侵略行動都沒有。美國擔心新加坡的政策不僅反映該國現在不想招惹麻煩的自然傾向，還反映對未來微妙的押注。同一位官員在二〇一四年跟我發牢騷：「他們常說得一副認為中國稱霸太平洋勢所難免的樣子。」確實，前新加坡外長馬凱碩（Kishore Mahbubani）就很喜歡這樣說：「我們知道一千年後中國仍將是我們的鄰居，但我們不知道美國人會不會在這裡待上一百年。」

因為人口不到六百萬，新加坡的態度或許乍看之下沒那麼重要。但事實上，新加坡與中國和西方獨一無二的強烈連結（與它的財富和戰略位置有關），賦予它遠超過面積和人口代表的地緣政治的地位。如果新加坡的態度被視為接受了東南亞正逐漸變成中國後院的現象，這個地區的其他國家，以及世界的其他地方，也會因此下結論。

面對愈來愈強勢、操弄民族主義的中國之崛起，東南亞國家協會（Association of South East Asian Nations, ASEAN）十個會員國（新加坡是其中一員）的反應也不怎麼明確。有些國家，例如柬埔寨和寮國，似乎已適應中國的權威。其他國家如泰國、新加坡、馬來西亞、緬甸和印尼則扮演細心周到、時而曖昧不明的角色，試著同時和美國及中國維持密切關係。但東南亞兩個最大的國家，人口皆超過一億的越南和菲律賓，現在則公然與中華人民共和國唱反調。

緊張的源頭是中國惡名昭彰的九段線，主張南海的九十%是中國領海，而且從二〇一二年起印在每一本新核發的中國護照上。中國畫的線並非建立在鄰近中國海岸的基礎上，而是依據備受爭議的歷史主張，套上中國歷來的移居和海洋探索模式，甚至上溯西元前二世紀的漢朝。南海一些小島和淺灘群，以及其周圍海域的主權，也是中國和鄰國的爭議焦點。中國和越南都自稱擁有南沙群島全部的主權，馬來西亞、汶萊和菲律賓則自稱擁有部分。近年來，中國頻頻藉由在群島數個暗礁和淺灘上建造混凝土建築、直昇機停機坪和完整的臨時機場，來鞏固它的領土和海事主張。二〇一四及二〇一五年，中國填海造陸變本加厲，許多小暗礁實際上都轉變成了能容納軍事設施的島嶼，例如新建於永暑礁和美濟礁的臨時機場。

在華盛頓和東南亞，中國的造島行動無異給這份恐懼火上加油：北京在聲索南海主權上，已進入更具侵略性的階段。這些主張很可能會讓中國與東南亞所有海洋國家，包括汶萊、馬來西亞和印尼產生衝突。

但受到最大壓力的莫過於菲律賓和越南。這兩國忿忿不平地指出，有些北京聲索的海域距中國大陸沿岸好幾百哩，距越南或菲律賓沿岸卻不到一百哩。如果中國強制貫徹其主張，就能控制關鍵航路、攫奪有價值的漁場，以及可能更有價值的石油和天然氣礦床。中國官方預測（多少有些樂觀），南海可能蘊藏一千三百億桶的石油，是沙烏地阿拉伯以外最大的儲藏量。對一個亟需能源，但石油蘊藏量僅占世界一%的國家來說，那是相當值得爭奪的目標。

事情取決於中國選擇如何執行九段線，它或許也會試圖把美國海軍阻絕於南海之外。中國備受爭議地主張，國家有權阻止外國的海軍通過海岸延伸兩百哩內的「專屬經濟海域」。如果中國有辦法控制南海所有島嶼和暗礁，就可以依法提出主張，把美軍隔絕在南海之外。據希拉蕊・柯林頓表示，由於世界有五十%的商品貿易會通過這個海域進行，防止此事發生對美國有極大的好處。

到了二〇一五年，這場爭執已從法律概念之爭，轉變成兩國軍隊積極的「空拳攻防演練」。為回應中國的造島行動，美國空軍在二〇一五年五月，派一架飛機飛越中國的新「領土」。機上一位電視台人員，錄下了中國軍方發布的八次口頭警告。一個不真實的聲音操著無懈可擊的英語說：「這裡是中國海軍，請離開以避免誤解。」中國外交部緊接著提出正式抗議。然而在華盛頓，美國副國務卿安東尼・布林肯（Antony Blinken）稱中國在南海的行動是「和平穩定的威脅」，並以此和俄羅斯侵略烏克蘭東部領土之舉相提並論。

但儘管美國措詞強硬，東南亞許多國家卻都懷疑美國能否長久威懾中國的造島行為。對菲律賓來說，黃岩島（Scarborough Shoal）的案例就是一次「機會教育」。這座岩石構成的前哨站，距離中國大陸超過五百哩，卻離菲律賓首都馬尼拉所在的呂宋島西方僅一百二十哩。二〇一二年，菲律賓和中國船艦在礁外海域對峙，美國出面協商，請兩國海軍撤退，但當菲律賓如約退兵時，中國卻賴著不走，實際上更是併吞了黃岩島。菲律賓總統艾奎諾（Benigno Aquino）怒不可遏，把中國的行為比作希特勒併吞捷克，但華府卻無法對違反協議之舉做出回應，而且這還是美國自己談成的協議。這使一位亞洲資深外交官對我表示，歐巴馬政府罹患了「注意力缺失症」。歐巴馬政府的回應是，黃岩島事件的意義大多是事後回顧時增補的，事發之時其實沒這麼重要。但就連這個辯解其實也是默認，美國在黃岩島丟臉了。這還帶出一個牽涉更廣的問題，在亞太安全觀察家的小圈子之外，世界另一邊的某座無人暗礁被攻占這種事，很難鼓動任何美國人的情緒，但在亞太區域這裡，這些事件眾所皆知，且意義重大。因此，如果中國手段夠巧妙的話，它很有機會迅速、累進地推進它的領土主張，而不致引來美國決定性的回擊。

在黃岩島後，馬尼拉和北京爭奪的下一塊岩石是仁愛礁（Second Thomas Shoal）。一九九九年，菲律賓故意讓一艘船在此擱淺。此後，菲律賓在船上維持一小支衛戍部隊（通常不到十二人），他們唯一的任務就是充當此地是菲律賓「領土」的正式證據。二〇一四年，這艘不知名的破船不僅成為馬尼拉和北京關注的焦點，也吸引白宮的目光。美國人密切注意，擔心中國可能會採取行動驅逐菲律賓人，或許是採用拆卸破船的方式。美國人怕的是，中國可能再次對菲律賓採取大到足以向亞太區域各地傳達信息，但又小到不足以觸發華府反應的措施。誠如一名歐巴馬的貼身顧問對我表示的：「我要怎麼告訴總統，美國的可信度取決於是否願意為一艘沉船、一艘大半時間只露出水面一點的沉船，冒戰爭的風險呢？」

東南亞的另一場重大海事糾紛看來也是經過精心挑選的。二〇一四年五月，當中國將一座大型鑽油平台移入距離越南沿岸僅一百二十哩的爭議海域（中國人說那座平台位在南海，但越南人稱同一水域為東海），越南的反應非常激烈。反中國的暴動在全國各地爆發，中國工廠遭到破壞，至少有四人死亡，但越南卻沒有西方保衛者可仰賴。不同於日本、南韓、新加坡或菲律賓，越南不是美國的條約盟友。中國大可在越南附近的海域耀武揚威，完全不必擔心招來美國的直接反應。

後來越南人得到日本的一些支援：在鑽油平台事件後，東京宣布將提供越南六艘巡邏艇。但越南最盼望獲得的是昔日敵人的支持。甚至在鑽油平台事件前，河內政府就已派人和華府進行非正式接觸，試探美國是否有興趣在金蘭灣建立海軍基地。美國拒絕此提議，但邀請美國回到其海軍於越戰時使用的基地，這其中的諷刺意味，河內和華盛頓都心領神會。對越南人來說，這項提議完全合理，因為在其國家數千年的歷史中，越南只跟美國打過一場仗，卻和中國打過十七場。越南在西元前一一一年被中國的大漢帝國併吞，歷經千年，到九三九年才重獲獨立。與北方巨人奮戰簡直是越南歷史的同義詞。越南人打趣地說，他們國家的海岸線看來就像一條彎曲的脊椎，這反映出中國施予他們的不可承受之重。復甦再起而鼓吹民族主義的中國，感覺會對越南的生存構成威脅。

隨著中國在東南亞愈來愈強勢，美國偶爾會試圖打壓。二〇一〇年希拉蕊．柯林頓「協防東南亞符合國家利益」的聲明，被北京譴責為公然侮辱，卻受到美國的東南亞盟友如釋重負的歡迎。二〇一四年，歐巴馬在宣布美日安保條約涵蓋釣魚台列嶼的同一次亞洲之行中，也鞏固了美國和菲律賓的安全關係。一九八〇年代，在推翻菲律賓馬可仕總統（Ferdinand Marcos）的革命後，美國曾失去使用該國海空軍基地的權利，而現在兩國宣布後，美國海軍又可以時常在蘇比克灣的港口進出了。

美國無非是藉由此舉宣布它在東南亞的聯盟和安全承諾仍堅若磐石，而且還在強化中。但儘管美國的聯盟看來強大得足以威懾中國發動傳統戰爭的念頭，卻難以針對中國像切香腸一般、在東亞各地蠶食漸進的手法提出有效的回應，釣魚台列嶼、黃岩島和越南的東海皆是如此。《經濟學人》在二〇一四年夏天評論道：「就現況來說，中國的霸道是不用成本的。外交抵制毫無效果。中國或許料得不差：美國並無意在此展現更激烈的作風，東南亞國協更興趣缺缺。」

美國在亞洲，一如在中東和歐洲那樣，正面臨兩難的困境：它的亞洲盟友需要山姆大叔的軍事保護，自己卻顯然不打算精進防禦。東南亞國協會員國共有五億人口，假如這個聯盟能以堅定、團結的集團之姿參與全球事務，必能強而有力地與中國在亞洲的影響力分庭抗禮。但事實上，在此集團中挑撥分化，對中國並非難事。狹小、貧窮而獨裁的柬埔寨很容易被中國的金錢攻勢打動，進而在東南亞國協內發言支持中國，協助阻止集團對南海爭議形成一致的立場。柬埔寨的高棉人和鄰近的越南人為世仇，也是重要因素之一。

在東南亞國協之中，各國的忠誠互有消長。緬甸在邁向民主的同時，也力圖減輕對中國的經濟依賴，取消了中緬油管計劃。中國原本冀望以此做為從海外輸入原油的替代路線。[1] 反觀向來被歸為西方陣營的泰國，卻開始向中國傾斜。二〇一四年五月，曼谷的軍事政變使美國和泰國軍方的關係疏遠了，並呼籲新政府迅速回歸民主，美泰關係因此生變。泰國新政府遂以親近北京做為回應，宣布要在二〇一五年向北京購買潛艦。這類的軍售背後有更大的戰略意義，因為這通常會促使談成生意的兩個國家進行更密切的軍事合作。

在如此詭譎的局勢中，印尼的立場至關重要，因為它是這個地區最大的國家，人口也在全世界排行第四。印尼展現了許多大國都有的島國性，被視為印尼民主發展指標的二〇一四年總統大選，焦點幾乎完全擺在國內議題。印尼是世界最大的穆斯林國家，又是中立國不結盟運動（Non-Aligned Movement）的發起國之一，這樣的地位和其引以為傲的傳統，使印尼不願毅然決然向美國傾斜。多年來，印尼和北京在南海的領土爭議相對平靜，但到了二〇一五年，連印尼都開始對中國於南海的填海造陸行為公然表達憂懼。中國加強對東南亞的箝制，無疑會使雅加達不安，也可能影響到印尼複雜的種族政治。一如東南亞大部分地區，印尼許多最成功的商人都是華裔，但這些華人時常備受歧視。一九六〇年代，印尼軍方經由政變奪權時，在「反共」屠殺中身亡的華人多得不成比例。如果更強勢的中國成了東南亞華人的靠山（一些中國民族主義者就如此要求），將對這個地區造成深遠的影響。

到了二〇一五年，確有跡象顯示，中國開始自詡為東南亞數百萬「海外華人」的守護者。二〇一五年，馬來西亞發生政治危機和貪腐醜聞，促使處境艱難的總理納吉・拉薩（Najib Razak）的支持者打出「馬來人牌」，要馬來人團結起來，對抗批評總理的華人。在馬來西亞，不同社群之間本就暗潮洶湧，近年來更隨著伊斯蘭原教旨主義在占多數的馬來人中愈益普遍而雪上加霜。眼見馬來人和華人愈益劍拔弩張，中國駐馬來西亞大使黃惠康便毫無顧忌地譴責極端主義和種族主義。他措辭謹慎，而且就馬來西亞長期的反華歧視史而言，尚稱公道。但這也是北京第一次展現對於保衛海外華人的興趣。整個亞洲，甚至遠及南方的澳大拉西亞，都注意到這次先例。

其中，澳洲特別擔心它北方的國家紛紛被納入中國的勢力範圍。數十年來，澳洲一直不負它「幸運國度」之稱。該國兩千三百萬人口住在一整個資源豐富的大陸上，因此得以因中國對其商品的渴望而繁榮昌盛起來。在所有已發展的經濟體中，唯獨澳洲三十年來都不曾出現經濟衰退。始於二〇〇八年、使歐美陷入嚴重蕭條的全球經濟危機，似乎跟澳洲毫無干係。澳洲人生性樂觀的那一面歡欣鼓舞地歡迎亞洲的崛起，他們認為這是千載難逢、能確保澳洲長久繁榮的良機。

但隨著中國的崛起在政治和戰略上的影響愈來愈鮮明，澳洲的政治菁英開始變得憂心忡忡。他們國家的文化和政治皆根繫於西方，澳洲在兩次大戰中都站在盟國那邊（第一次世界大戰為協約國、第二次世界大戰為同盟國），越戰時也是美軍的戰友。它是西方聯盟和英語世界的核心：「五眼聯盟」（Five Eyes）情報交流協議的一員（其他四國是美國、英國、加拿大和紐西蘭）。因此，一旦紐澳北方的國家被劃入中國的勢力範圍，澳大拉西亞和其政治及文化腹地的連結便可能被切斷，而淪為孤立的西方前哨站。

於是，中國正在南海和東亞顯示權威的觀點，敲響了澳洲菁英界的警鈴。一名澳洲外交官員直言：「澳洲正面臨越戰結束以來最嚴重的一次威脅。如果中國可以靠著脅迫和鄰國的軟弱達成它的目標，我們的獨立自主將無可挽回地受到約束……如果中國能強制執行它的九段線，東南亞各國將迅速臣服，且變得跟其他所有中國周圍國家一樣不正常。」他還補充：「如果你看過中國海軍活動的地圖，那著實令人膽顫心驚。」

身處戰略的兩難，使澳洲成為同時擁有美國重返亞洲最熱烈的支持者，和最敏銳的批評者的國度。歐巴馬就是在坎培拉的演講中，正式用響亮的那句「美國全心投入二十一世紀的亞洲太平洋」為亞洲軸心揭幕。與重返亞洲有關，最吸睛的具體行動莫過於美國宣布將在澳洲北部的達爾文設立新基地，來訓練美國的海軍陸戰隊。此舉顯示澳洲政府為維護國家安全，已給予軸心政策強力的支持和鼓勵。

但軸心政策最犀利的批評者也是澳洲人。前情報官員休・懷特就心驚肉跳地聆聽歐巴馬的坎培拉演說。對懷特以及許多觀察家來說，中國的實力在二十一世紀日益壯大是已知事實，這位美國總統卻誓言力阻中國崛起。懷特相信，因為中國不會放棄它在區域的野心，美國正踏上一條不是以戰爭告終，就是自取其辱、步步退讓的道路。他主張，與其和中國對抗，美國「應試圖就亞洲的新秩序和中國達成協議，允許中國在新秩序中扮演更吃重的角色」。懷特並未詳加闡述何謂「更吃重的角色」，但他的意思很清楚：美國應放棄一切在東亞或南海以武力阻撓中國，或為台灣問題動武的念頭。

一些澳洲政府的成員願意用心傾聽懷特要說什麼，二〇一五年時，其中一人還當上了總理。該年九月，麥肯・滕博爾（Malcolm Turnbull）打敗了他非常親美的保守派同事東尼・艾伯特（Tony Abbott），成為澳洲領導人。身兼律師、銀行家和知識分子，滕博爾為休・懷特的著作《中國抉擇》（*The China Choice*）寫了一篇深表贊同的評論。在間接提到修昔底德陷阱的部分，滕博爾寫道：「我們應努力確保美國人不會像斯巴達人那樣，被擔憂新興強權的焦慮牽著，走向可能以衝突收場的反射性對抗。」

滕博爾和美國人最南轅北轍的策略，反映在二〇一五年底，澳洲政府點頭答應一筆生意，允許中國公司嵐橋集團（據說和人民解放軍關係密切）購得達爾文港口九十九年的租賃權。這項聲明讓美國人大吃一驚，因為達爾文正是美國建置新設施、訓練海軍陸戰隊的地方。更重要的是，滕博爾在宣布租約之前並未知會歐巴馬政府。滕博爾的達爾文貿易案意義重大，因為那暗示著，一如新加坡和日本，澳洲對於中國崛起和美國亞洲軸心政策的態度，比表面上看來更曖昧和易變。

雖然多數澳洲戰略分析師竭誠歡迎歐巴馬於太平洋部署更多軍力，但就連在他們之間，也瀰漫著一股揮之不去的恐懼：軸心政策只是華麗的詞藻。澳洲頂尖外交政策智庫羅伊研究所（Lowy Institute）執行董事麥可．富利洛夫（Michael Fullilove）擔心：「我不認為美國心在亞洲樞軸。他們的軍力部署毫不令人驚豔。」

如果樞軸不足以讓亞洲的中型強權，例如澳洲、越南和菲律賓安心，還有什麼可以用來平衡崛起的中國的力量呢？對許多西方戰略家來說，答案昭然若揭，就是印度。身為世界上唯一另一個人口超過十億的國家，印度可和中國並列為亞洲超級強權。為強調亞洲的戰略思考不可將印度排除在外，澳洲戰略家羅瑞．梅德卡爾夫（Rory Medcalf）推廣「印度太平洋」（Indo-Pacific）區域的概念，而不只是討論東亞或亞洲太平洋地區。印度太平洋的觀念強調印度的重要性，因此挑戰了這個地區必然要以中國為中心的概念。這也突顯了印度洋和南海的核心地位，讓澳洲人感覺沒那麼孤單了。與其孤懸於亞太地區的邊緣，澳洲可以自稱為廣大的印度太平洋區域的中心，雄踞於美國和印度兩大民主政體之間。

印度太平洋的概念固然吸引人，但印度又是如何看待自己做為強權的未來呢？

7 ▼ 印度：亞洲第二大超級強權

印度政府首席經濟顧問的辦公室，位於新德里氣勢宏偉的政府大樓。那是大英帝國的遺留物，但今天感覺起來，反倒像在提醒著印度和美國最新發展出的特殊關係。

首席顧問的牆上，有一塊裝飾用的木製布告牌，記錄著這間辦公室過去所有主人的名字。二〇一五年春天，上頭最新的兩個名字是拉古拉姆・拉詹（Raghuram Rajan）和阿文德・薩博拉曼尼（Arvind Subramanian）。這兩位男士都是傑出的印度經濟學家，大半事業生涯在美國度過，在華府和德里起碼一樣如魚得水。雖然兩人都在頂尖美國研究機構如芝加哥大學（拉詹）和華盛頓國際經濟研究所（Institute of International Economics）（薩博拉曼尼）工作過好幾年，但兩人都與美國本土的樂觀共識保持一段不小的距離，不認為美國能長久維持全球霸權。二〇〇五年，拉詹針對美國金融體系日積月累的不穩定提出有先見之明的警告，在當時雖飽受懷疑，但在二〇〇八年金融危機後，為他博得先知的美名。

薩博拉曼尼對美國的疑慮有過之而無不及。二〇一一年，他出版《大預測》（*Eclipse: Living in the Shadow of China's Economic Dominance*）一書，主張中國將取代美國，成為世界首要經濟強權。這本書以極富挑釁的預測開場：二〇二一年，美國總統向國際貨幣基金組織的中國執行董事申請緊急貸款。薩博拉曼尼認為：「中國相對於美國的經濟優勢已來到眼前，而未來二十年將扎根更廣、規模更大，就像太平時期的大英帝國那樣。」

《大預測》在美國得到不友善的回應，它直言不諱的「衰退主義」在美國無疑並不流行。二〇一五年，眼看美國經濟復甦、中國成長明顯趨緩，有人主張美國將被中國遮蔽的預測已經失準。但同年五月，當我赴薩博拉曼尼在德里的辦公室跟他碰面時，我發現他仍固執己見：「那本書概括的前提和預測已完全獲得證實。」他如此主張。

對許多印度人來說，《大預測》論點的問題不在於它怎麼說美國和中國，而是它對印度幾無著墨。因為納倫德拉．莫迪政府的勝選，已重新燃起民眾的樂觀，相信印度將成為亞洲第二個準超級強權，莫迪自己則稱二十一世紀為「印度的世紀」。印度許多菁英分子也勇於冀望印度「擁有」未來三十年的國際經濟發展權，就像中國在一九七九年對外開放後，主宰國際經濟發展三十年那樣。

印度人的樂觀主要是基於人口紅利。中國的人口正在老化，年輕勞工的供給逐漸萎縮。二〇一五年，中國在實施三十年後，正式廢止知名的「一胎化政策」，部分就是因為國內人口老化的緣故。但人口老化的後果已滲透經濟體，薪資上漲，國家開始流失製造業工作。相形之下，二〇一五年，六十五％的印度人口不到三十歲，形成健康的「扶養比」。人口學家認為，印度很可能在二〇二二年前後，以十四億人口超越中國，成為世界上人口最多的國家。有些經濟學家算出，印度可能在二〇五〇年時成為世界上最大的經濟體。謝卡爾・古普塔（Shekhar Gupta），這個印度最具影響力的新聞工作者之一對我指出：「印度人現在普遍相信印度正在崛起、中國正在衰落。我們是世上唯一成長中的強國。」

而莫迪政府樂於為這種樂觀火上加油。在和薩博拉曼尼的上司、印度財政部長亞倫・賈特里（Arun Jaitley）聊天時，我發現他滿懷希望。他預測，印度很快就會以每年八到九％的速率成長，輕易超越中國，成為全球成長最快的經濟體。但那些數字要成真，有一個重要的先決條件。一九八〇年，在中國開始衝刺之際，印度和中國經濟體大小差不多；到了二〇一五年，中國的經濟規模是印度的五倍。[1]意思是，就算中國以六到七％成長，印度以八到九％成長，兩個經濟體的差距其實還是會先擴大，而非縮小。阿文德．薩博拉曼尼明白這個現實，因此在德里對我這般預測：「未來二十五到三十年，印度的根本經濟實力仍無法接近中國。」薩博拉曼尼這般謹慎是明智的。或許有朝一日，印度的政治和經濟實力終將追上中國，但那一日可能至少遠在三十年後才會到來。

印度和中國的發展差距顯然不僅顯示於數字，也表現在街道上。現在的中國，現代高速公路和高鐵網縱橫交錯。反觀印度，道路網仍相當原始，二〇一五年時，仍有半數印度人無基本衛浴設備可用。莫迪視此為國恥，已將此列為其任內的首要政策。在對東亞經濟奇蹟至關重要的基礎教育和識字能力方面，印度的水準也遠低於中國。

雖然莫迪時代的印度表現得神氣活現，但較謹慎的印度菁英深知自己國家的弱點，也很清楚，因為這些弱點，印度的全球實力在未來數十年可能仍遠遠落後於中國。這個差異微妙地反映在北京和德里政府使用的詞彙上。習近平暢談他期待中國和美國發展「新型態的強權關係」，莫迪則只說印度是一個「領導強權」。換言之，中國已自稱與美國並駕齊驅；印度的企圖心則較謙遜，僅自詡為重要國際成員之一。

莫迪政府在外交政策上面臨的問題是，如何在迅速變遷的世界中，將印度定位為「領導強權」。印度該繼續像冷戰期間那樣，把自己定義成「南方世界」（世界上較為貧窮、相信自己被北方工業化國家剝削、損害的國家）的領袖嗎？或者印度該自視為崛起東方的一部分，並是已做好準備，要修正西方帝國主義時代強加其身的歷史不正義和權力不平衡的亞洲國家？第二種定位，意味著印度要強調和中國的相似點：兩個偉大、歷史悠久的亞洲文化，在帝國時代遭西方壓迫，但現已觸底反彈，東山再起。

還有第三種定位：認為中國並非可和印度攜手改變世界秩序上的盟友，而是印度最大的勁敵。一如其他許多亞洲國家，印度有充分的理由忌憚強勢中國的崛起。中印邊界是世上爭議延續最久的國境問題。兩個國家曾於一九六二年打過一場短暫的邊界戰爭，印度戰敗，而兩國迄今仍有未決的領土爭端：中國主張印度阿魯納恰爾邦（Arunachal Pradesh）的大部分地區歸它所有。如果中國與日俱增的實力可能成為印度在外交政策上最棘手的問題，就必須採用截然不同的政策。因此，印度有濃厚的興趣和西方及亞洲民主國家建立聯盟，尤其是美國和日本。

最後是第四種論點。此論點主張，上述種種關於印度全球角色的討論，都忽略了印度仍面臨生存威脅近在邊界的事實：擁有核武的巴基斯坦。自一九四七年印巴分治以來，兩國已經打了三場仗，第四場也極有可能爆發。對印度安全機構的一些人士來說，這個現實才該繼續支配印度的策略思考，而非夢想建立新的世界秩序，或擔心要和中國對抗。

無可避免地，這四種考量多多少少都會影響德里政府的行事方針。哪一種會列為優先，某種程度上取決於未來幾年有哪些預料外的危機浮現。但莫迪執政後，印度顯然較親近美國和日本，而對中國較為提防。

但印度並不容易甩開其反殖民歷史的傳統，且這持續形塑著這個國家的本能。特別是對較年長的印度人來說，印度的道德權威仍源於它「發言人」的地位：為世界較貧窮國家和殖民主義受害者發聲。在冷戰時期，印度和蘇聯建立了密切的關係，某個年紀的印度人仍習慣說：「學校教我，俄羅斯是印度最親密的朋友。」某種程度上，德里仍存在著支持俄羅斯的本能反射，而那意味著，遭遇莫斯科與華盛頓對立的國際危機時，美國無法仰賴印度的支持。

在印度人的思維中，對西方資本主義的猜疑向來舉足輕重。這裡畢竟是曾被西方跨國企業（東印度公司）殖民過的國家。無法根絕的反西方和反資本主義思想，使印度仍是全球貿易和氣候談判桌上難搞的夥伴。自由派經濟學家或許堅信印度可從全球化獲取龐大利益，但印度在制定政策時，常揮不去這樣的恐懼：強大的西方也許會強迫「南方國家」進行不公平的交易。

於是，就算人口眾多、水資源匱乏、空氣汙染嚴重的印度是受氣候變遷威脅最鉅的國家之一，但印度政府仍長期抗拒西方要它減少碳排放一事。他們主張，諸如此類的協議是在將不公平制度化，允許西方人平均每人可消耗的能源多於印度人。印度堅持他們有權利使用化石燃料來發展經濟，加上二〇一五年，印度已是全球溫室氣體排放第三大國的事實，使莫迪政府的態度在全球氣候變遷會談上格外重要。步入同年十二月的巴黎會談時，一些西方外交人員擔心印度的強勢可能會使會議一無所獲，結果，印度找出一條中庸之道，一方面維持富裕西方國家必須比貧窮國家出更多力來減少溫室氣體的想法，也承諾他們會逐步趨向較乾淨的能源類型。

印度人長久認為，歧視印度人的不只是全球經濟和環境的規則。在德里看來，全球政治規則亦長期不公。重要的戰後機構，如聯合國和國際貨幣基金組織，都在一九四七年印度獨立之前即已成形，之後也證明了已極難改變。因此，印度常覺得自己像「地緣政治的局外人」。中國是聯合國安理會的常任理事國，印度卻仍被排拒於國際事務的上座之外。一九四〇年代設置的五個常任理事國（美、英、法、俄、中）持續在定義國際秩序上扮演關鍵角色，例如，此五國擁有聯合國決議的否決權，因此可以決定某一場戰爭是合法或非法。

印度對西方主導全球秩序的猜忌，也反映在聯合國的投票紀錄上。雖然英國和美國常稱讚印度是「世界最大的民主政體」，並以為這代表印度的世界觀會跟他們一致，但實際情況常非如此。二〇一四年，英國外交部的內部調查發現，在聯合國會議中，印度投票反對英國的次數，比其他任何大國都要多。

聯合國安理會的常任理事席次也和核武關係密切。一九七〇年締結、一九九五年更新的聯合國《不擴散核武器條約》（Treaty on the Non-proliferation of Nuclear Weapons, NPT），僅承認安理會五個常任理事國是合法的核武國家。為抗議這個「核武種族隔離政策」，印度成為拒絕簽署NPT的四個聯合國成員之一。NPT拒絕讓印度合法發展核武計劃，可能使印度無法躋身全球一級強國之列。

印度早在一九六二年就首次測試核子武器，做為在邊界戰爭中敗給中國的反應措施。它在一九九八年又測試了一次，因為當時印度最危險的敵人巴基斯坦也發展了核武計劃。五個「合法」核武國家最初的反應是以印度違反《不擴散核武器條約》為由施以制裁，但在小布希任內，美國改弦易轍，他們有意和崛起中的印度培養較親善的關係。在小布希任內簽訂的美印核武協議，相當於承認印度是核武俱樂部的合法會員；而核武發展的突破，也被德里正確地視為印度國際地位提升的象徵。國際戰略研究所印度分部主任桑加亞・巴魯（Sanjaya Baru）主張：「對印度來說，打破核武慣例是過去二十五年裡最重要的地緣政治發展。」

核武的突破，剛好在印度人的自信隨經濟起飛而增長的時刻來到。一九九〇年代初期的自由市場改革，終於讓印度獲得先前東亞實現的那種迅速經濟成長。在全球大獲成功的高科技公司，如印孚瑟斯（Infosys）和威普羅（Wipro）嶄露頭角，賦予印度前所未有的魅力與自信，這也反映在高能見度的宣傳活動中，例如二〇〇六年在達佛斯世界經濟論壇展開的「印度無所不在」宣傳。印度公司用廣告塞滿瑞士滑雪渡假村，並主辦招待會和熱鬧非凡的閉幕晚宴，附帶寶萊塢歌舞表演，來娛樂與會的富豪。同一年，美國《外交》雜誌（*Foreign Affairs*）讓印度登上封面，讚揚它是「資本主義成就輝煌的故事」。

這些都令人飄飄然。一個在當今世人記憶中曾隸屬大英帝國的國家，已擺脫困境，成為世界名列前茅的經濟和政治強權。印度重新燃起的信心也開創了重新思考印度全球角色的契機——他們可以扮演崛起、強勢的東方國家，而非弱勢、被剝削的南方。由巴西、俄羅斯、印度、中國和南非組成的金磚五國的身分，也讓印度得以參與一群因國土面積和活力脫穎而出，而非弱國組成的非西方經濟團體。[2]

二〇一四年當選總理的莫迪予人堅定不移、活力充沛的形象，大大鼓舞了包括國內和海外印僑在內的民族主義。莫迪在紐約麥迪遜花園廣場對住美國的印度人發表演說時，獲得欣喜若狂的歡迎。與莫迪有關的「印度民族主義」激勵了許多他的支持者，盼此能使全球更尊重印度獨一無二的文化，也視之為印度權力增長的標記。印度在莫迪上台後不久成功探測火星，也被譽為民族英勇無畏的象徵。

但是對一些批判總理的人士來說，「印度民族主義」若非荒謬，就是邪惡，或者兩者兼具。他們指責莫迪熱情支持者的主張：從飛機到核武，一切都是古印度人的發明。莫迪的左翼批評者指控新總理鼓吹「仇外民族主義」，並且在二〇〇二年擔任古吉拉特邦首長時，對於穆斯林在當地暴動中慘遭屠殺之事視而不見。莫迪在古吉拉特屠殺事件中扮演的角色備受爭議，使他在當選總理之前，多次遭美國拒發簽證。

一名「印度民族主義者」獲選為總理，也旋即引發印巴未來關係的問題，這是個自分治和獨立以來，便始終糾纏印度外交政策的議題。二〇〇八年，印度孟買曾發生恐怖攻擊，有一百六十四人喪命。雖然有明確證據顯示，恐怖分子和巴基斯坦情報單位關係密切，但印度忍住不針對巴基斯坦進行報復。此次自制廣獲國際好評，因為這兩個擁有核武的鄰國顯然已至一觸即發的地步。

然而，莫迪勝選後，德里普遍的看法是，如果巴基斯坦膽敢再發動孟買那種規模的恐怖攻擊，印度的報復幾乎無可避免。莫迪本身「印度強硬派」的名聲只會讓人對戰爭的威脅更焦慮不安，但莫迪一就任總理，即展現和解的意願，他邀請巴基斯坦總理納瓦茲・謝里夫（Nawaz Sharif）赴德里參加他的宣誓就職典禮。但希望印巴會在這個起頭後馬上戮力搭建橋樑的人，馬上就失望了。印度一位資深官員告訴我：「我們現在的政策基本上是不理會巴基斯坦，能不理就不理。」

這個「不理巴基斯坦」政策並非單純反映莫迪自己的偏好，它更反映德里一個更廣泛的戰略共識：印度想實現躋身世界「領導強權」的抱負，必須斬斷和巴基斯坦之間的「連字符號」。只要世界仍透過「印度—巴基斯坦」爭端的稜鏡看待印度在全球的地位，印度就注定只能當區域強權，被局限於南亞。如果印度盼望成為真正的全球參與者，就不能任由它的外交政策被印巴對抗所劃定。

這份避免讓巴基斯坦定義印度全球戰略的決心，又因德里所抱持的這個信念而更加堅定：中國正在援助巴基斯坦，而其用意就是要讓印度有後顧之憂。巴基斯坦的核武計劃獲得中國相當關鍵的技術協助，而在習近平當政下，中國也果決地強化中國和巴基斯坦的經濟和戰略連結。

二〇一五年四月，習近平赴巴基斯坦進行國是訪問，這是九年來第一位造訪巴基斯坦的中國元首。這不只是一次禮貌性的拜會，習近平和巴基斯坦簽訂總價四百六十億美元的基礎建設合約，讓美國在歐巴馬時代無視於巴基斯坦在「反恐戰」的份量、仍對其挹注的七十五億美元發展援助黯然失色。中國允諾資助巴基斯坦的計劃，對北京有直接的戰略效益，而對印度和美國構成間接的戰略威脅。尤其，習近平承諾撥出十六億美元，開發巴基斯坦在阿拉伯海的瓜達爾港（Gwadar），而巴基斯坦作為回報，簽下一筆賦予中國四十年港口管理權的合約。

這筆交易潛在的戰略意義十分巨大。有了瓜達爾港，中國在麻六甲海峽面臨的難題便有望迎刃而解。瓜達爾距離控制波斯灣入口的荷莫茲海峽（Strait of Hormuz）不遠，而全球有二十%的石油會經過波斯灣。以往，運抵中國的石油必須繞過印度、穿過麻六甲海峽，才能進入南海。開闢瓜達爾港構築了這個可能性：中東和伊朗的石油可經由短得多的海路到巴基斯坦。接下來，石油可從瓜達爾走陸路運輸，橫越三千公里的陸地進入中國西部。其他數百億由中國提出，將投資巴基斯坦基礎建設的經費，主要將用於建造實現這種運輸方式的道路、鐵路和輸油管。

瓜達爾港對中國擴張中的海軍可能也有效用。巴基斯坦一份報紙指出，這項建港協議將賦予中國「在阿拉伯海建造海軍基地的可能性」。這個可能性當然逃不過華盛頓和德里戰略人員的法眼，何況習近平也在同一次行程中，答應賣給巴基斯坦八艘先進的中國製潛艦。從德里的角度來看，他們的老對手巴基斯坦似乎已投入中國的懷抱。對印度來說，最壞的劇本是，也許有一天，印度將同時在兩條戰線和兩個擁核國家打仗。

在印度人看來，中國進入巴基斯坦，像在運作一個令人擔憂的模式：中國看似正刻意藉由與印度鄰國建立更密切的關係，來包圍夾擊印度。中國也砸下重金，在就位於印度南部外海的斯里蘭卡建造多個港口。二〇一四年，德里警鈴大作：兩艘中國潛艦停進斯里蘭卡第一大港可倫坡，這裡同時也是出口物資抵達印度之前的首要轉運站。中國還投入巨資，和緬甸建立經濟、政治及軍事連結，而這個大國坐落於印度和中國之間，才剛脫離長達數十年的政治孤立，嶄露頭角。印度的另一個鄰居孟加拉，也接受中國投資，在吉大港開發港口。

中國在印度鄰國的基礎建設投資，似乎符合俗稱「一串珍珠」的地緣政治理論。這個詞指的是中國從海南島橫跨印度洋到中東及非洲，發展一連串港口設備的野心。從北京的角度來看，這樣的策略十分合理，能掌握對中國出口製造品和進口能源至關重要的航道。長期來看，這串珍珠或許能提供一張保單，以防美國海軍封鎖中國。但從德里的角度來看，那串珍珠看來像是箝制印度的東西，令人不快。前印度外長希亞姆・薩蘭對我表示：「從巴基斯坦到馬爾地夫，到斯里蘭卡再到緬甸，我們已經看到周遭的空間不斷緊縮……如果我們不趕緊縮小和中國之間的差距，就只能困守次大陸，眼睜睜看著中國在我們周圍稱霸。」

努力掙脫中國的桎梏，是莫迪政府執政第一年的一大重點。這位新總理親自投入區域外交，致力於增進印度已輕忽許久、和近鄰國家之間的關係。一項終止印度和孟加拉邊界長期爭端的協議，被視為重要的突破。德里後又滿心歡喜地迎接斯里蘭卡親中政府在二〇一五年元月敗選的消息。兩個月後，莫迪成為一九八七年以來，第一位赴斯里蘭卡雙邊訪問的印度總理。

在此同時，印度一如中國，也投資了海軍戰力——一方面保護自己不被中國的珍珠串勒死，一方面發展以小搏大、制衡中國的力量，在中國的貿易路線上構成潛在的威脅。印度第二艘航空母艦預定在二〇一七到二〇一八年開始服役，第三艘則大約在十年後下水。印度決心強化海軍戰力，也是為了防範以下的這種可能性：雖然歐巴馬政府申明要「重返亞洲」，但美國在亞洲的影響力可能日漸衰微。二〇一〇到二〇一四年擔任印度國家安全顧問的希夫香卡爾・梅農（Shivshankar Menon），視中東的混亂為「傳統西方主宰的世界秩序」衰微的前兆。他的結論是：「我們不能再想當然爾地認定，會有其他人來保障我們進行國際貿易的航線的安全。」

但高大斯文、也擔任過印度駐北京大使的梅農，並未屈從於中國和印度必將敵對的想法。他知道，就算中國無所不用其極地謀取區域利益，也不代表、絕不可能代表印度政府就非得和中國政府對峙不可。畢竟，中國是印度最大的貿易夥伴，雖然中國對印度的龐大貿易順差，也是德里不滿的一大源頭。還有，這兩個國家也必須在區域議題和國際議題上合作，從阿富汗到氣候變遷到水資源管理都是。中國任何在西藏河川築壩之舉，都會對印度的供水造成致命威脅。一如中國的許多鄰居，印度人也對中國投資地方建設的可能性，即中國「一帶一路」策略的一部分深感興趣。

當習近平於二〇一四年九月訪問印度（這是九年來第一次有中國元首正式訪問印度），印度人竭盡所能讓他賓至如歸。這位中國領導人並非從德里展開行程，而是先獲邀至莫迪的家鄉古吉拉特。兩位領導人先拜訪甘地的靜修所，熱情地就經濟合作議題交換意見，習近平指出，世界的工廠（中國）和它的後勤部門（印度）是天作之合。但就在中國元首在艾哈邁達巴德（Ahmedabad）及德里和印度人民握手之際，中國部隊已越過邊界，進入阿魯納恰爾邦的爭議領土。這起事件讓印度人備感困惑和不安。中國這次部隊入侵有可能是地方指揮官發動、而習近平不知情嗎？或者這是中國國家主席本身刻意要傳達的訊息？幾個月後回想這起事件時，印度一位最資深的外交官做了結論：「中國部隊滯留三個星期，這絕非偶然。」北京欲藉此傳達的信息只可能有一種解讀，就是威脅。

中國部隊趁習近平訪問期間入侵一事，促使印度的外交政策向西方傾斜。在德里主張印度必須和美國尋求更緊密合作的人士，很快就有了表現的機會。就在習近平訪印兩星期後，莫迪首次以總理身分訪問華盛頓。對一個多年來被美國拒於門外的人來說，他獲得相當熱烈的歡迎，歐巴馬撥空親自帶印度總理參觀馬丁路德金恩紀念碑。四個月後，德里和美國的新特殊關係加蓋了印信：歐巴馬訪問印度，成為史上第一位蒞臨印度共和紀念日（Republic Day）慶典的美國總統。莫迪似乎相當陶醉在和美國總統新營造的親暱氛圍中，他除了在飛機跑道上擁抱歐巴馬，還頻頻在聯合記者會上直呼歐巴馬的名字「巴拉克」。

在行禮如儀之外，也有實質的東西，那就是兩國發表了意在吸引北京注意的聯合聲明。那華麗的開場白是這樣的：「身為世界兩大民主政體的領導人……我們商定了這個區域的『共同戰略願景』。」但最惹人注目的一句還在後頭：「我們強調捍衛海事安全和確保航海自由的重要性……特別是在南海。」透過這項聲明，美國和印度基本上已經聯合起來，共同抵抗中國在海上迅速膨脹的野心。

印度和美國之間的戰略協議，是以經濟和文化方面的聚合為後盾。正如歡欣鼓舞湧至麥迪遜廣場來見莫迪的群眾所展現的，目前有為數眾多、離鄉背井的印度人住在美國。據估計，二〇一五年時，美國有三百三十萬人是印度出身，其中超過半數是在二〇〇〇年之後來到這裡的。印度僑民在矽谷和華爾街更是受人矚目、成就斐然。二〇一五年被任命為Google新執行長的桑達．皮采（Sundar Pichai）是在印度南部的清奈出生，大學畢業後才到美國做研究生。另一位印度出生的商人潘偉迪（Vikram Pandit）曾於二〇〇七到二〇一二年擔任花集團執行長。勤業眾信（Deloitte）設於紐約的全球最大會計事務所，也在二〇一五年任命印僑浦仁傑（Punit Renjen）擔任公司的全球執行長。印度和美國之間的個人和企業連結網路，正穩定地愈來愈密。有商業頭腦、長住美國的印度人，是莫迪最堅定的支持者。他們自然也是印度和美國賴以建立「特殊關係」的擁護者。

歐巴馬對美印特殊關係的投入，是以前任小布希的努力為基礎。在歐巴馬就任之初，因為他向中國獻了殷勤，德里覺得受到冷落而焦慮。但隨著中美關係變質，歐巴馬也回頭向印度求愛——畢竟那是亞洲唯一一個大得足以制衡中國崛起的國家。當歐巴馬政府承諾重返亞洲，印度顯然必須在那項戰略中擔綱要角。歐巴馬第一任任期內的國防部長里昂・潘內達（Leon Panetta）就主張，印度實為「再平衡的樞紐」。在歐巴馬任內，印度和美國的戰略和防禦關係愈來愈親密。二〇一三年，美國取代俄羅斯，成為印度的最大武器供應國；二〇一四年，印度和美國進行的聯合軍事演習次數比和其他任何國家都多。

嶄露頭角的印度實為各方追逐的對象。習近平是近十年首位出訪印度的中國領導人；歐巴馬是第一位兩度赴印度國是訪問的美國總統。而對印度追求最熱烈的或許是日本首相安倍晉三，他讓大家知道，他只在推特上追蹤三個人，其中一個就是莫迪。安倍也很早就睿智地經營和這位印度新總理的私交，在莫迪擔任古吉拉特首長時就曾二度造訪。莫迪投桃報李，也將第一次訪問亞洲大陸外的行程給了日本，和這位日本領導人一起在京都的佛寺參拜。在東京的一場演說中，莫迪似乎贊同日本對崛起中國的憂慮，他表示：「在我們周遭的每一處，都可以看到一種十八世紀擴張主義的心態，入侵其他國家、闖入他國海域、進犯和占領他國領土。」他沒有指名道姓，但不會有人誤解他是在講誰。

這套新的戰略邏輯相當明確。當中國崛起，印度、日本和美國便明顯愈走愈近。這雖稱不上中國擔心的「圍堵」政策，但顯然是在刻意制衡更強勢的中國於全球舞台上的權力。

但到了二〇一五年，除了是制衡中國的戰略要員，印度本身也愈來愈重要了。《大預測》的作者阿文德·薩博拉曼尼駁斥印度將在未來二十年內追上中國的概念固然正確，但放眼二〇五〇年的世界，印度很可能身兼世上人口最多的國家和最大的經濟體。儘管二十世紀末到二十一世紀初，是環太平洋崛起為全球經濟新核心的年代，但到了二十一世紀中葉，環印度洋（連結印度和成長迅速的非洲大陸）的崛起，很可能是全球經濟動能的下一個中心。正因抱持這個想法，未來學家漢斯·羅斯林喜歡推薦投資人購買索馬利亞的濱海房地產。

有朝一日，印度或許將成為全球經濟發展支點的概念，突顯了這個論點：東方化的故事內容絕不只是中國，其實也絕不只是亞洲。政經權力由西向東的轉移，正重新形塑整個世界。

第二部

亞洲以外的東方化

8 ▼ 質疑美國的權力

歐巴馬任內最為人熟知的一張照片，是他和幕僚觀看美軍突擊奧薩瑪．賓拉登在巴基斯坦的豪宅的合影。總統獨自坐在一邊，微弓著背，聚精會神注視著螢幕；希拉蕊．柯林頓手摀著嘴，驚訝地看著某個預料外的發展，倒抽了一口氣。國家安全顧問湯姆．唐尼隆兩手交叉站在後面，面無表情。

如果你去過那個房間，那甚至比官方照片中看起來還小（照片是用魚眼鏡頭拍的，會放大總統和助理所在的擁擠空間）。突擊當日，總統的國安團隊已在這間名聞遐邇、位於白宮西廂地下室的戰情室集合，軍方則在同一條走廊的另一個房間密切監控傳入的突擊行動影片。隨著事態發展，這些大人物一起移駕到軍方的房間，觀看突擊實況。

奧薩瑪・賓拉登被殺一事赤裸裸地展現了美國的無遠弗屆、無堅不摧和冷酷無情，那在歐巴馬二〇一二年競選連任時幫了大忙。但如果歐巴馬希望成功追擊世界最惡名昭彰的恐怖分子一事，可成為他執政八年的定義，那他恐怕要失望了。隨著這八年步入尾聲，無論在海內外，他的任期都被視為美國的權力在世界各地遭到挑戰的年代——尤以在東亞、俄羅斯和中東為最。

中國挑戰西方領導的世界秩序，即本書第一部分探討的重點，是一個全球現象的一部分。在歐洲，烏克蘭的命運和俄羅斯併吞克里米亞二事，讓憤怒而復甦的俄羅斯與西方公開對抗。於是，歐洲的和平穩定和西方聯盟的權力，皆遭遇自冷戰結束以來最嚴峻的挑戰。

在中東，受到震撼阿拉伯世界的革命和內戰衝擊，法國和英國於第一次世界大戰後創造的國家體制正逐漸崩解。二次世界大戰後，美國成為中東安全秩序的擔保人。當此秩序瓦解，中東和世界各地許多人都將矛頭指向歐巴馬的白宮。二〇一五年六月，《經濟學人》表達了一個普遍的怨言，悲嘆道：「美國維持的中東秩序已經崩潰……中東迫切需要美國重新、熱切的投入。」

有人認為，上述種種區域危機是由同一條線串連在一塊兒的，這條線即美國一步步退出世界。這種想法太粗略，也太過簡化。從上任以來，歐巴馬一貫展現動用武力的意願，看看他的政府多少次針對巴基斯坦、葉門等地的疑似恐怖分子發動備受爭議的無人機攻擊。二〇一四年，當伊斯蘭國的聖戰士在伊拉克及敘利亞占領大片土地，歐巴馬準備動用美空軍戰力反擊，仍然一如以往地，他不願投入地面部隊，美國也依然深深涉入伊朗和烏克蘭等地的國際外交。是美國領導國際針對伊朗的核武計劃進行協商，而於二〇一五年締結一個有爭議的協議。美國在二〇一四年俄羅斯併吞克里米亞後，對俄國實施強硬的制裁，促使歐盟採取類似的措施。事實上，比起深陷金融和難民危機的歐洲，美國仍是西方聯盟中最有自信也最外向的一員。

然而，在國際事務上，形象可能會迅速形塑事實。歐巴馬政權晚期，愈來愈多人相信怯懦的美國正失去對世界事務的掌控，這種觀念也變成普遍看法，從北京到柏林到巴西利亞，大家都這麼想。

二〇一一年刺殺賓拉登一事，並未形成長久的光環。美國的形象反而為克里米亞、南海和敘利亞等情事所塑造。歐巴馬無法貫徹他為化武使用所畫的紅線，二〇一三年對敘利亞的阿薩德（Bashar al-Assad）政權採取軍事行動，更被視為美國政府不願言出必行，以適當的強硬行動支持嚴厲措辭的象徵。

「紅線」爭議的源頭，在於二〇一二年八月歐巴馬所說的一番話。當時敘利亞內戰已持續年餘，而歐巴馬在為美國的不干預政策辯護時指出，要是阿薩德政權使用化學武器，就會越過紅線、讓他改變主意。將近一年後，當明確證據顯示敘利亞政府確實對人民使用毒氣，美國的軍事干預看來便無法避免。空襲計劃擬訂了，也遊說法國和英國等盟友支持了，但當英國下議院在二〇一三年八月否決對敘利亞採取軍事行動，顯然備受打擊的歐巴馬決定尋求美國國會支持。他宣布這個決定的時間點，距離預定對敘利亞進行空襲的時刻不到一天。接下來那個星期，國會也未支持此事。最後歐巴馬完全擱置了軍事行動的構想，改而支持俄羅斯所主導、強迫敘利亞自願放棄化學武器的方案。

美國政府試圖將這起事件粉飾為外交成就，歐巴馬後來也堅稱，他深以他不在敘利亞採取軍事行動的決定「為傲」。但這件事對歐巴馬的國際形象很傷，完全抹煞了他獵殺賓拉登塑造的果決，而為舉棋不定、不願動武且失去事情掌控權的面貌取而代之。法國人尤其尖刻，因為法國飛行員已在作戰簡報室待命，準備攻擊敘利亞，卻接獲取消空襲的消息。法國戰略家弗朗索瓦・海斯伯格（Francois Heisbourg）這般酸溜溜地總結大家的看法：「美國人非常善於畫紅線，但不怎麼善於加以貫徹。」

敘利亞紅線一事固然是最為人熟知、顯示歐巴馬政府猶豫不決的一例，但還有其他例子。大家也注意到，總統的國家安全顧問蘇珊．萊斯曾出言警告，二〇一四年俄羅斯軍事干預烏克蘭是「嚴重的錯誤」，當時很多人將此話詮釋為，美國將不惜以軍事手段回應。但實際上，美國滿足於對俄羅斯進行經濟制裁，而後拒絕供應武器給烏克蘭政府。在亞洲，很多人覺得美國對中國進犯黃岩島的行徑睜一隻眼閉一隻眼，使中國更有膽量在東方和南亞採取更挑釁的立場。美國每一次縮手，不在世界某處貫徹底線，就會在他處引發對於美國安全承諾的疑問。誠如華盛頓的亞洲老手之一克萊德．普雷斯托維茲（Clyde Prestowitz）所言：「要美國人為釣魚台而死，跟要他們為烏克蘭而死同樣毫無道理可言。」所以，如果俄羅斯可從併吞克里米亞的行徑全身而退、未觸發任何軍事回應，阿薩德總統動用化學武器也安然無恙，那中國會得出什麼樣的結論？

對歐巴馬來說，所有關於他軟弱的指控，無論來自海內或海外，都是他挫折和惱怒的源頭。畢竟，這位總統曾以反戰候選人的姿態競選，不但在國內贏得選舉，還在海外獲頒諾貝爾和平獎。他相信（且也不無道理），伊拉克和阿富汗戰爭的教訓是，軍事武力往往會招致反效果。而他看似大惑不解，那個教訓竟然被忘得那麼快；他在二〇一四年悲嘆道：「我們才剛經歷過十年代價慘重的戰爭，為什麼大家又這麼急於動用武力了？」

美國在歐巴馬領導期間日益衰退的說法，顯然令他火冒三丈。在二〇一二年對國會發表的國情咨文演說中，這位總統宣布：「美國仍是全球事務中不可或缺的國家……有別種說法的人，或是告訴你美國正在衰弱、或我們的影響力已經式微的人，他們根本不知道自己在說什麼。」

這是一句響亮的聲明，但同時辯護的意味也很濃厚。歐巴馬明白，沒有一位美國總統或高級官員可以公開承認美國的權力正在衰退。這種強調實力的辭令在國內是政治所必需，在海外則為外交政策之要素。希拉蕊・柯林頓就在二〇一一年刊於《外交政策》的〈美國的太平洋世紀〉一文中表現了這種語氣，她宣稱：「我們的軍容絕對是最壯盛的，我們的經濟絕對是最強大的。」

但其實，歐巴馬政府對美國實力真正的觀點細膩而謹慎得多。歐巴馬時代的一大核心論題，正是總統小心翼翼地適應強敵環伺的新世界，而這個轉變更需謹小慎微，因為總統不能公開坦承他的想法，以免又被指稱為美國軟弱的證據。

不過，在總統團隊主要成員發表的聲明中，仍見得到蛛絲馬跡。大約在成為第二任歐巴馬政府國防部長的一年前，參議員查克・海格（Chuck Hagel）接受過一場很少人注意到的訪問，在其中公開承認世界秩序正在轉變。他說：

今天，幾乎活著的每一個美國人，都住過美國已主宰六十五年、美國所向無敵的那個世界。我們發號施令，管他是誰，管他是什麼事。但情況已不復如此，未來也不會是這個樣子。但這不代表我們不再是世界的強權。事情絕非如此，只是現在有新現實需要調適，我們必須將之列入考量。

當然，在把海格請去五角大廈之前，歐巴馬應該就很清楚海格的觀點。甚至，海格明白全球權力平衡正在轉移，這正是他被委以重任的原因之一。

就連希拉蕊．柯林頓也曾在二〇〇八年競選總統時說過，經濟限制了美國對抗中國的能力。希拉蕊的論據是，既然美國的預算赤字有相當可觀的比例是由中國購買美國國庫券資助的，那麼中國就可算是借錢給美國的銀行，「你要怎麼對你的銀行來硬的呢？」希拉蕊認為，擁有美國國庫券，賦予中國以小搏大的能耐，這樣的分析遭到許多經濟學家質疑，他們認為，中國人若大舉拋售美國國庫券，反倒會降低中國的存款總額，而損害他們自己的利益。但她更廣泛的要點，即政治已受到經濟力轉移的影響，則難以辯駁。較富裕的中國更有能耐與西方較勁，看看歐洲領導人在北京大排長龍謀求合約便知道了。

「歸根結柢，美國全球權力的基礎在經濟」的概念深植於美國的歷史。林肯總統的國務卿威廉．西華德（William Seward）聲稱：「最能取之於大地、製造最多產品，且將之絕大部分銷售給外國的國家，一定是地球上的強權。」西華德也很清楚，全球經濟力的關鍵在後來稱為環太平洋的區域：「你想要世界的霸權，那必須去太平洋找。」這句話在當年聽來或許有點古怪，畢竟那時加州才獲准加入聯邦十多年，且世界主要工業大國，除了美國本身以外，清一色在歐洲。但從二十一世紀的觀點來看，西華德似乎有先見之明。

到了二十一世紀初，當中國崛起為太平洋的經濟霸主，且在全球層級上迅速縮小和美國的經濟差距，美國的外交政策思考者，特別是「現實主義」派，便開始較審慎地看待美國的全球影響力。哈佛大學的史蒂芬．沃特（Stephen Walt）指出：「一個人口僅占世界五%的國家，能在全球幾乎每一個角落統籌討喜的政治、經濟和安全秩序，並維繫數十年之久，是極不尋常的事。」

沃特提倡俗稱「離岸平衡」（offshore balancing）的外交策略：美國該適應其權力的相對衰退，一方面避免在世界各地部署龐大軍力，一方面運用區域盟友做代理人，來制衡可能敵對的強權。在一些緊張的盟友眼中，歐巴馬政府在東亞、中東和歐洲的政策，已疑似在為離岸平衡鋪路了。

雖然歐巴馬政府絕對不會公然擁抱像離岸平衡這樣具爭議性的政策，但類似政策的倡導者紛紛獲派政府要職。一個例子是查爾斯．庫普昌（Charles Kupchan），他在歐巴馬第二任任期間被任命為國家安全會議的歐洲政策顧問。二〇一二年仍在喬治城大學任教時，庫普昌出版了《無人主宰的世界》（*No One's World*）一書，直言「美國仍嚮往它的資源和政治意志不足以支應的那種等級的全球霸權。」庫普昌的著作是在歐巴馬告訴國會「美國回來了」的同一年問世的。他的觀點並未妨礙他在次年進入國家安全會議，這即是暗示了，歐巴馬團隊對於官員私下發表「衰退論」的包容，比總統公開辭令中所表現出來的大。

那些繼續宣稱美國霸權仍可在可見的未來維繫不墜的人士，不太清楚如何處理這個概念：美國已瀕臨失去世界最大經濟體地位的邊緣。對一些人來說，最好的辦法就是聲稱這種事不會發生。羅伯特．卡根在〈美國衰退的迷思〉（*The Myth of American Decline*，就是這篇文章鼓舞了歐巴馬，讓他在二〇一二年發表號召力十足的國情咨文）寫道：「樂觀看待中國發展的人士預測，中國將在未來二十年的某個時間點超越美國，成為世界最大的經濟體。」結果，距離卡根的文章發表不到兩年的時間，國際貨幣基金組織就宣布中國已是「世界第一」。

對美國的「反衰退論」人士來說，這是個棘手的時刻。他們的回應包括主張測量標準有瑕疵。喬．奈伊在《美國世紀的終結？》（*Is the American Century Over?*）一書中指出，國際貨幣基金組織的估算是基於購買力平價，而非實質匯率。奈伊認為，購買力平價固然可用於測量社會民眾幸福安樂的水準，因為它會依照個別國家的生活成本進行校準，「但現行匯率，雖然可能會跟著幣值波動，卻通常能更準確地評估購買力。」這是因為，雖然理髮最適合用購買力平價測量，但「進口石油或先進飛機引擎的零件」，卻必須按照現行匯率購買。

奈伊的說法不無道理，但這或許不是決定性的道理，因為中國較低的生活成本和薪資率，確實會對軍事「硬」實力造成影響。因此，奈伊「中國占全球軍事支出十一%，遠比美國的三十九%來得少」的說法固然正確，但他並未認清，花同樣的錢，美國買到的東西比較少，部分原因正是美國軍事裝備的成本高得多。

從美國空軍F-22猛禽戰鬥機的故事，就可以說明美國軍事計劃的費用有多高。事實證明那造價極為昂貴：一架飛機的「全壽期成本」（through-life cost）高達六億七千萬美元，使得美國只能購置一百八十二架，而非原先計劃的六百五十架。結果當然是大幅削弱了美國的軍事能力。ＢＢＣ國防通訊記者馬克．厄本（Mark Urban）指出：「如果美國想保留一些艦隊做國土防衛，就不大可能在任一場與中國的對抗中部署超過數十架猛禽，來與中國的數百架戰鬥機相抗衡。」F-22不是唯一的例子。新款B-2隱形轟炸機，是美國擁有的最現代的轟炸機，「造價貴得不得了，有人計算，用純金打造一樣重量的飛機還比較便宜。」於是，美國只能打造十九架B-2，而且其中只有六架能隨時出動。

美國海軍實力的衰退也很明顯。一九八〇年代，美國以「六百艦海軍」為目標；但到了二〇〇九年，海軍規模攔腰折半。但那仍讓美國艦隊穩居世界最強，美國有十一艘航空母艦，比第二名的國家多九艘。但儘管航空母艦是美國戰力和全球影響力的象徵，它們卻也愈來愈容易遭受先進飛彈和潛艦攻擊，而中國就正在研發那一類武器。

總的來說，美國的國防支出在經濟所占的份量愈來愈輕。小布希時期，美國每年花GDP的四%在國防上，這個數字在二〇一四年減至三點九%，且預計到二〇一七年將降到二點九%。這麼一來，美國於世界各地進行軍事干預的能力將不如以往。在小布希和歐巴馬政府都擔任過國防部長的勞勃．蓋茲指出：「我們必須誠實……小一號的軍事規模，無論有多卓越，能去的地方、能做的事情就是會變少。」

因為美國已經削減國防支出占GDP的百分比，非西方的強國，諸如中國、俄羅斯、沙烏地阿拉伯和印度卻提高他們的軍事預算，因此美國在軍力方面曾經無庸置疑的領先，但與其他國家的差距已開始縮小。在柯林頓時代，美國的國防支出比世界其他地區加總起來還高；到歐巴馬任期結束時，美國占全球軍事支出的比例已不到四成。

在這種情形下，愈來愈重要的是讓美國的盟友分擔支持西方聯盟的責任，但實際情況卻恰恰相反。困於經濟危機的歐盟各國，在國防上的支出愈來愈少。於是，有二十八個會員國的北約組織（基本上就是西方的武裝聯隊）反而愈來愈仰賴美國的軍事支出。二〇〇〇年時，美國大約負責北約支出的五十％，歐洲和加拿大負責另一半；但到了二〇一二年，超過七成要由美國背負。

理論上，北約會員國皆有義務至少花費GDP的二％在國防上，但實際上，二〇一四年時，只有美國、英國和希臘（因擔心土耳其問題）信守承諾。那一年，顯然連英國都在考慮悄悄降到二％的目標以下——而大衛．卡麥隆還公開承諾過此事。美國的反應近乎絕望。歐巴馬和接替海格擔任國防部長的艾希頓．卡特（Ashton Carter），公開呼籲英國忠於二％的標準。私底下，歐巴馬告訴大衛．卡麥隆，要是英國未能信守二％的承諾，英國和美國的「特殊關係」將到此為止。這是赤裸裸的警告。在一篇標題為〈英國退出世界強國之列〉（*Britain Resigns as a World Power*）的文章中，美國最具影響力的外交事務評論者之一的法里德．扎卡利亞（Fareed Zakaria）指出，英國預定將軍隊裁減至僅剩八萬人，為自拿破崙戰爭以來最小的規模。英國智庫圈中甚至有人推測，軍隊會萎縮到剩下五萬人。結果，國內和美國施加的壓力，說服了英國政府堅守二％的底線。但儘管如此，英國的軍事能力已受到嚴重侵蝕。皇家空軍必須延後其高齡攻擊機隊部分戰機的退役時間，才能參加二〇一五年美國領導的空襲伊斯蘭國行動。二〇一八年，在英國軍隊裁減到八萬士兵後，全員可同時進入英國最大的足球場溫布利球場（Wembley Stadium），而且還會多出一萬個空位。

即便在宣布裁軍後，英法仍是唯二嚮往有能力將軍隊派往世界各地的歐盟國家。北約參與阿富汗戰爭血流成河卻鎩羽而歸，使歐洲國家更懷疑在歐陸外承擔軍事角色的意義。甚至在歐洲本土，歐洲人也仰賴美國提供軍事力量來威懾俄羅斯。前北約歐洲副司令理查・謝里夫大將軍（Richard Shirreff）就抱怨：「歐洲國家簡直是在解除武裝。」

在這些軍事數據背後，存在著一個根本的經濟現實。雖然頭條新聞聚焦在中國和美國誰是世界最大的經濟體上，但在西方與東方間，實則進行著更廣泛的轉移。如奈伊所了解的：「從二〇〇一年到二〇一〇年，西方占全球經濟的比例銳減了十點三三個百分點，比前四十年加起來流失的還多。」世界已經有過半的財富在亞洲生成，而這幾乎無可避免地將轉化為：世界也有過半的軍力在亞洲生成。事實上，在西方削減軍事支出的同時，亞洲正展開史上空前的軍備競賽。二〇一〇年到二〇一四年的印度國安顧問希夫香卡爾・梅農評論道：「亞洲太平洋地區正在經歷近數十年來最激烈的軍力擴張。」

在亞洲，美國盟友的國防支出也少於它的潛在敵人，例如中國。澳洲雖然是支持美軍提高太平洋參與的主要啦啦隊之一，但它自己的軍事支出也始終不及GDP二%的基準——二〇一四年，艾伯特政府承諾要在未來十年修正。擔心受怕的日本在二〇一五年宣布了史上最龐大的國防預算，但比起中國仍相形見絀。而考慮到國家背負了超過GDP二〇〇%的鉅額國債，日本能強化軍事的程度也有明確的限制。

由於朋友和盟國無法分攤維持西方軍事霸權的重擔，美國最大的優勢，即它的同盟網絡，也有變成潛在不利條件之虞。在申論美國可繼續主宰全球體系的理由時，奈伊指出：「華盛頓有大約六十個條約盟友，中國則寥寥無幾……在世界前一百五十個最大的國家中，有近一百國傾向支持美國，更有二十一國倚靠美國。」然而，弱得無法保護自己，但卻享有美國安全保障的盟友，卻可能把美國拖進它原本可以避免的衝突之中。

在這種情形下，美國從其全球承諾縮手的誘因便可能增加。隨著美國成功開採頁岩油和頁岩氣，開啟能源革命，那個選項看來又更切實可行了。二〇〇九年，歐巴馬上台時，頁岩尚未登上世界能源的舞台，但事隔五年多，這項產業的爆炸性成長徹底扭轉了全球能源的局勢。二〇一四年，世界頂尖能源分析師丹尼爾・尤金（Daniel Yergin）大膽預測：「在角逐世界第一石油生產國的賽場上，美國將對沙烏地阿拉伯和俄羅斯構成強力挑戰。」

頁岩革命大幅減少美國對進口石油的依賴，連帶使美國更容易從全球承諾中抽身。如果美國不再仰賴從波斯灣進口的石油，又何必繼續在巴林和卡達維持大型海軍和空軍基地呢？同樣地，當通過麻六甲海峽的石油是前往中國而非加州，美國又何須堅持在太平洋的海上霸權呢？

在美國的外交政策圈，這些問題很少被提出來公開辯論。自冷戰至今，美國一直決心維持全球霸主的地位，簡直將之當成國家目標。如一九九二年三月，即蘇聯瓦解三個月後，五角大廈發布之「國防計劃綱領」（Defense Planning Guidance）所聲明：「我們的首要目標是避免新敵人再現……這需要我們努力避免任何不友善的強國支配一個資源豐富、一旦掌控就足以孕育全球強權的區域，包括西歐、東亞、前蘇聯的領土和西南亞。」歐巴馬政府一名資深官員更是言簡意賅：「美國當龍頭當上癮了。」

有時在和資深美國決策官員討論美國的「龍頭癮」的時候，我發現我們的對話會鬼打牆。例如：運用美國海軍壓制中國在亞洲的野心是正當的，因為不這麼做就會侵蝕美國的權力。為什麼美國權力被侵蝕顯然是件壞事，則似乎沒必要去檢視，那是理所當然的。如果連「軟弱」的歐巴馬政府，對於美國的權力都有這種根深柢固的反射性防禦，在那些誇誇其談的美國民族主義右翼心中，這種態度一定更明確。

但在世界各地，仍有愈來愈多國家在歐巴馬時代開始質疑美國，美國最終是否願意為它的「龍頭癮」付出代價？而最令人不免有此質疑的事情，莫過於美國不願在中東部署完整軍力，就算那個地區已淪入暴力橫行的無政府狀態。

9 ▼ 中東問題：西方秩序的崩解

在歐巴馬時代，革命和接踵而至的戰爭吞沒了中東。對於主張美國的全球權力正在衰退的人士而言，美國不願出面干預中東並重建秩序的事實，就是最好的例證。

不過，美國支配中東的角色並未拱手讓給哪個敵對的霸主。這個地區戰火燎原的原因之一就是沒有一個地方強權，無論是沙烏地阿拉伯、伊朗、埃及、以色列，還是伊斯蘭國的聖戰士，有辦法掌控整個中東。也沒有哪個外來的強權能承擔權威監督者的角色。俄羅斯二〇一五年在敘利亞的軍事干預，改變了那裡的戰爭進程——鞏固阿薩德政權、削弱西方支持的「溫和」反對黨、造成新的難民潮，使美國活像是無能的旁觀者。但普丁的戰略勝利，對俄羅斯而言是充滿風險和極耗物力的投資，且至今也沒有人認為俄羅斯有成為中東全境霸主的實力，或是得到這個地區的支持。亞洲的新興強權中國和印度，則無論在軍事或心理上都尚未做好干預中東的準備。結果就是暴力充斥的無政府狀態：國家崩潰、數十萬人死亡、產生數百萬難民。

若看得更廣些，美國在中東的影響力於歐巴馬時代衰退，只是西方影響力全面衰退的歷史過程的一個階段。綜觀二十世紀，西方國家（無論好壞）在中東一直是支配全局的外來勢力。鄂圖曼帝國從十九世紀中葉開始的衰落，乃至最後的崩潰，終結了土耳其統治中東的時代，歐洲最大的帝國強權英國和法國瓜分了前鄂圖曼帝國的領土。現代敘利亞、黎巴嫩和伊拉克的國界，是依據一九一六年的賽克斯—皮科協議（Sykes-Picot Agreement）劃分，協商者是英國外交官馬克．賽克斯（Mark Sykes），和法國外交官弗朗索瓦．皮科（Francois Georges-Picot）。在兩次世界大戰之間，中東基本上是分割成英、法的勢力範圍。第二次世界大戰後，冒出頭成為中東霸權的是美國，這情況在一九五六年英、法干預蘇伊士運河危機的行動遭白宮反對而鎩羽而歸後，更加顯著。

冷戰時期，美國和蘇聯爭奪中東的權勢。總的來看，美國比較成功，獲得最重要的區域強權沙烏地阿拉伯、土耳其、以色列，和一九七三年的埃及當它的盟友。美國在中東不是沒遇過挫折，其中尤以一九七九年伊朗國王被推翻為最。但在一九九一年蘇聯瓦解後，美國在中東最主要的外界挑戰者不復存在。同一年，在伊拉克入侵科威特後，美國召集了一個龐大的國際聯盟，出兵擊敗海珊。這場「沙漠風暴」行動（Desert Storm）獲得決定性勝利，突顯美國在中東的戰略優勢。

俗稱「九一一」的紐約和華盛頓恐怖攻擊事件，則開啟了美國與大中東關係的嶄新一頁。小布希政府分別於二〇〇一及二〇〇三年，在阿富汗和伊拉克發動戰爭，聲稱是「反恐戰」的部分行動。事實上，小布希的企圖心絕不只是讓恐怖主義遭受軍事挫敗那麼簡單。他的目標，以及那些影響他的新保守派人士的目標，是透過在伊拉克和阿富汗建立民主國家，最後擴及整個中東，來改造這個地區的政治文化。

在二〇〇八年歐巴馬競選總統之際，小布希意欲創造民主伊拉克，並使之成為樣板國家的夢想，已變成戰火頻仍、教派相殘的噩夢。約有四千名美國部隊人員在伊拉克戰爭中喪命，總死亡人數，包括平民和伊拉克部隊（雖有高度爭議），可能超過二十萬人。

歐巴馬以和平候選人之姿參選，其中他反對最力的就是入侵伊拉克一事。上台後，他著手讓美國脫離在大中東的戰爭，並重建美國和那個區域的關係，強調外交，而非武力。二〇〇九年六月，宣誓就職五個月多後，他在開羅發表一篇重要的演說，呼籲伊斯蘭和西方重新開始。雖然小布希的許多支持者一再強烈要求制訂攻擊伊朗的核武計劃，歐巴馬卻決心避免美國再於中東地區動武。和伊朗談判核武協議，以及後來更全面的和解，占據了歐巴馬時代初期的美國極大的心力（或套用華盛頓流行的「頻寬」一詞），直到他第二任任期晚期的二〇一五年才開花結果。這位總統意欲為美國劃定一條新中東路線的決心，助他在落腳「橢圓形辦公室」後不久即贏得諾貝爾和平獎——就連美國人都尷尬地覺得時機未到。

執政前兩年，歐巴馬勉力維持一個不穩定的平衡：一方面在強力持續反恐作戰（特別是在巴基斯坦和葉門備受爭議的無人機空襲）的同時，使美國從中東戰事中脫身，一方面和伊斯蘭世界鍛造新的關係。

然後，所有精密的算計都被一波席捲中東的革命浪潮，即後來通稱之「阿拉伯之春」給顛覆了。第一場撼動阿拉伯世界的起義，於二〇一〇年十二月在突尼西亞發生。導火線是一位名叫穆罕默德·布瓦吉吉（Mohamed Bouazizi）的菜販，他以自焚抗議地方政府的腐敗和不公不義。不出幾天，突尼西亞就被全國各地反班阿里總統（Zine El Abidine Ben Ali，專政二十三年，與法國和沙烏地交好的獨裁者）的示威抗議搖撼了。

不到一個月，班阿里便遭罷黜，而示威運動則擴散到埃及。當埃及總統穆巴拉克被迫下台時，我人在美國。時值二〇一一年元月，雖然穆巴拉克是美國的老盟友，美國媒體對此阿拉伯之春指標性事件的反應卻是一面倒叫好。美國人似乎是在開羅解放廣場（Tahrir Square）的情景中，看到自己國家革命的過往。評論家急著指出，新的網路科技和網站，如簡訊、推特、臉書，都被用以組織這場暴動。這感覺起來也滿討美國人喜歡的。開羅的革命被描繪成年輕、親西方的自由派人士用矽谷研發的最新科技，智取迂腐老將領的故事。

在中東立足已久的獨裁政府被一一推翻，先是突尼西亞，後有埃及和利比亞，這一開始受到美國和其他西方國家欣喜雀躍的歡迎。長久以來，許多見多識廣的美國人都對於必須屈就現實政治而放棄若干道德原則、接受阿拉伯獨裁政權之事感到不安。阿拉伯之春看似一個機會，能解決這些令人不快的道德兩難，只要接受革命人士，美國就能「站到歷史正確的那一邊」，且最後必能符合它的利益和價值觀。更重要的是，阿拉伯世界總算看似願意接受西方的價值觀和民主了。也許小布希政府民主中東的希望終於要實現了，只不過這一次是透過內部的轉變，而非外力干預。

這幾場起義的一名早期策動者，是埃及出身的Google高級主管一事，正投深信科技乃福音的美國人之所好。不出幾天，威爾．戈寧（Wael Ghonim）就被美國媒體非正式地標榜為埃及革命的代表人物。儘管華府幾名中東老手要大家審慎面對已解除束縛的革命力量，年輕一輩的白宮助理仍深陷革命那一刻的興奮之中。如作家孟捷慕（James Mann）指出的，白宮年輕的理想主義者將阿拉伯世界的騷亂「視為劃時代的變革，與他們自視為新世代的觀點完全一致。」歐巴馬本身則明顯比多數人來得謹慎，他這麼告訴助理：「我希望那位Google的仁兄當上總統；但我認為這將是條漫漫長路。」

事實證明歐巴馬的直覺相當準確。我在穆巴拉克下台兩個月後造訪埃及時旋即發現，受過西方教育的自由派人士，在埃及社會頂端建立的階層非常薄弱。這個國度畢竟有三分之一的人口仍不識字，且最具文化影響力的不是西方一廂情願想像的臉書，而是伊斯蘭原教旨主義派的傳教士，從波斯灣透過衛星電視傳送的訊息。同一年，威爾・戈寧名列《時代》雜誌全球最具影響力百大人物的榜首；一年後，他人在美國過著流亡生活，他是被埃及政壇愈來愈激進和不自由的轉變逼走的。

以長久受壓抑的穆斯林兄弟會（Muslim Brotherhood），以及更趨向基本教義的薩拉菲教派（Salafist）等形式表現的「政治伊斯蘭」，是新埃及的崛起勢力。二〇一一年四月，我和可望代表自由派競選總統的穆罕默德・巴拉迪（Mohamed ElBaradei）約在開羅近郊一家鄉村俱樂部碰面。饒富魅力而溫和的巴拉迪是前聯合國高級官員，他告訴我，現在他說英文比說阿拉伯文更感自在。他就是西方期待見到從埃及的混亂中嶄露頭角的那種新領導人，但，巴拉迪向我坦承，就連他也對埃及一些新興伊斯蘭主義勢力感到困惑且擔憂不已：「他們之中有些人，怎麼說呢，我跟他們完全沒有共識，」他透露：「他們想要一個完全神權統治的國家。」

巴拉迪毫無希望當選埃及總統。二〇一二年舉行的大選，穆斯林兄弟會的候選人穆罕默德・穆爾西（Mohamed Morsi）當選總統。埃及革命並沒有讓那個國家更「西方」。在埃及和一大部分的阿拉伯世界，革命反而釋放出徹底反對西方思想的伊斯蘭主義政治勢力。但面對穆斯林兄弟會的勝選，歐巴馬政府和歐盟仍不得不堅守西方的民主原則，給穆斯林兄弟會一次執政的機會。

那次機會被二〇一三年六月，一場血淋淋的埃及反革命終止。穆斯林兄弟會被推翻，軍政府重掌政權，美國和歐盟再一次面臨兩難。理想上，他們該信守民主原則，譴責政變，但政治現實建議他們接納政變，與埃及重新打造戰略夥伴關係。結果，美國人和歐洲人都採取模稜兩可的中間立場，最後每一方都得罪了。穆斯林兄弟會的伊斯蘭主義者相信此事證實了他們對西方玩弄兩面手法的一切懷疑，並指控美國中央情報局（CIA）是埃及政變的幕後黑手。但新埃及政府和它的沙烏地盟友也不會原諒美國人逼穆巴拉克下台，和疑似接納穆斯林兄弟會的作為。由陸軍元帥塞西（Abd-al-Fattah al-Sisi）領導的新政府，企圖利用充滿敵意的民族主義，結合強烈的反美辭令，以在國內爭取支持。二〇一五年二月，俄國總統普丁成為第一位赴開羅訪問塞西的強權領袖，他深思熟慮地送給東道主一把AK步槍以示尊敬。

阿拉伯之春釋放的區域動亂，迫使歐巴馬政府違背自己更好的判斷，而在中東地區花費愈來愈多時間，與它試圖「再平衡」美國對東亞的外交政策同時。誠如歐巴馬第二任期的國家安全會議中東顧問菲利普．戈登向我解釋的：「白宮常在做危機管理。而在外交政策方面，九十%的危機發生在中東。」對於在白宮西廂做事的官員來說，這些危機的壓力是沒完沒了的，這就是為什麼幾乎沒聽聞除了正副總統外，還有哪位高級官員幹完完整兩屆總統任期的部分原因。

在歐巴馬政府的後半階段，美國在中東兩頭落難。一方面，美國涉入中東事務的程度遠比歐巴馬想要或打算的深。但在此同時，美國的權力又在中東受到前所未有的挑戰。這兩項事態發展，對美國重新將外交政策聚焦於亞洲的能耐，都有莫大的影響。花在中東事務上的時間和心力，讓美國更難對亞洲進行「再平衡」。而美國在中東勢力衰退的事實，也讓世人認為美國無法再於亞洲呼風喚雨。如果美國在中東被視為軟弱無力，很可能中國也會認為美國在亞洲已成強弩之末。

歐巴馬政府在中東的兩難，完美闡明了世事如何顛覆關於外交政策戰略的預知先見。在還是總統候選人時，歐巴馬的政見是要讓美國脫離大中東的戰爭，特別是伊拉克和阿富汗；

當選總統後，他在外交政策方面的主要洞見是重返亞洲。但接二連三的事件不斷將他拉回中東。

到了二〇一三年，當埃及發生反穆斯林兄弟會的政變，整個中東都在騷動中。二〇一一年時，除了埃及的混亂，利比亞、敘利亞和包括巴林在內的部分波斯灣國家也出現暴動，宛如失控的即興表演。西方給予利比亞起義軍事援助、避開敘利亞內戰、暗中鼓勵巴林政府鎮壓會對親西方波斯灣君主國構成威脅的暴動。在此同時，白宮團隊仍努力維持最初對亞洲的關注，以及總統不想捲入中東新衝突的決心。

二〇一一年，當格達費（Colonel Gaddafi）的軍隊眼看就要踏平班加西、殘殺居民，國家安全顧問湯姆．唐尼隆和國防部長勞勃．蓋茲等人力主不要干預。其他總統貼身顧問，包括希拉蕊．柯林頓和後來出任美國駐聯合國大使的薩曼莎．鮑爾（Samantha Power）則認為美國應介入，以避免人道災難——這個論點得到英國和法國政府支持。結果，歐巴馬勉強接受折衷方案：美國主導第一波飛彈攻擊，但後續空襲要由以英法為首的歐洲空軍執行，美國只負責後勤支援。最重要的是，美國不可能出動地面部隊。這個政策後來在一位白宮官員未披露名稱的簡報中，被稱作「在後領導」（leading from behind）。

對利比亞的謹慎政策，讓歐巴馬團隊得以自稱，儘管置身風暴，他們仍能保持決心來

「再平衡」美國遠離中東的對外政策。但，那項政策在二〇一三及二〇一四年暫時中止，四件大事又把美國吸回中東：約翰・凱瑞來到國務院、敘利亞內戰、和伊朗可望有外交突破，以及最重要的，自稱「伊斯蘭國」的聖戰士崛起。

約翰・凱瑞在二〇一三年初就任國務卿時已六十九歲。八年前，他以史上最些微的差距與美國總統一職擦身而過——俄亥俄搖擺州不到十二萬的選票，將二〇〇四年的勝利送給小布希。國務院給了凱瑞最後一次名留青史的機會，而他決心在美國外交最傳統的角力場中東完成這項任務。不出幾星期，這位新官已展開忙碌的穿梭外交，目標是重啟以色列和巴勒斯坦間垂死的和平進程。在某些觀察家眼中，凱瑞像是卡在時空扭曲之中，幻想自己是季辛吉或柯林頓，為開拓以色列人和阿拉伯人間的和平而奮鬥。

即便在中東範圍內，比起一團混亂的埃及和戰火燎原的敘利亞，以巴對峙也不像是第一要務。至於重返亞洲，隨著凱瑞穿梭往返耶路撒冷，那似乎已被遺忘。中國人注意到新國務卿對中東的全神貫注，感到既困惑又欣喜。二〇一三年夏天，在北京，我發現中國決策官員已將希拉蕊・柯林頓和湯姆・唐尼隆的「再平衡」詮釋為阻止中國崛起的作為。如果凱瑞決心重回將財力、物力和心力傾注於中東的舊政策，從北京的角度來看，那自然再好不過。

若非敘利亞的變故，凱瑞對中東外交的執迷最後也許會淡化為一種「個人特質」。面對敘利亞內戰逐漸顯露的戰慄，歐巴馬起初嚴厲地堅守切莫軍事介入的決心。二〇一三年，他差點就要對阿薩德政權發動空襲、貫徹美國針對使用化學武器所畫的「紅線」。當外交倡議提供軍事行動的替代方案時，總統和他的團隊頓時鬆了一口氣，但美國仍為它有損威信的臨陣變卦付出慘重的代價。

敘利亞事件馬上在世界各地被視為美國「軟弱」的象徵，那強化了全球對於美國愈來愈不願意動用強大武力的印象，以及美國政情是如此嚴峻、如此自顧不暇，讓華盛頓的政治人物不惜損害美國的國際地位，否決總統的空襲請求，只為換得在家鄉小小的政治利益。甚至在敘利亞危機之前，一些政府評論者已指控歐巴馬一手造成美國全球影響力災難性的衰退。曾在第一任歐巴馬政府任職的頂尖美國學者瓦利・納斯爾（Vali Nasr）就無奈地說：「我們已從無處不領導變成無處領導了。」

諷刺的是，歐巴馬不肯懲罰越過紅線的阿薩德政權，這卻也未達到使美國遠離中東戰火的目標。二〇一四年，敘利亞的衝突約造成二十萬人死亡，其中四十%為平民，於是還是把美國拉了回去。幾乎完全脫離掌握地，伊斯蘭國已悄悄在敘利亞和伊拉克兩國攻城掠地。二〇一四年六月，伊斯蘭國攻下伊拉克第二大城摩蘇爾，震驚世界。在美國發動「反恐戰」入侵伊拉克十多年後，一個比蓋達更極端的團體竟掌控了伊拉克一片不小的領土。

更令美國電視觀眾驚駭的是，該團體砍了西方人質的人頭。歐巴馬在國內被軟弱的指控圍攻，又擔心伊斯蘭國會拿下巴格達，為予以回應，只好採取他長期不願採取的措施。他再次誓言投入美國軍事力量，以改變伊拉克和敘利亞的戰爭進程。說到美軍介入時，總統也表明「這將是個長期計劃」。儘管如此，美國和其盟友都堅持不重蹈二〇〇三年入侵伊拉克的覆轍。這一次，絕對不會有地面部隊。

歐巴馬政府在二〇一四年做出的、要在敘利亞和伊拉克發動空戰的承諾為時已晚，難杜那些主張美國在中東影響力大不如前的悠悠之口。部分原因是美國的承諾離「不計一切代價」還很遠。事實上，在美國領導空襲一年後，仍無法讓伊斯蘭國嘗到決定性的失敗；到二〇一五年中，伊斯蘭國仍控制伊拉克和敘利亞面積相當於英國的廣大地區。當俄羅斯於二〇一五年底令西方大吃一驚，自行在敘利亞發動空襲、表態支持阿薩德後，美國已失去中東主控權的觀念又更深植人心了。

整體而言，西方的政策就是雜亂無章。在敘利亞，美國同時承諾剷除阿薩德政權，和打敗對抗阿薩德的聖戰士叛軍。美國和歐洲盟國聯手做了些不令人信服的努力，來為這個政策注入一致性，包括訓練和支援同時反對聖戰士和阿薩德的「溫和派」。但就連在白宮都沒什麼人相信，敘利亞的「溫和派」有機會在衝突中勝出，尤其是在俄國開始認真轟炸他們之後。

由於對美國的中東政策大惑不解，美國在中東地區的傳統盟友依舊對美國的持久力充滿懷疑。這片土地飽受軍事動亂摧殘，如今它的全貌是：曾因有美國坐鎮其間，一度穩定的區域秩序，現在混亂不堪。

長久以來，美國在中東地區的權力，仰賴和四個截然不同國家的「特殊關係」：土耳其、埃及、沙烏地阿拉伯和以色列。但在歐巴馬時代，與這四國的關係都變得不穩定得多。土耳其總統艾爾多安難以捉摸、情緒化的統治，以及他的伊斯蘭主義及區域主張（見二五〇至二五六頁），嚴重傷害了華盛頓和安卡拉的特殊關係。

二〇一三年在開羅重掌政權的埃及將領，也在非常久後才原諒歐巴馬政府在他們心目中「背叛」穆巴拉克的行徑。

沙烏地阿拉伯極保守的遜尼派君主政權，深深怨恨歐巴馬政府跟埃及革命眉來眼去，以及它遲遲不干預阿薩德在敘利亞領導的什葉派政權。最重要的是，沙烏地阿拉伯擔心美國和他們在伊朗的宿敵就德黑蘭的核武計劃達成協議。這樣的協議在二〇一五年夏天宣布，被歐巴馬政府譽為對抗核武擴散的決定性突破。但沙烏地阿拉伯和以色列一樣憂心，伊朗協議太過天真，不僅無法永遠遏止伊朗的核武野心，更可能讓德黑蘭得以在中東變本加厲地遂行擴張政策。

未浮出檯面的是，沙烏地阿拉伯也在擔心美國的頁岩革命會逐漸消弭美國保障沙烏地阿拉伯安全的根本理由。美沙特殊關係的源頭確實是在於沙烏地阿拉伯沙漠底下的石油，但到了二〇一五年，隨著美國即將成為世界最大產油國，沙烏地阿拉伯開始謀求他法，以降低對美國安全保證的依賴。一項拉響警報的發展是，沙烏地阿拉伯和巴基斯坦之間的核武合作迅速增溫。在西方情報圈裡，很多人擔心巴基斯坦的炸彈就是沙烏地阿拉伯的代理炸彈——一旦中東的安全形勢需要，隨時可能移往沙烏地阿拉伯。沙烏地阿拉伯人也開始花更多工夫為他們的石油培養最大客戶：現在最大的客戶是中國，不是美國了。二〇一四年，沙烏地阿拉伯的石油有超過三分之二銷往亞洲市場，其中以中國為最大的單一顧客，而只有八%賣給美國。防衛波斯灣荷莫茲海峽，確保沙烏地阿拉伯的石油能繼續運抵它的市場的美國船艦，基本上也保衛了中國的能源需求。沙烏地阿拉伯國王阿布杜拉（Abdullah）在二〇〇五年即位後，第一次出訪的行程就是去中國和印度。歐巴馬白宮助理布魯斯・芮德爾（Bruce Riedel）說：「早在美國的樞軸政策之前，沙烏地阿拉伯就將它的經濟和政策優先目標轉向南亞和東亞了。」

美國在中東地位最驚人的變化，或許發生在其同盟體系的第四條支柱，即美國和以色列的關係上。以色列在歐巴馬時代的總理班傑明・納坦雅胡非常善於對世界板起臉孔。西方電視觀眾常見到他一臉嚴肅地對核武伊朗的威脅提出警告，或為以色列軍事在加薩走廊的行動發表堅定不妥協的理由。但二〇一三年底，我在耶路撒冷辦公室見到的納坦雅胡，是個截然不同的人。靠著背坐在椅子上，在一大張中東地圖前豪氣地抽著雪茄，納坦雅胡看來一派輕鬆，甚至相當樂觀地概述以色列在全球的地位。

在我們說話的時候，納坦雅胡的好心情顯然部分來自他觀察到他的國家在亞洲的機會。前一年五月，他曾訪問中國，獲得中國特別善於給予的那種排場鋪張、把人捧得高高的歡迎。在拜會政治及企業領導人的數小時中，納坦雅胡發現中國人對以色列在高科技方面的才能深深著迷。當時中國正適逢一波海外投資熱潮，正推行「走出去」政策，意在促進國家經濟多元化，並為中國在經濟成長期間積聚的大筆財富提供安全和有效益的家。二〇一三年，中國一共在海外投資一千零七十億美元，其中七十億美元進了以色列，對一個人口僅八百萬的國家而言是相當不錯的回報。對以色列人來說，中國投資激增，與歐美迅速發展的「BDS」運動（Boycott, Divestment and Sanctions movement，抵制、撤資、制裁）[1]形成鮮明對比。多數以色列科技新創公司仍以在紐約掛牌上市為目標，但對愈來愈多公司，特別是擁有農業、供水或網路安全專業的公司來說，中國看來也是前景看好的市場和外資來源。

以色列人和中國人在對方身上看到自己的影子。極盡奉承的中國強調兩個國家都是古老的文化，且非常著重教育，兩國也似乎都感受到彼此聚焦於商業、暫時將政治（與人權）擱在一邊的誠意。納坦雅胡的一名助理跟我說：「我們和中國領導人共度七小時。你知道他們花多久時間談巴勒斯坦議題嗎？大約二十秒。」中國人也覺得以色列歡迎中國投資高科技，而不會引發政治或國家安全方面令人尷尬的異議。正如麻省理工學院教授黃亞生二〇一四年在台拉維夫一場記者會上所言：「中國人覺得在以色列投資比在美國自在，因為以色列沒有那麼多政治上的敵意或猜忌。」美國相當不安地注視著迅速增溫的以中關係，並三番兩次在幕後干預，警告他們的以色列盟友切勿將機密的軍事技術賣給中國。

中國不是以色列在亞洲發現的唯一潛在機會。在二〇一四年中上台的莫迪政府給印度外交政策帶來明顯的改變，身為不結盟運動的領導國之一，印度向來支持巴勒斯坦的志業。但莫迪政府原就對伊斯蘭恐怖主義的威脅耿耿於心，亦強調印度民族主義，意味著其實它和以色列的憂慮契合得多。莫迪政府二〇一四年的內政大臣拉傑納特・辛赫（Rajnath Singh）第一次正式海外訪問，就是到以色列討論國防和安全議題。在莫迪執政下，印度也選擇花五億多美元購買以色列製的「長釘」（Spike）反坦克飛彈，而捨棄美製的標槍飛彈（Javelin）。不出幾個月，莫迪政府就被稱作「印度史上最親以色列的政府」。

以往印度政府都是在檯面下維持和以色列密切的安全合作，一位印度分析師跟我開玩笑說：「以色列人抱怨我們待他們像對情婦，只能偷偷碰面。」但在德里新政府上台後，雙方的親密關係愈來愈公開了。當納坦雅胡在二〇一五年贏得連任，華盛頓難掩憂鬱。反觀莫迪則在推特上向這位以色列總理祝賀，用的還是希伯來文。同一年，消息發布：莫迪將成為第一位訪問以色列的印度總理。

以色列與亞洲交好的傾向背後有更深遠的涵義。對它的朋友和敵人來說，以色列常被形容為西方在中東孤獨的前哨。以色列的朋友視之為孤單的民主政體；仇敵則主張這個猶太國家本質上是殖民主義的前哨基地。但雙方一致認為，以色列是廣義西方的一部分。而在歐巴馬時代，就連以色列都開始往東看，並試圖和崛起中的亞洲發展新關係。亞洲和美國兩地的政治變遷更強化了這種趨勢。納坦雅胡政府一再蔑視歐巴馬政府的呼籲，繼續在巴勒斯坦占領區擴張以色列的屯墾範圍，也使以色列和美國之間的裂痕愈來愈深。

隨著美以政府關係惡化，許多以色列人，特別是右派人士，指望亞洲成為替代的出路。曾在納塔雅胡政府擔任外交部長的阿維格多・李柏曼（Avigdor Lieberman）直言：「以色列和美國之間的連結正在減弱。今天美國人有太多挑戰要應付……他們也有經濟和移民的問題。」以色列極右派的明日之星納夫塔利・班奈特（Naftali Bennett）則認為美國是窩囊廢，而歐洲基本上有反閃族的傾向。因此，以色列應展望亞洲的新興經濟體。

習近平當政的中國、莫迪掌權的印度和普丁統治的俄羅斯，都愈來愈忌憚國內伊斯蘭恐怖主義的威脅，這情況也對以色列有幫助。面對新疆、喀什米爾和車臣為伊斯蘭主義者煽動的分離主義，三國政府皆毫無愧疚地採取嚴厲措施和軍事鎮壓，因此，對於以色列在加薩走廊造成的眾多平民死傷，這些國家自然不可能發自內心地反對，這又與西方對以色列在加薩接連發動戰爭的義憤填膺形成鮮明對比。

歐巴馬時代，李柏曼表達的觀點在整個中東地區相當普遍。在這個國家與國家、派系與派系之間充斥動盪、革命、殘酷戰爭和深切敵意的年代，一個共通的主題，也是促使許多世仇言歸於好的看法是：美國在中東的影響力一日不如一日。

到歐巴馬任期結束時，美國在歐巴馬領導下變「軟弱」的概念，儼然已成為全球共識。我不管走到哪裡都聽得到這樣的評論，無論在莫斯科、北京、新加坡、華沙、東京，甚至巴黎。但軟弱這個指控的根源，是歐巴馬政府在中東的所做所為，以及更重要的「不作為」。正是歐巴馬不願在中東動武，及未貫徹他自己畫的「紅線」，特別是針對化學武器的使用，鞏固了「軟弱歐巴馬」和「美國在撤退」的想法。結果，就連美國「重返亞洲」政策的規劃者也覺得美國別無選擇，必須重新在中東展現它的「強硬」——即便必須繼續在這個地區浪費時間和資源。亞洲樞軸策略的設計師庫爾特・坎貝爾寫道：「美國在世界其他地方的遭遇，會對它在亞洲長期扮演的角色構成重大的影響。任何切斷、逃離中東艱難時局之舉，都會對美國在全亞洲的持久力和安全承諾造成負面衝擊。」

替歐巴馬說句公道話，他不願在中東動用武力，既完全落實他當初競選總統的政見，也堪稱明智之舉。總統明白，而批評他的人似乎忘了，美國的軍事或許可立竿見影地在中東贏得戰事，卻完全無益於營造長久的政治安定。學到這個教訓的不只是歐巴馬。歐巴馬的第一任，也是最深思熟慮的國防部長勞勃．蓋茲雖然還是會批評歐巴馬，但他也說，未來若有哪位國防部長建議在中東或亞洲部署地面部隊，他就「該去檢查一下自己的腦袋」。

但在抗拒軍事干預中東的壓力時，歐巴馬採用的方式卻給人「世界首強現在極不願部署軍力」的印象。由於世界的安全體系是圍繞著美國的同盟、紅線和安全保障建立，因此這種印象是有潛在危險的。那可能會鼓勵不喜歡世界由美國主導的強權，特別是中國和俄羅斯，察看是否有機會成功挑戰美國的權力。

不過，世人在悲嘆美國於中東缺乏決心的同時，往往忽略了西方強權的另一根支柱根本不見蹤影，那就是歐盟。經歷過阿拉伯之春，中東在二〇一五年分崩離析的政治秩序，正是歐洲殖民主義者在一百年前，透過一九一六年的賽克斯—皮科協定所建立的秩序。

現代中東一旦崩潰，歐洲所受的威脅也遠比美國來得直接。加入聖戰士和伊斯蘭國一起戰鬥的歐洲民眾，比美國人多得多。縈繞歐洲安全機構已久的恐懼，即聖戰士會從敘利亞回到歐洲發動恐攻一事，在二〇一五年成真。巴黎於該年元月和十一月，兩度遭受恐怖攻擊。同時，也有愈來愈多逃離敘利亞的難民在歐盟國家上岸。二〇一五年，有超過一百八十萬的準難民，從世界其他地方進入歐盟，光德國就接納了一百一十萬人。最大的難民團來自敘利亞，伊拉克、阿富汗和伊朗也有人數可觀的「代表團」。

進入歐洲的難民潮立刻引發政治和人道問題，但也表現出移民模式的歷史性反轉：在歐洲列強主宰世界的那幾個世紀建立的模式，現在顛倒過來了。

在殖民時代，歐洲實行某種「人口帝國主義」（demographic imperialism），即讓歐洲白人移居世界各個角落。在北美和澳大拉西亞，原住民被征服，且常遭殺害，整個大陸都淪為歐洲的分支。歐洲人遷移到世界各地的殖民地，與此同時，數百萬人被迫從非洲到新世界當奴隸。一九〇〇年，即帝國時代的巔峰，歐洲國家擁有世界二十五%的人口，且還在不斷送移民至世界各地。到了二〇一五年，歐盟二十八國的五億人口，尚不足世界總人口的七%。若無外來移民，德國和義大利等國的人口將穩定下滑。相形之下，中東和非洲的人口正在激增，而其居民平均皆比歐洲人年輕和貧窮。例如埃及人口就在一九七五到二〇一五年間，從四千萬倍增至八千多萬。而聯合國預測，目前超過十億的非洲人口，將在二〇五〇年超過二十五億。就算沒有此刻蔓延全中東的戰火，在未來，這些人口和經濟壓力也勢必使大中東和非洲遷往歐洲的移民成為棘手的議題。

但雖然改頭換面的中東帶給歐洲人的風險高於美國人，事實證明，對於阿拉伯之春釋放出的動盪，歐洲的回應卻比美國更無力。受某種澎湃的熱情所驅使，英國和法國在二〇一一年反利比亞的空戰中，擔綱最主要的角色，但當後格達費時代的利比亞崩潰成近乎無政府狀態，得到國際承認的政府在二〇一三年被攆出的黎波里（Tripoli）、被迫在利比亞外海一艘遊艇上開會時，法國和英國政府故態復萌，又像陷入尷尬般沉默了。而唯一透露他們已從干預利比亞和伊拉克的失敗中學到教訓的跡象是，他們一開始不願加入美國轟炸敘利亞的行動。

不過，對某些思慮較周密的歐洲決策者來說，中東的形勢就是在含蓄地告誡歐洲人，歐洲的影響力江河日下。曾在二〇一〇到二〇一四年擔任歐盟資深外交官員的法國外交老將皮耶・維蒙（Pierre Vimont）思忖道：「歐洲對阿拉伯之春的反應毫無力道可言。我們試過一九九〇年代的辦法，但現在我們身處競爭更激烈的世界，這些國家有歐洲以外的選擇。」維蒙指的是一九九〇年代，在柏林圍牆倒下後，歐盟有餘裕在東歐從容不迫地行動，從旁協助東歐進行徹底的改革。但二十年後，在阿拉伯之春發生之際，歐洲自己面臨嚴峻的經濟危機，而且還有其他強權在中東爭奪地盤，從激進的聖戰士到極其富裕的波斯灣國家、新興亞洲國家和東山再起的俄羅斯。維蒙帶著不只些許絕望地指出：「我們歐洲人不管用了。我們不知道自己想幹什麼。」「西方」可以在中東擘畫藍圖的時代早就過去了。

中東在歐巴馬時代的命運闡明了東方化的一個重要論點。美國的相對衰退只是更大現象的一部分，事實上整個西方的影響力都在相對衰退。因為美國難以承受當「唯一強權」的重擔，它自然會望向大西洋彼岸，向它在歐洲的民主夥伴尋求支持和「分擔重任」。但歐洲列強在全球政治的影響力正急遽衰弱，在歐巴馬時代更是愈來愈明顯。

10 ▼ 歐洲，和它的德國氣密窗

前往多數歐盟國家的大城，你就是在造訪一個前帝國的古都。雅典衛城的廢墟訴說著古希臘的榮光；在義大利，羅馬競技場和萬神殿讓遊客憶起羅馬帝國定義文明世界的年代；在維也納，環城大道的壯麗要追溯至十九世紀末，那時該城仍是一個偉大帝國的中心，而非一個人口八百五十萬的國家的首都；馬德里曾是一個控制拉丁美洲大部分土地的帝國的總部；里斯本有探險家麥哲倫和哥倫布的雕像，他們都從葡萄牙啟航，發現新世界，並奠定一個全球帝國的基礎；巴黎的遊行儀式仍會在凱旋門結束，那是為了紀念拿破崙軍隊勝利而建；現今歐盟首府布魯塞爾曾是比利時帝國的首都，而該城承繼的財富大半來自剛果殖民；至於倫敦，在我爸媽成長的年代，世界地圖仍有包括印度在內的大片地區都塗著粉紅色——代表那是大英帝國的轄地。

二〇〇九年，當歐洲爆發經濟危機時，亞洲和其他地方的歐洲帝國主義時代已經結束約半個世紀，但多數歐洲人還沒做好準備，接受歐洲的全球影響力本來就可能跌得更深，只是二十一世紀初席捲歐洲的經濟衝擊加速了事態發展一事。不只是歐洲的聲音在世界不再那麼重要，真正不祥的是，歐洲想置身世界動盪之外、維持社會繁榮和政治涵養的希望，也因喪失政治影響力而瀕臨破滅。

東方化的過程不僅意味歐洲不再掌控地球上的大片土地，畢竟歐洲早在數十年前就不復如此了；那還意味著歐洲愈來愈難以抗拒非它所能掌控的世界其他地方的政治、社會和經濟趨勢，而那些正對歐洲的穩定、繁榮甚至和平，構成直接和間接的威脅。

挑戰和威脅的類型因地而異，甚至早在二〇〇八年的金融危機之前，歐洲就在和低成長和高失業率奮戰了。這兩個問題都有拖延和頑固的性質，促使愈來愈多經濟學家表達這樣的想法：和亞洲低成本製造商，特別是中國的競爭，是歐洲經濟不振的主因。這曾是傳統經濟學者避之不提的觀念，但現已逐漸蔚為主流。

南歐國家的陰鬱感尤其強烈。在二〇〇九年金融暴跌後，南歐遭受嚴重的債務危機，西班牙、愛爾蘭等國因為必須拯救銀行，而導致公債暴增、政府支出縮減和失業率飆升。歐洲債務危機的典型是希臘。二〇〇九年，當希臘政府長期掩蓋負債程度的事實曝光，它便失去國際投資者的信任了。希臘人一如葡萄牙人和愛爾蘭人，被迫接受歐盟其他國家和國際貨幣基金組織的正式紓困。

義大利避掉了紓困，但義大利的問題證實，歐洲的經濟難關不單是跟債務有關。那也反映了在這個歐洲工人必須直接和待遇低得多的亞洲工人競爭的世界，歐洲人將難以維持高生活水準和慷慨的福利。在金融危機五年後，義大利失去了二十五%的工業生產能力，原因不只是歐洲的需求因經濟低迷而崩潰，還有義大利的製造業者（也是該國傳統的經濟骨幹）愈來愈難跟位於亞洲的對手競爭。義大利經濟學家費迪南多・朱利亞諾（Ferdinando Giugliano）[1]告訴我一則充分反映這種現象的軼事。他在那不勒斯有位鄰居，經營製造手套的工廠，是以往義大利最擅長的那種小型手工製造業。但他們工廠的客戶一個接著一個流失，不敵比較便宜的中國製手套，幸好後來可以倚賴唯一一個大客戶：義大利國軍。但最後，連義大利部隊也負擔不起「買義大利貨」的政策了，於是這家那不勒斯工廠被迫資遣大部分的員工。

因此，義大利一些最成功的商人逐漸做出這個無奈的結論：長期趨勢不利於這個國家。在金融危機的初期階段，我和戰後義大利頂尖實業家之一的卡洛・德貝內代蒂（Carlo De

Benedetti）在米蘭坐下來聊。他向我概略敘述債台高築的義大利有多容易受到利率上升的衝擊，以及這個國家看來有多蕭條。然後他補充：「現在，每當我前往中國，都會想起義大利一九五〇年代時的情景。一家人買到第一部電視機、第一部洗衣機和第一部汽車的那種希望無窮的感覺。」

但在地中海另一岸的赤貧國家眼中，義大利仍像是應許之地。二〇一四年上半年，因中東秩序崩潰，超過十萬名難民由海路來到義大利。對一個正邁入第六年衰退的國家來說，這些額外的負擔絕對不受歡迎。在義大利，一如歐洲其他地方，宣傳反移民論調的政黨支持率穩定上揚。中東戰亂的後座力已在歐洲引發社會和政治方面的危機意識。

現代中東瀕臨瓦解的邊境，源自歐洲殖民主義的全盛時期，特別是一九一六年英法兩國劃定現代敘利亞、伊拉克和黎巴嫩國界的協議。但一個世紀後，歐洲列強已徹底喪失在中東落實政治秩序的能耐。英國和法國早在一九五六年就發現這個事實：他們嘗試廢黜埃及領導人賈邁勒・阿卜杜勒・納塞爾（Gamal Abdel Nasser）失敗。二〇一一年，同樣兩個國家又領導西方在利比亞的干預行動，力阻格達費政權在班加西屠殺反對陣營。這一次，英法聯軍獲得美國和其他北約盟國的關鍵奧援，確實成功推翻了一位中東領導人，但歐洲人不願在格達費垮台後部署地面部隊，因此留下政治真空，使利比亞變成失敗國家。許多在二〇一四年抵達義大利的難民，都是從沒有法紀的利比亞逃出來的。

接下來，中東的失敗國家又成為意圖在歐洲挑起戰事的聖戰士運動的避風港。格達費垮台五年後，伊斯蘭國的聖戰士已趁勢在利比亞建立重要的據點。成千上萬歐洲穆斯林前往敘利亞或中東其他地方加入伊斯蘭國，而追蹤這些歐盟護照持有人的活動，已成為西方安全機構的一大要務。

恐怖分子的威脅又反過來擴大移民問題的爭議。這些自非洲、南亞和中東湧入歐洲的大量移民，包括合法和非法者，改變了歐洲社會和政治的性質。由於歐洲實施開放邊境和在歐盟內可自由移民的政策，抵達南歐的難民很快就能轉往北方更強大的經濟體，德國遭受的衝擊尤其劇烈。德國在二〇一二年受理七萬七千六百五十一人申請政治庇護；二〇一三年十二萬七千人、二〇一四年二十萬三千人，到二〇一五年已超過百萬人。至二〇一五年夏季，「移民危機」儼然成為德國和歐盟各國的首要政治議題。德國人原以一般民眾熱烈歡迎敘利亞難民為傲，但難民節節上升的數量，以及右翼和反移民政黨在荷蘭、法國和丹麥等鄰國出頭，讓人不禁懷疑，這種溫暖的德式歡迎還能維持多久。這也立刻引發歐盟國家之間的緊張，因為德國想要透過強迫東邊的歐盟鄰國接受強制性的配額，來分攤移民的重擔。

在德國國內，難民危機也損害了過去十年歐洲政壇第一風雲人物——總理安格拉·梅克爾的政治地位。一次，有人請她挑一個可代表現代德國的意象，梅克爾真情流露地回答：「我想到氣密窗。沒有其他國家能做出那麼優質的氣密窗。」但就連德國的氣密窗，最終也不足以為國家隔離來自中東的破壞和暴力。當數十萬來自敘利亞、伊拉克、阿富汗等地的難民開始湧入德國，面對這樣來自國際的挑戰，只說拒絕軍國主義和強人政治是不夠的。誠如托洛斯基（Leon Trotsky）所言：「你或許對戰爭不感興趣，但戰爭對你感興趣。」

德國人盼望平靜的生活、隔絕於世俗煩囂之外是可以理解的，畢竟這個國家一心想將二十世紀的戰慄拋諸腦後。何況，現代德國的性格難免會受到過往那段納粹記憶的塑造——那留下一種既深刻又長久、對於動用軍事力量的懷疑。這已促使德國在東方化的世界中，扮演另一個重要的角色：較為緘默的西方國家。

現代德國的性格和嚮往，都反映在現代柏林的建築上。總理的辦公室看來像顆巨大的玻璃眼珠，凝視著柏林鐵路車站，並越過一片廣袤草坪，眺望後方改建過的國會大廈。儘管國會大廈是充滿歷史記憶的建築——一九三三年的縱火案，讓希特勒得以鞏固權力、一九四五年是俄羅斯入柏林最後攻占之地，全新的總理府卻有意象徵嶄新的開始。它的玻璃帷幕代表透明，它乾淨的木地板迴廊、柔和的色彩和靜謐、寬敞的空間，和納粹時代的混凝土建築截然不同，讓人聯想到高檔的北歐飯店。但雖然現代德國政府的風格意在和過去一刀兩斷，二〇〇八年於歐洲爆發的經濟危機仍將德國擺在一個出奇熟悉的位置，即是歐洲最強的國家。

這場金融危機既揭露又突顯了歐洲影響力正向柏林移動的事實。是德國政府不得不建構和（占主要部分）資助希臘和葡萄牙等國的紓困方案，儘管紓困協議是在布魯塞爾的歐盟高峰會討論出結果，但在場二十八個會員國都知道，關鍵的決定會在柏林做成，因為德國會是紓困資金唯一最大的貢獻國。於是梅克爾成了主要的權力掮客，德國這個歐盟內人口最多、經濟規模最大的國家，也成為不容爭辯的歐洲影響力最大的國家。常有人說，歐洲的一統是要創造「歐化的德國」，而非「德國的歐洲」。但隨著歐盟國家紛紛陷入經濟掙扎，德國在歐盟內的領導地位和權勢便愈來愈難否認了。

考慮到強大的德國可能喚起的恐懼，幸運的是，現階段德國首屈一指的政治人物是個溫和的中年女子。梅克爾的綽號叫「Mutti」（「媽咪」之意），或許是在潛意識駁斥那些擔心大權在握的德國領導者，一定是渴望成為另一個「Fuhrer」（兼有「領導人」和「父親」之意）的人。然而，有些歐盟領導人開始沒那麼以母親的形象看待梅克爾，而是把她當成女校長。二〇一二年，一位領袖級的希臘政治人物這樣對我形容這位歐洲新任女校長在歐洲保守派集會的場合，對其他領導人造成的寒蟬效應：「她一走進房間，全場鴉雀無聲。」

不只是被債務拖累的南歐國家愈來愈清楚自己對柏林的依賴，當英國無法靠自己在歐盟開創新協議時，他們也逐漸明白自己有多需要梅克爾的支持。大衛．卡麥隆的一位資深顧問告訴我：「我知道我們已經把所有雞蛋都放在德國的籃子裡，可是老實說，也沒有別的籃子了。」說英國希望梅克爾能為英國「達成」新協議是言過其實，英國想要的變革，例如關於移民和福利等，多半需要歐盟其他二十七個會員國全體同意。但德國的支持和認同是不可缺少的起點。

德國一枝獨秀的現象，和歐洲傳統的做事方法有明顯落差：在戰後時期，歐洲行事主要仰賴法德合作。在歐元危機初期，法德還能維持平等的假象，新聞記者被鼓勵使用「梅克吉」（Merkozy）一詞——結合梅克爾和法國總統薩科吉（Nicolas Sarkozy）的姓氏，來形容歐洲的管理合作關係。但在幕後，明眼人都知道真正的權力握在誰手上。在歐盟所轄執行機關歐盟委員會（European Commission）擔任主席到二〇一四年的若澤．曼努埃爾．巴洛索（Jose Manuel Barroso），就有句刻薄的名言（他私底下說的）：「法國需要德國幫它掩飾它有多弱，德國需要法國幫它掩飾它有多強。」

隨著薩科吉在二〇一二年總統大選失利，此種矯飾也告一段落。薩科吉的繼任者法蘭索瓦．歐蘭德（Francois Hollande）在競選時反對柏林屬意的經濟撙節和預算削減政策，並承諾予以終結。但不出眾人所料，他無法說服德國人改弦易轍。法國受到高失業率、債台高築和社會危機感籠罩所折磨，造成經濟上的相對弱勢，意味著巴黎政府在試圖和柏林磋商時，處於前所未有的弱勢地位。

希臘，既是歐元危機的象徵，也是危機核心的國家，其故事大同小異。二〇一五年七月的一個炎炎夏夜，我人在雅典中央區的憲法廣場（Syntagma Square）看著群眾慶祝一場公民投票的結果：希臘民眾拒絕希臘的歐洲債權人最新要求、以撙節換取紓困的包裹方案。一星期後，由於德國揚言要將希臘逐出歐洲單一貨幣，希臘政府不得不退讓，接受更嚴苛的包裹。歐洲許多左派人士譴責德國，說他們又在欺侮歐洲比較小的國家，但我覺得這個批評極不公道。事實上，在相繼幾筆歐洲給希臘的緊急紓困金中，儘管百般不情願，但德國納稅人的確出了最多的錢，總金額超過四千億歐元；這是個相當驚人的數字，全部獻給一個人口僅一千一百萬的國家。很難想像英國或美國的納稅人，在面臨同樣情況時會那麼大方。

絲毫不沉醉於德國復甦的力量，柏林許多決策者反倒覺得這種情勢極不自在。戰後世代從小相信，德國若嚮往領導全球，只會導致災難和戰爭。在安全事務上，德國服從美國和大西洋聯盟的領導；在歐洲，德國和法國密切合作，共同推動歐洲國家「更密切的聯盟」。

然而歐元危機改變了一切。世界現在寄望德國出面領導，極關心德國會如何努力解決這場危機的，不只是其他歐洲國家。基於歐盟被公認為世界最大經濟體的事實，從華盛頓到北京的決策者都需要了解德國的意圖。德國堅持在歐洲實行財政撙節和預算平衡的做法，令歐巴馬政府許多官員深感挫折，因為他們需要德國透過凱因斯（John Maynard Keynes）式的赤字消費，多做些能刺激全球經濟的事。

當然，德國權力復甦的想法一定會在歐洲其他地方敲響警鐘。在危機最高峰時期，希臘媒體刊登了描繪梅克爾穿納粹軍服的漫畫。我在歐元危機期間多次造訪柏林的經驗告訴我，梅克爾最重要的助手，是全世界最機警、最令人驚豔，也最有教養的外交人員。在他們身上完全看不到仍在某些英法官員身上徘徊不去、後帝國時代的自大與浮誇。梅克爾的首席歐洲顧問尼可拉斯．邁爾—蘭德魯特（Nikolaus Meyer-Landrut），和先後擔任外交及內政部長的艾蜜莉．哈伯（Emily Haber），都是前德國大使的孩子。與德國人給人一本正經的刻板印象南轅北轍，他們兩個就連在出招化解歐元危機的壓力和荒謬時，都不失幽默風趣。

我對德國高層的憂慮與任何潛伏的威權領導無關，而是若真要說的話，他們太有教養、太執著於程序和法治，而無法充分領會普丁俄羅斯的冷酷無情、崛起中國的野心，以及徹底依法實踐德國對難民的承諾，會為國內帶來何種風險。在二〇一四年烏克蘭危機的白熱化階段，梅克爾幾乎天天和普丁接觸時，總理的某些策士天真得令我驚訝。梅克爾一名高級助手一臉難以置信地跟我抱怨：俄羅斯出兵烏克蘭東部的事情，「普丁對總理撒謊。」讓你不禁想問：不然德國人以為會是如何？

不過，歐洲若由德國領導，真正的問題不在天真，而在於梅克爾總理現正領導的國家，是個只盼能過平靜生活的國家。德國已經從二十世紀學到太多教訓了，於是，軍事可以是萬靈丹的概念，令德國民眾深惡痛絕。德軍曾進駐阿富汗是事實，但他們的任務嚴守「警告」的分際（例如禁止夜間巡邏），連德國的職業軍人都覺得那次經驗令人洩氣且深感羞辱。每當有國際危機爆發，無論是俄羅斯、利比亞或歐元，德國民眾的本能反應似乎都是撇過頭去。民意調查始終顯示，德國大眾遠比法國、英國或美國民眾更反對軍事干預。

德國的政治和外交領導階層都覺得他們必須理解，且某種程度必須反映這種民意。二〇一三年夏天，在德國大選幾星期之前（結果梅克爾順利二度連任），我曾拜訪總理府，見到總理一位高級助理被外國亟欲了解德國意向的興致給逗樂了。在我們討論大選後，德國的歐洲政策可能有何改變之後（不多，對方向我如此保證），我的東道主燦笑說：「你知道這很好笑，外國人都想知道這次德國大選對中東或歐洲未來的意義，但我們是在辯論工廠餐廳要不要有『蔬食日』。」

這種島國性也擴及歐洲以外的事務。當華盛頓的決策者絞盡腦汁處理中國崛起的意涵和中東的混亂時，歐洲最強國卻滿足於當個旁觀者。當阿薩德在敘利亞使用化學武器，華盛頓、巴黎和倫敦都針對是否要以武力回應展開痛苦的辯論時，柏林完全聽不到這樣的辯論，柏林政府想當然爾地認定德國不會參與。

在冷戰時代，德國不願實踐全球領導無關緊要，因為法國和英國仍是堅實的軍事和經濟強權，全球安全有他們參與，意味「西方聯盟」是有實質涵義的詞彙。但二〇〇八年的金融危機，迫使英法兩國大幅削減軍事開支，此一事實，再加上德國這個歐盟國力最強、人口最多的國家，也是全球第四大經濟體，袖手旁觀，顯現出的愈來愈清晰的畫面，就是歐洲正在喪失於全球扮演要角的能力。

英國和法國過去四十年的軍力削減十分驚人。二〇一三年，英國皇家空軍的戰機數量只有一九七〇年代的四分之一。皇家海軍只剩十九艘驅逐艦，遠不如一九七七年的六十九艘。一九九〇年，英國和法國分別擁有二十七和十七艘潛艇；二〇一五年，兩國各剩下七艘和六艘。惱怒的英國軍事指揮官抱怨他們的「政治主子」活在一個半幻想的世界，下令在敘利亞或利比亞這些遙遠的地方進行軍事行動，卻忽略他們幾乎已經把想部署的軍力都裁撤殆盡的事實。一名英國將領對我訴苦：「首相很想動用軍事力量，他只是不想為軍事花錢。」

但英法仍是歐洲唯二還嚮往成為全球軍事強權的國家。法國人曾明智地避開伊拉克戰爭，還因此被美國媒體嘲笑是「吃乳酪的投降派猴子」。雖然面臨軍事支出下修的壓力，事實證明歐蘭德和薩科吉都願意在非洲和中東部署軍隊。但法國的決策者深知，一旦遇上重大全球危機，美國的力量必不可少，而他們擔心美國愈來愈不願意部署那樣的軍力。回想二〇一三年美國在世界扮演的角色時，法國外交部長洛朗・法比尤斯（Laurent Fabius）若有所思地說：「美國給人他們不想再被捲入危機的印象。」令人遺憾的是，就如法比尤斯所補充的：「從軍事的角度來看，沒有人可以頂替美國的位置。」因為現今無人擔綱全球警察的角色，法比尤斯指出：「這有任由重大危機自己化膿潰爛的危險。」

美國愈來愈沉默、德國實行半和平主義，和英法削減國防預算的累積效應是北約聯盟，這個自二次世界大戰結束以來西方安全的基石如今破爛不堪。北約在阿富汗為期十年的任務，在眾人心目中是以失敗收場，這點更大大降低了西方在全球各地集體行動的興致。

有意也好，無意也罷，歐洲人是在拿他們自己的安全當賭注。隨著冷戰變成回憶、國內福利預算面臨壓力，歐洲正選擇解除武裝。如果這個大陸當前的環境仍然和平安定，這或許不是什麼問題，但狂暴的俄羅斯在東、愈來愈內向的美國在西、動盪不安的中東在南，歐洲國家可能有天會發現他們賭輸了，而後果不堪設想。

與此同時，亞洲的情況截然不同。中國的軍事支出節節高升，印度和沙烏地阿拉伯正在爭奪世界最大武器進口國的王座，就連財力拮据的日本也在增加軍事支出。二〇一二年，一百多年來第一次，亞洲國家在裝備和部隊上花的錢多過歐洲國家。在軍事事務上，一如商業、經濟和權力政治方面所展現出來的，東方化的過程正如火如荼展開。

但歐盟已經沒有什麼力氣或興致介入亞洲浮上檯面的地緣政治衝突了。自家有那麼多經濟政治問題要處理，曾是亞洲許多地區的殖民主人的歐洲人，對一座遙遠大陸的權力平衡不再有濃厚的興趣。反之，他們幾乎只從經濟角度看亞洲：對歐洲產業來說是機會，對歐洲就業而言是威脅。

如此一來，許多歐洲決策者某種程度都秉持可能會令美國官員火冒三丈的超然眼光，來看待美國遏制中國權力之舉。一位德國最高階外交人員告訴我：「每當美國人講到中國，他們遲早會說，『當然，中國想當第一名。』說得好像他們已受到實際挑戰似的。但我們歐洲人不會為那種事那麼煩惱。」展望未來，我的德國朋友預見了西方在亞洲的問題：「如果美國人想要我們加入他們壓倒中國的行動，我不認為我們會如其所願。如此可能會使西方分崩離析。」

基於德國的歷史，以及中國市場對德國工程和機床業的關鍵重要性，德國避開亞洲衝突的本能十分明顯，但巴黎、倫敦和羅馬的本能也沒那麼不同。事實上，最能體現歐洲對中國務實、重商態度的政治人物，當屬二〇一〇年五月，年僅三十八歲就當上英國財政大臣的喬治・奧斯本（George Osborne）。奧斯本就任時，一般對他的看法是他是堅定的大西洋主義者。[2]學生時代，他曾赴美讀大學；從政後，他小心翼翼地耕耘共和黨裡的人脈。但當上財政大臣後，奧斯本成為英國與習近平的中國強化關係的首要推手，甚至不惜為此觸怒美國。

放眼全球經濟的未來，第一任期的奧斯本深信英國的利益將日益仰賴和崛起亞洲之間緊密的經濟連結，尤其是中國。倫敦市能扮演全球金融首都的角色，主因是它是以美元和歐元交易的中心；現在，奧斯本認為，它需要調整自己，成為以中國人民幣交易的重鎮，因為那會是未來的主流貨幣。英國政府想要達成出口激增的目標，也需要英國產業在世界最大的新興市場中國有更優異的表現。最後，奧斯本想要看到習近平政府拿中國龐大外匯存底的一部分，投資英國的基礎建設，從核能發電廠到高速鐵路都是。

為追求這些抱負，英國決定在習近平於二〇一五年十月訪問倫敦時，為他鋪上「最紅的紅地毯」。這位中國領導人罕見地受邀對上下兩議院發表演說，並赴白金漢宮會見英國女王。邀他訪英的請帖，更是由威廉王子親手轉交的。

若考慮到習近平來訪期間，美國和中國海軍正在南海劍拔弩張，英國這般熱情地接待這位中國領導人，顯然有其針對性。奧斯本私下對美國的憂慮頗為不屑，曾告訴一名親信，北京在南海建立勢力範圍是無可避免之事，還語帶輕佻地補充：「線索就在名字裡。」[3]在華盛頓目睹英國隆重歡迎習近平的美國高階決策人士，既輕蔑又驚駭。誠如一名美國官員對我指出的：「英國對中國表達的意思是：我們自知是中等強國，認同你們的階級比我們高。」

如此描述英國和其他歐洲大國對中國的態度，確實道出一些真相。在某些方面，與亞洲新興強權交好的決心，反映出他們正針對世界變遷做出腳踏實地、眼睛雪亮的調適。但儘管歐洲人比較希望專注於商業、繼續當亞洲權力鬥爭的旁觀者，那個策略卻不大可能長期實行下去。一如中東問題猛然穿破德國的氣密窗，遙遠東亞的緊張終將使歐洲國家面對無法避免的政治和策略選擇。

最根本的問題在於，歐洲本身軍力趨弱，已經使得歐洲國家愈來愈仰賴美國透過北約組織提供的安全保障。一方面仰賴美國在歐洲提供軍事保護，一方面扯美國東亞安全政策的後腿，這看來不像能持久的政策。更何況，這會兒歐洲國家再次面臨了來自俄羅斯的軍事威脅。

11 ▼ 俄羅斯向東發展

歐盟愈來愈無法做全球性思考，以及厭惡使用「硬實力」的情況，和俄羅斯重新燃起的國際企圖心形成鮮明對比。在一九九一年蘇聯解體後，兩種主要想法形塑了西方對莫斯科的態度。首先，俄羅斯的全球影響力已日薄西山；再來，俄羅斯政府和人民別無選擇，唯有往西歐看，把西歐當成模範和夥伴。

但二〇一四年的烏克蘭危機顛覆了這兩個假設。普丁的俄羅斯顯然決心要奪回它世界強權的地位，且準備動用軍力來達成那個目標。而俄羅斯正逐漸向東，而非向西攫取靈感。

西方和俄羅斯在烏克蘭的對峙，立刻喚醒關於冷戰的記憶。那個年代有所謂「東西衝突」，而東方的首都不是北京的天安門廣場，而是莫斯科的紅場（Red Square）——在西方心目中，此處以聖瓦西里大教堂（St Basil's Cathedral）奇特的洋蔥圓頂，和一年一度的國際勞動節遊行為標誌。

當蘇聯於一九九一年解體，俄羅斯向西尋求靈感。在冷戰期間看來如此荒涼而陌生的莫斯科市中心，開始仿照其他歐洲大城，開起同樣光鮮亮麗的商店和連鎖飯店。[1]俄羅斯人在歐洲成為熟面孔，以觀光客、商人和移民等身分大量湧入。我第一次驚覺冷戰真的結束了的時刻，是一九九〇年代初期，在西倫敦一座遊樂場，聽到一對母子說俄語。這些在我孩提時代宛如住在另一個星球的俄國人，現在只是倫敦國際大都會的另一個外國社群。

但當我在二〇一四年十月，柏林圍牆倒塌二十五周年的數星期前拜訪莫斯科之際，俄羅斯再一次背離西方。同一年稍早，烏克蘭一場革命推翻了維克多・亞努科維奇（Viktor Yanukovitch）總統領導的親俄政府。那場革命的導火線是亞努科維奇在俄羅斯的沉重壓力下，拒絕簽署一項讓國家往歐盟會員國邁進的協議。但俄羅斯看似成功阻止烏克蘭西進歐盟的勝利迅速變成失敗，示威群眾把基輔市中心擠得水洩不通，許多人揮舞著歐盟旗幟。亞努科維奇一開始試圖以武力鎮壓示威群眾，隨後逃離國家。他的垮台看似象徵俄羅斯的重大戰略失敗。

一直有意拉攏烏克蘭進入他自己的「歐亞聯盟」（Eurasian Union）的普丁，也被他口中（也許他真的相信）西方支持反亞努科維奇的政變激怒了。之後幾星期，俄羅斯迅雷不及掩耳地併吞了克里米亞，這是烏克蘭境內和俄羅斯有強烈歷史連結的地區，也是俄羅斯黑海艦隊的基地。歐盟和美國的回應是對其實施經濟制裁。俄羅斯也開始提供軍事援助給烏克蘭東部對抗基輔新政府的叛軍。二〇一四年七月，當俄羅斯支持的分離主義者在東烏克蘭擊落一架民航機，造成數百名無辜旅客喪命，西方進一步加強了經濟制裁。

在我於幾個月後抵達俄羅斯時，莫斯科和華盛頓之間的政治氣氛就像冷戰高峰期那般惡劣。在「杜馬」（Duma），即俄羅斯的國會，我拜訪了教育委員會主席維亞切斯拉夫·尼科諾夫（Vyacheslav Nikonov），他是著名的普丁支持者，也常上俄羅斯的電視節日。尼科諾夫是蘇聯高層的後代，其外祖父是維亞切斯拉夫·莫洛托夫（Vyacheslav Molotov）：史達林的外交部長，也是惡名昭彰、納粹德國和蘇聯協議瓜分波蘭之德蘇互不侵犯條約的簽訂者。

尼科諾夫也是名副其實的知識分子，對西方知之甚詳。他英語流利，曾於美國加州理工學院任教，在俄羅斯和美國都著有多部書籍。但在我們討論烏克蘭危機時，我發現自己被直接載回冷戰時代。「美國的目標是在全球稱霸，」他告訴我：「他們想將烏克蘭回復成對抗俄羅斯的堡壘。」另外，他堅稱烏克蘭境內沒有俄羅斯軍隊，那是西方媒體造謠，在那裡唯一的外國部隊是美國人和中情局探員。至於烏克蘭政府嘛：「至少有五名官員是新納粹分子。」

尼科諾夫的論調呼應了來自最高層的聲音。幾星期後，普丁親口告訴一群與會的西方俄羅斯觀察家：冷戰後，美國並未追求新的均勢，反而想要建立一個單極的世界，而那「只是在找藉口對人民及國家實施獨裁罷了。」

然而，在這些憤怒的指控和冷戰辭令背後，像尼科諾夫這樣的俄羅斯知識分子正在發展一種更複雜也更有趣的分析，來解釋俄羅斯和西方交惡的原因。尼科諾夫認為，俄羅斯在冷戰後加入西方的努力是個徹徹底底的錯誤。俄羅斯天生就不一樣，它既屬於歐洲，也屬於亞洲。在文化、經濟和戰略方面，俄羅斯的未來將愈來愈取決於東方，而非西方。「我們和西方有不同的根源。」他主張：「我們沒有希臘羅馬的傳統，我們有蒙古的傳統，而蒙古來自中國……他們建立了中國的賦稅制度和直抵太平洋的通訊系統。」與之相較，照尼科諾夫所說，俄羅斯和歐洲的關係則是近代的事：「在彼得大帝（一六八二到一七二五年在位的改革派沙皇）之前，俄羅斯和歐洲體系素無瓜葛，而且在十九世紀之前一直是該體系的外圍。然後，在俄國革命（指一九一七年的二月革命及十月革命）後，它被擯出西方體系，二十世紀的大半時間都被排除在外。」

在烏克蘭危機後，除了尼科諾夫，還有好幾位卓越的俄羅斯知識分子推動「歐亞」論。亞歷山大・杜金（Alexander Dugin）是其中之一，他是留著大把鬍子的反西方思想家，也是俄羅斯電視節目的常客。他怒斥西方的墮落和背信忘義、讚揚俄羅斯文化獨一無二的特質。杜金的巨著《地緣政治的基礎》（*The Foundations of Geopolitics*），主張俄羅斯是美國和北約所主導的一場西方陰謀的受害者，目的是打壓和搞垮俄羅斯民族國家。他主張莫斯科應以重組蘇聯為終極目標。西方人士也許會將這種想法斥為幻想，但杜金的作品卻是俄羅斯軍事院校的指定書目，也常為普丁核心人士所引用。

俄羅斯官方看來已經決定轉身不理西方了。這種新立場顯然和一九八〇年代後期以降，相繼幾任俄羅斯政府採取的策略背道而馳。在西方備受讚譽、在俄國卻因主導蘇聯帝國和平解體而遭撻伐的戈巴契夫，曾說俄羅斯要加入「共同歐洲家園」（common European home）。鮑利斯・葉爾辛（Boris Yeltsin）這位一九九〇年代大半時間的俄國領導人，則懷抱有朝一日俄羅斯可能加入歐盟或北約的構想。就連普丁也曾在二〇〇〇年主張：「俄羅斯是歐洲文化的一部分……我無法想像我的祖國脫離歐洲、或我們所謂文明世界的情景。因此我很難把北約想像成敵人。」

在烏克蘭危機期間變得如此明顯的疏遠西方之舉，其實已經醞釀十幾年了。在莫斯科為我闡述這個過程的是德米特里・特列寧，他曾任蘇聯軍方情報官，現在則是卡內基國際和平基金會（Carnegie Endowment for International Peace）莫斯科辦公室主任，那是美國的重要智庫，也是俄羅斯和西方的重要聯繫。特列寧認為雙方都犯過錯，也都有過誤解。葉爾辛或許是認真地希望俄羅斯加入北約，但俄羅斯人會要求在組織裡享有特殊地位，也會拒絕讓會員身分對其國內政治產生任何影響，這些都是美國人和歐洲人可能永遠無法接受的條件。

但根據特列寧的說法，美國人在冷戰後也並沒有真正努力接納他們的老對手。反之，他們冷淡、輕蔑地對待俄羅斯。這個論點常被強硬派的西方分析師斥為俄羅斯的詭辯。[2]但從過去到現在，確實有些證據顯示西方領導人自信滿滿一定能奪下冷戰的勝利，因此覺得沒什麼必要顧及俄羅斯人的憂慮。在柏林圍牆倒塌後，美國總統老布希不願讓俄國就統一後的德國和北約的未來關係發表意見，他這麼告訴德國總理海爾穆・柯爾（Helmut Kohl）：「去他的。我們占盡上風，它們可沒有。我們不能讓蘇維埃在失敗的關頭攫取勝利。」

就連想盡辦法透過「重啟」美俄連結，來改善對俄關係的歐巴馬政府，也認為好牌都在美國手上。二〇〇九年歐巴馬就任之初，我記得有位美國資深決策者跟我說：「俄羅斯人一直說他們想要五五對等，他們一定是在開玩笑。九一還差不多。」俄羅斯人從莫斯科的角度出發，抗議西方於一九九九年軍事干預科索沃、二〇〇三年干預伊拉克，和二〇一一年干預利比亞皆「不合法」，但華盛頓斥之為自私自利的詭辯，不予理會。自覺在蘇聯解體後權勢大不如前的俄羅斯，對美國每一次不管是有意或無意的輕慢，都很敏感。歐巴馬在烏克蘭危機當中稱俄羅斯為「區域強權」時或許真的意在諷刺。後來在對聯合國發表的演說中，美國總統將俄羅斯侵略烏克蘭和伊斯蘭國及伊波拉病毒並列全球安全三大威脅，這番話被莫斯科視為嚴重且貶低人的侮辱，但對美國人來說，歐巴馬只是從華盛頓的角度，單純列出全球面臨的最大安全議題罷了。

雖然美國在蘇聯解體後的二十年間，多少有點輕蔑地對待俄羅斯，但這不代表俄羅斯和西方失和完全或主要是華盛頓和布魯塞爾的錯。在普丁當政那些年，俄羅斯採取了一連串任何美國或歐盟政府無論能否理解都難以通融的行動，包括二〇〇六年在倫敦毒死前俄羅斯探員亞歷山大．利特維年科（Alexander Litvinenko）、二〇〇八年入侵喬治亞共和國部分領土，和不斷騷擾及囚禁俄羅斯國內的反對勢力和民運人士等等。確實，普丁的行動有個貌似合理的解釋：他這般大談美國的侵略和烏克蘭的法西斯主義，實為精心設計的煙幕彈，為的是掩蓋他行動背後的真正動機——深怕一旦俄羅斯發生二〇〇四年橘色革命和二〇一四年壓垮烏克蘭的那種革命性變革，他的政權就將不保。

本身就曾是情報探員的普丁，也許由衷相信西方的情報機關正密謀要讓他倒台，而烏克蘭的暴動只是最終莫斯科「政權更迭」的樣板。而有時候，政權更迭看來就近在眼前。二〇一二年元月，拜訪莫斯科時，我穿過天寒地凍卻湧入數千莫斯科居民的街頭，他們在抗議普丁回克里姆林宮當他的第三任總統，以及國會選舉的選票操縱。前一年，利比亞格達費政權才在北約空襲的催化下垮台，有些示威者舉著指稱「普丁＝格達費」的巨幅標語。因為格達費最近才被殺害，看到抗議的情景，不難理解普丁可能有一陣寒意湧上心頭。

為了賦予鎮壓行動正當性，將國內反對政府的聲浪歸咎於外國暗中顛覆俄羅斯主權的陰謀，相當符合普丁的利益。每一個令克里姆林宮害怕的人，從國內民運團體，到烏克蘭的「法西斯分子」，都可能被指稱為華盛頓中情局探員的工具。但毫無疑問地，有另外一種情緒和這些私利混雜在一起：受到侮辱而自我防禦的俄羅斯民族主義，為所有在蘇聯解體（普丁形容為「二十世紀最大地緣政治災難」的事件）後喪失的領土哀悼。事實證明，受盡委屈而死灰復燃的民族主義，在俄國國內極受歡迎。當普丁在併吞克里米亞（或者依他的觀點，克里米亞回歸）後對杜馬發表演說時，許多國會議員激動落淚，而這位俄羅斯總統的民調支持度更因此衝到八十五％。

普丁認為俄羅斯在冷戰後被西方虧待，而備感憤怒和屈辱，並因此決心轉頭向東看，這重演了俄羅斯史上一個深刻的模式。十九及二十世紀，俄羅斯知識分子都曾在覺得遭西方鄙棄和羞辱的時候，傾向於重新發掘他們在亞洲的根源。史學家奧蘭多・費吉斯（Orlando Figes）寫道，俄羅斯知識分子「渴望受到西方平等看待，進入並成為歐洲主流生活的一部分。但當他們被排斥，或感覺俄羅斯的價值被西方低估時，就連最西化的俄羅斯知識分子也會忿忿不平，而傾向從俄國在亞洲恫嚇力十足的面積，汲取沙文主義式的驕傲。」

每經歷過一段痴戀西方的時期（可能長達數十年），俄國就會徹底幻想破滅，並重新思考俄羅斯是亞洲國家，或者至少是歐亞國家的概念。在拿破崙戰爭之前的年代，俄羅斯菁英彼此之間會講法語，但在一八一二年對抗拿破崙的衛國戰爭後，這股親法熱潮就在俄國絕跡了。十九世紀中葉，俄羅斯改革派再次望向歐洲尋求靈感，但一八五三到一八五六年，俄國對抗英法聯軍的克里米亞戰爭，再次讓俄羅斯人普遍認為西方背叛他們的國家。相形之下，俄羅斯在十九世紀中葉順利將領土拓展至中亞，則讓許多知識分子相信，國家真正的命運在東方。一八八一年，杜斯妥也夫斯基這樣勸告他的讀者：「我們必須撇開那種奴顏婢膝、怕歐洲叫我們亞洲野蠻人的恐懼，大方地說我們是亞洲人勝於歐洲人……在歐洲我們是隨從和奴隸，在亞洲我們將是主人。」

這些隨著普丁對西方的憤怒加劇，而在俄羅斯大行其道的「歐亞」理論，固然有其深刻的歷史傳統，但也迎合了一些現代的趨勢和概念。在普丁時代發展「歐亞主義」概念的莫斯科知識分子，和在北京為習近平時代形塑意識型態的新儒學家，抱持著某些共通的假設。尤其是俄羅斯對西方的憂慮也結合著輕蔑，並一再重申西方的道德和經濟薄弱。一如中國人，俄羅斯人習於認定他們看到的就是西方民主的缺點和病狀——從同性婚姻到美國預算赤字，無一不是例證。在二〇一四年烏克蘭的危機中，著名學者和經濟學家謝爾蓋·卡拉加諾夫（Sergey Karaganov）聲稱「俄羅斯遠比許多人想像中強大，西方遠比許多人想像中弱小。」西方聯盟現在是「一群漫無方向的鵝，深受經濟不安全之苦，也忘卻了自己的道德信念。美國和其盟國曾掌握未來，但，在亞洲世紀的開端，未來已從他們的指縫間溜走。」同一年，我在杜馬和尼科諾夫聊天時，我發現他對國際基金宣布中國是當今世界最大經濟體的消息高興得不得了。他向我保證：「這會改變一切。」

如果西方真的不可挽回地衰敗，未來盡在亞洲，那俄羅斯往東朝中國看就十分合理了。二〇一四年時，不只是歐巴馬政府有意「重返亞洲」，普丁的俄羅斯也基於類似的原因決定實行類似的策略：感覺世界的未來會逐漸由亞洲的經濟力所支配。具影響力的《俄羅斯全球政策》期刊（*Russia in Global Affairs*）編輯費奧多·盧科亞諾夫（Fyodor Lukyanov）寫道：「大西洋不再是世界事務的唯一中心，和全球前進的唯一引擎。太平洋，某種程度來說也可算上印度洋，正在接管世界發展的中央舞台。」莫斯科國立大學教授弗拉季斯拉夫·伊諾澤姆采夫（Vladislav Inozemtsev）指出：「俄羅斯決策者……已經愛上向東推進的概念。」

普丁以著前蘇維埃社會主義共和國聯邦的國家為基礎的歐亞聯盟計劃，因「失去」烏克蘭而遭受重創，因為烏克蘭無論在地理或經濟條件上都是最重要的潛在夥伴。而西方在烏克蘭危機後實施經濟制裁，更增添了俄羅斯「重返亞洲」的迫切性。二〇一四年五月，普丁正式訪問中國。這一年及次年，中俄分別在東海和地中海進行聯合軍事演習，強調了兩國在戰略上形影不離。但那一次訪問的核心事務，實為經濟和能源。歷經將近十年的談判，中俄終於簽訂協議，要建造一條從西伯利亞連到中國的天然氣輸送管。如中國人慣有的說法，這是一項「雙贏」的協議。對渴求能源的中國來說，若能安全獲得俄羅斯的天然氣供應，將能刺激經濟，也不必再那麼依賴高汙染的煤，以及必須經由受制於人的海路，才能運抵中國的石油天然氣。而對平常五十%以上的出口收益來自能源的俄羅斯來說，分散客戶群也十分重要。歐洲仍是俄羅斯石油天然氣遙遙領先的最大市場，俄國大部分的油管皆向西而行，但隨著俄羅斯與歐盟的關係面臨危機，這形勢對雙方都是有高風險的。和中國簽署能源和輸油協議，俄羅斯的能源供應便有巨大的替代銷路了。

但代價是什麼呢？雖然中俄能源協議的細節仍是商業機密，但一般普遍相信中國占了俄羅斯屈居劣勢的便宜，迫使俄羅斯人接受在其他情況下八成會拒絕的天然氣價格。

這項天然氣協議為俄羅斯自己的重返亞洲政策引發了更廣泛的問題。有些西方、甚至俄羅斯本身的戰略思想家主張，普丁被他對美國的憤怒所蒙蔽，而犯下根本的判斷錯誤。長期而言，他們主張，俄羅斯真正的戰略威脅不是年華老去而愈來愈崇尚和平的歐盟，或心有旁騖、遠在天邊的美國，而是正在崛起的中國。他們認為，地緣和經濟因素使然，中國將無可避免地威脅到俄國地廣人稀的遠東地區。

俄羅斯是世界面積最大的國家，橫跨十一個時區。從莫斯科到太平洋岸的海參崴，飛行時間超過八小時（紐約到洛杉磯也只要六小時）。但俄羅斯不僅人口稀少，而且現有一億五千萬的人口還在減少中，部分原因是生育率低，部分則因為俄羅斯男性平均壽命只有六十二歲。俄羅斯的遠東地區，即該國大部分能源的蘊藏之處，更是地廣人稀，整個地區只有七百四十萬人居住，遠不如中國東北的一億一千萬，和全中國的將近十四億人口。俄羅斯最東邊濱海邊疆區（Primorskiy Kray）的首長就對這種情勢有充分的警覺，他在二〇一四年呼籲從國家西部遷移五百萬人來此，可惜徒勞無功。

一旦明白以下事實，俄羅斯恐怕會更焦慮：俄國能有這麼大的面積，是一段犧牲亞洲鄰國的帝國擴張史的成果，包括中國在內。十七世紀時，隨著俄羅斯越過烏拉爾山脈大舉擴張，該國的陸地面積幾乎增加了兩倍。到了十八、十九世紀，套用史學家約翰・達爾文的話，俄羅斯成為「僅次於英國，亞洲第二大的帝國強權和殖民大國」。俄羅斯許多遠東地區的領土，包括海參崴在內，都曾是中國所有，在一八五八和一八六〇年才因「瑷琿條約」和「中俄北京條約」而割讓給俄羅斯。這也是清朝最惡名昭彰的「不平等條約」之二，就是這些不平等條約，造就了現代中國民族主義的諸多神話。

有些決定論者主張，人口壓力，加上經濟壓力，再結合歷史的怨懟，中國總有一天會聲索俄羅斯資源豐富的東部地區的主權。但俄羅斯的新歐亞主義者斥這種想法為無稽，他們指出，中國已經透過一九九九年達成的協議和俄羅斯解決邊界爭端，這與中國和日本、印度及東南亞許多國家持續有領土糾紛的情況截然不同。尼科諾夫在杜馬和我交談時，駁斥了中國最終會對俄羅斯構成威脅的想法，主張中國一直在向東看，往海上看，沒有向北往西伯利亞看。事實上，尼科諾夫主張，中國從來不把北方邊境視為機會，反倒視為威脅，所以他們才會築起萬里長城。

儘管尼科諾夫和他的夥伴可能是對的，中國真的不會考慮侵略現為世界第二大核武國家的俄羅斯，但另一種比較不正式的「侵略」已然發生：因貿易和投資所驅使，大舉移民到俄羅斯東部。像海參崴之類的城市，隨著中國移民和商業重新塑造社會，正呈現出愈來愈像東亞的氛圍。確切的移民人數很難計算，但二〇一四年，一位俄羅斯高級官員說到，光是前一年就有超過百萬的中國非法移民進入俄羅斯。就算移民以每年五十萬人的速度成長，只要十五年，俄羅斯的遠東地區就會有過半的中國人。有些俄羅斯分析師主張這些數字太誇大，但普丁似乎站在憂心忡忡的那一邊，他於二〇一二年亞洲太平洋經濟合作會議（APEC）會後說道：「如果我們沒有在不遠的將來採取務實的措施來開發遠東地區，不出數十年，俄羅斯人就會講中國話、日語或韓語了。」

中國經濟體的規模和活力，也會對普丁希望在前蘇聯領土再造俄羅斯勢力範圍一事，造成深刻的影響。普丁預期會加入歐亞聯盟的國家，包含中亞所有曾是蘇維埃聯邦成員的國家。哈薩克是第一個報名的中亞國家，塔吉克和吉爾吉斯可能隨後跟進。但就連國土面積跟整個歐盟一般大的哈薩克，也對普丁夢想的政治意涵感到不安。因獨立未久，哈薩克自然有理由擔心被拉回莫斯科的軌道；而普丁顯然漫不經心的說過，在哈薩克與蘇聯分道揚鑣後，即擔任哈薩克總統至今的努爾蘇丹・納扎爾巴耶夫（Nursultan Nazarbayev）死後，哈薩克的政治未來或可重新開啟，這番話更是火上加油。

據傳聞，哈薩克堅持在二〇一五年成形的新組織應該叫「歐亞經濟聯盟」（Eurasian Economic Union），以強調本組織無意變成政治組織，但中國持續成長的經濟力，卻引發了普丁的歐亞聯盟是否有意義的問題，就算是經濟組織也一樣。俄羅斯預期會加入聯盟的所有中亞國家（烏茲別克是唯一的例外），和中國的貿易往來都比和俄羅斯多得多。使問題更趨複雜的是，中國政府在習近平領導下推動「新絲路」，使這條橫跨中亞、直達歐洲路線的發展，成為中國外交及經濟政策的核心之一。無論普丁展望的地緣政治為何，俄羅斯相對呆滯的經濟，就是無法和中國的規模及活力競爭。

中俄領導人各自來到哈薩克，推廣他們對這個區域的不同願景，更突顯兩國的企圖心可能在此發生衝突。二〇一三年九月，習近平在哈薩克荒涼、風大的新首都阿斯塔納的一場演說中，暢談他對「絲路經濟帶」的願景。幾個月後，普丁在同一個城市簽訂歐亞經濟聯盟的創始條約。在正式發言時，中俄雙方皆急於強調兩國對中亞的願景並不扞格，但我們難免有這樣的感覺：就算克里姆林宮盡了最大的努力，俄羅斯的「後院」仍正逐漸轉變成中國的後院。

不過，雖然中國的經濟正在狂奔，到了二〇一四年時，普丁已變成美國領導的世界秩序最顯著的國際敵人。他愈來愈強硬的反美辭令，讓他成為那些對這種世界秩序同感不滿的國家的代言人。而中國雖然國力愈來愈強大、作風也愈來愈強勢，但它只願意在它視為「核心利益」的議題上與美國對抗——通常和東亞的爭議領土主權有關。對於在全球集結反對美國對外政策的勢力之事，中國人遠不及俄羅斯人有興趣。這點甚至反映在聯合國裡：雖然中國目前是聯合國的第二大金援國（僅次於美國），西方外交人員卻注意到，在多數重大國際議題上，中國通常仍追隨俄羅斯的腳步，例如和伊朗的核武談判，或敘利亞的和平會談。

有些中國民族主義人士，對北京的相對節制深感挫折，開始公然對普丁和其對抗美國的意願表示仰慕。在併吞克里米亞後，一本讚賞普丁的傳記打進中國的暢銷書榜，中國的民意調查中，對俄羅斯的支持度也在迅速攀升。

俄羅斯冒出頭，成為美國領導之世界秩序最具攻擊性的挑戰者，使華盛頓一些人士公開質疑美國重返亞洲政策背後的邏輯。有人想起二〇一二年，共和黨總統候選人米特・羅姆尼曾因指稱俄羅斯為美國「最大的地緣政治威脅」，而被歐巴馬嘲笑。共和黨員一直認為羅姆尼是對的，甚至有些歐巴馬的助理也懷疑美國是不是搞錯方向了。歐巴馬第一任期的國務院政策規劃官員傑洛米・夏皮羅（Jeremy Shapiro）告訴我：「我們花了太多時間，去思考如何應付像中國這樣崛起中的勢力，以至於忘了像俄羅斯這樣衰退中的強權仍可能持續造成傷害。」俄羅斯在二〇一四年三月併吞克里米亞之舉，激化了華盛頓的政策辯論。那個星期我剛好參加戰略與國際研究中心（Center for Strategic and International Studies）的一場討論會，會上，有膽識的俄羅斯和歐洲專家指責美國「重返亞洲」的概念，全是錯誤和妄想，而贏得滿堂喝采與掌聲。該政策的規劃者辯稱，他們對中國和亞洲的關注向來著眼於長期的經濟與戰略趨勢，烏克蘭事變並無法證明那樣的關注方向不對。庫爾特·坎貝爾這位重返亞洲最密切的決策官員之一，說華盛頓政策菁英突然執迷於俄羅斯和烏克蘭，就像「小孩子在足球後面追著跑」。

但這般爭論美俄危機能否證明美國「重返亞洲」有誤，並沒有抓到重點。俄羅斯背離西方，和中國愈益壯大且強勢，實為一體兩面，兩者是同一現象的信號：一九八九年柏林圍牆倒塌後的世界，正面臨愈來愈多挑戰。過去那個世界的特色是無人能挑戰美國對全球體系的掌控。現在，美國經濟政治力的相對衰退，再加上歐洲權力更迅速的沒落，正鼓勵敵對國家探究是否有機會挑戰美國的霸權，以及，在這個新世界，華盛頓和布魯塞爾提倡的路線以外，是否有其他替代的戰略或意識型態可行。

坎貝爾的看法正確：在西方所面臨的挑戰中，最重要的長期表現是中國的崛起。但二〇一四年，普丁的俄羅斯已站出來，擔任西方最具攻擊性、暢所欲言，且具潛在危險性的短期挑戰者。

俄羅斯和中國挑戰美國領導的全球秩序，也在一些一直被認為非西進不可的國家中，開啟前所未見，有關戰略、經濟和意識型態的辯論。其中最重要的是土耳其、匈牙利和烏克蘭。

12 ▼ 匈牙利、土耳其和烏克蘭

多數政治人物上台時，都會試著說些振奮人心的話，但阿爾謝尼・亞采尼克（Arseniy Yatseniuk）卻反其道而行。二〇一四年二月，接任烏克蘭臨時總理時，他說：「歡迎來到地獄。」

兩個月後，坐在他位於基輔的辦公室裡，我問他，結果這份職務是否如他所料，宛如地獄？四十歲便面容枯瘦、開始禿頭的亞采尼克摘下眼鏡，疲倦地擦了擦臉，「更糟，」他說。「我們面對俄羅斯軍隊與俄羅斯支持的恐怖主義，經濟欲振乏力、軍事崩解、警察不知所措，前一任政府偷走了他們所能偷走的一切。」

我們對話的隔天，烏克蘭政府便出手回應這個極度險惡的情勢，發動攻勢，試圖奪回東部已淪入俄羅斯支持的分離主義者（即亞采尼克口中的恐怖分子）所掌控的領土。基輔當局認為，如果再不還擊，便有拱手讓出大部分國土的危險。

烏克蘭的不幸是，在東方化的年代，它發現自己位於東西方的交界。俄羅斯和西方關係破裂，以及俄羅斯決定自己也要「重返亞洲」的事實，意味烏克蘭有被扯個稀爛的風險，因為俄羅斯要拉它向東，歐盟和美國拉它向西。

這樣的衝突證明了，在柏林圍牆倒塌二十五年後，後冷戰時期的假設正被一一推翻。過去二、三十年來，西方人想當然地認為烏克蘭會堅定地向西走，它的目標是確立經濟和政治方面的先決條件，也就是自由市場經濟，和運作健全的民主，以便終能加入歐盟。俄羅斯顯然不願烏克蘭加入北約，但入歐這個目標似乎沒什麼爭議。二〇一四年爆發的戰爭，卻證明這個假設錯誤。當俄羅斯力圖維護它對前蘇聯國家的「勢力範圍」，烏克蘭往西的命運突然變得多舛。親歐盟的烏克蘭政治人物覺得他們正投入一場攸關存亡的奮戰。二〇一四年五月，在我離開亞采尼克的辦公室時，他的臨別贈言是：「有一件事情很明確，我們一定會成為西方的一分子。」

烏克蘭的兩難非常戲劇化，但並非獨一無二。事實上，東方化的時代已在數個位於新東方和舊西方交界的國家重啟「西化命運」的問題，土耳其和匈牙利也是重要的例子。隨著有獨裁傾向的強勢領導人，即先任土耳其總理、後當選總統的艾爾多安，和匈牙利總理維克多．奧班（Viktor Orban）嶄露頭角，這兩個國家開始相當刻意地轉身背對西方。

他們的決定反映了全球經濟、政治和意識型態的趨勢。西方不再像過去那樣主宰世界經濟，甚至連一九九〇年時的狀況都不如的事實，已為許多國家開啟新的策略選擇。例如土耳其的公司就在俄羅斯、波斯灣國家和中亞迅速擴張，欣欣向榮，西方不再是唯一的選項。思想的範疇亦如是。亞洲的崛起、普丁大膽的地緣政治和歐美的經濟困頓，都讓有獨裁傾向的政治領導人如奧班和艾爾多安，更容易在西方之外尋找新的意識型態模式。

在歐巴馬時代最願意對抗西方的世界領導人是普丁。他在烏克蘭發動的戰爭迅速成為著名的訟案和國際政治的石蕊試驗，有點像是一九三〇年代的西班牙內戰。俄羅斯政府愉快地指出，許多非西方民主國家，特別是印度、南非和巴西，都沒有在聯合國譴責俄羅斯併吞克里米亞之舉。就連在歐洲大陸，極右派和極左派都公開對俄羅斯的普丁政權表示同情，藉此暗示他們對西方現狀的厭惡。例如法國極右派領袖瑪琳．勒朋，和德國堅定左派左翼黨（Die Linke）的領導人，都欣然接受俄羅斯的論點：烏克蘭是嚴重分裂的國家，而許多烏克蘭民眾向俄羅斯尋求保護。

矛盾的是，正當俄羅斯向歐洲極右派尋求支持之際，俄羅斯媒體卻不停放出基輔政府是由法西斯和反閃族分子把持的訊息，說他們都是昔日和納粹聯手，與史達林俄國作戰的烏克蘭游擊隊員的直系後裔。那個訊息被廣為傳送到東烏克蘭說俄語的民眾耳裡，也在歐盟部分國家找到願意接納的聽眾。

為試著評估這些「新烏克蘭傾向新法西斯主義」的指控，我在二〇一四年五月拜訪維克多．皮初克（Victor Pinchuk），他是烏克蘭最負盛名的猶太商人。坐在他基輔市郊偌大莊園一座人造湖畔的亭子裡，四周圍繞著達米恩．赫斯特（Damien Hirst，英國新銳藝術家）等人的藝術作品，皮初克對烏克蘭新政府和新納粹是一丘之貉的指控嗤之以鼻。「胡說八道。」他說得簡單扼要。顯然他的財富並未受到烏國新政府上台的影響，不過他的事業，由於是從俄烏貿易中獲利，相信遲早會受到波及。

但錯不了的是，仍留在基輔獨立廣場上的拒馬，依舊十分醒目地插著大戰時期烏克蘭民族主義的紅旗和黑旗。有些在東部對抗俄羅斯的志願軍，也使用源自一九三〇年代的意象，而正中俄羅斯宣傳者的下懷。一位和烏克蘭地方防衛作戰營一起作戰的美籍烏克蘭人向我保證，他的營裡沒有俄羅斯人宣稱的新納粹分子，但他又含糊地補充：「是有不少崇拜太陽的人和異教徒啦。」因為「異教」有時會和歐美的白人至上運動連結在一起，因此這不是一句能讓人完全放心的話。我追問，有些報導說他的營裡有人戴著納粹的徽章，真相如何？我的受訪者的回應再次無法完全令人信服：「是有兩、三個人頭盔上有ＳＳ的標誌，但他們說他們不知道那標誌的含意，只知道那會讓俄羅斯人發狂！」

俄羅斯對烏克蘭貪汙、不當管理、暴虐和極右派勢力的指控，恰好足以在莫斯科和西方的資訊戰中發揮一臂之力。但就這場宣傳戰而言，記住幾個基本事實很重要。縱使烏克蘭的東部和西部有文化分歧，但一九九一年，有九十一％的居民投票同意成為獨立國家。一九三〇年代，有數百萬烏克蘭民眾喪命於史達林造成的飢荒，這給了現代烏克蘭人充分的理由懷疑俄羅斯提供的「保護」。而二〇一四年，成千上萬烏克蘭人在基輔示威時，有超過一百人因此死亡。他們並未要求建立「法西斯」的政府，而是呼籲停止貪腐，和以加入歐盟為終極目標。飄揚在基輔獨立廣場的歐盟旗幟，就是革命者的目光望向西方的明證──他們把布魯塞爾視為不大可能到達的麥加。

但真正在爭鬥的不是烏克蘭的靈魂到底屬於東方還是西方，而是更殘酷而基本的東西：權力。俄羅斯的論點基本上是：在二十一世紀初，國際關係應該要像二十世紀大半時期和更早以前那樣安排。在那時，強權承認彼此的「勢力範圍」。只要大國之間有非正式的默契，理解彼此對於鄰近地區發生的事情握有否決權，戰爭就可以避免。在冷戰期間，俄羅斯的勢力範圍一路擴張到柏林，而現在，俄羅斯在克里米亞及烏克蘭東部戰鬥，來確保它至少能繼續支配烏克蘭。

莫斯科對勢力範圍的主張在北京獲得清晰的回響，因為中國政府也試著在南海及東海建立民族的勢力範圍，但中國對俄羅斯併吞克里米亞一事的看法就複雜了。俄羅斯運用公民投票合法地將領土從一國轉移至另一國的手法，開了中國最擔心的危險先例：萬一哪天台灣、西藏或新疆也要求舉行類似投票的權利，該怎麼辦？

至於基輔最早的起義，中國人則非常清楚地站在俄羅斯那一邊，因為中國也怨恨西方干預東亞和在此宣揚民主。當香港於二〇一四年九月發生學生暴動，俄羅斯人迅速指稱，說這又是有西方撐腰的準「顏色革命」，仿照的是同年稍早烏克蘭起義的模式。這個論點迅速得到中國官方媒體的支持。

這種對俄羅斯「勢力範圍論」帶著謹慎的同情，也蔓延到北京的共產黨員之外。在亞洲審慎的資本家圈子裡，西方鼓勵烏克蘭嚮往民主和歐洲之舉，常被譴責為不切實際和不負責任。新加坡總理李顯龍跟我說，他理解西方對基輔獨立廣場示威群眾的同情：「你可以理解那些情感上的認同，他們跟你有一樣的價值觀……這是些有理想有熱情的革命家，在某種意義上，你會想起《悲慘世界》。」但李顯龍也顯然認為西方決策者這樣鼓勵示威群眾是不責任的：「你能為結果負責嗎？如果發生不幸，你會在那裡嗎？你不可能在場，你有那麼多其他的利益要保護……所以你必須做整體的衡量。」同一年，香港房地產大亨及慈善家陳啟宗在皮初克於烏克蘭主辦的一場討論會上，用更生動的語言表達了同樣的想法。他以自貶又激憤的語氣呼籲烏克蘭人，面對他們永遠必須和俄羅斯強權共存的現實：「我身高一百六十公分、長得又醜，」他說：「我得面對它。你們也得面對那些現實。」

對許多有權有勢的亞洲人來說，這種殘酷的現實政治跟廢話差不多，他們常認為美國人談「普世價值」或「自由」，不是因為憤世嫉俗，就是因為受到蒙蔽。對於像李顯龍和陳啟宗這些來自富裕但狹小的地方，如新加坡和香港的人士而言，生存似乎就是時時體察強大鄰居在意什麼，並投其所好。和區域的巨人中國或俄羅斯做唐吉軻德式的爭鬥，實屬不智。

除此之外，亞洲有許多人，甚至西方也有，他們以崇拜的眼光看待普丁併吞克里米亞。在中國，這位俄羅斯領導人在網誌上被盛譽為有能耐挺身對抗美國的強人。皮尤研究中心（Pew Research Center）的調查發現，在俄羅斯為烏克蘭和西方正面交鋒後，中國民眾對俄羅斯的景仰大幅成長：從二〇一三年七月的四十七％，上升到隔年七月的六十六％。鼓吹民族主義的《環球時報》就捕捉了這種氛圍，並引用中國少將王海運的一番話：「普京（即普丁）是一個大國的一位大膽果斷的領導人，他善於在危險的情況下獲得勝利。」

歐巴馬時代後期，確實有個現象是政治強人的潮流捲土重來，尤其是在亞洲。俄羅斯有普丁，中國有習近平，印度有莫迪，日本有安倍，這些都是趁這股強人狂熱而起的領導人，雖然經過各不相同。相形之下，歐巴馬的理性作風就被國內政敵譏笑為軟弱的證明。

有些新一代的「強勢領導人」，是出現在向來被視為西方陣營堅定成員的國家中。土耳其於一九五二年加入北約，在整個冷戰期間，都是對抗蘇聯不可或缺的堡壘（雖然有點難搞）。在蘇聯解體後，土耳其在西方聯盟裡扮演不大一樣，但仍然關鍵的角色。身為世俗化的穆斯林大國、經濟繁榮、實行民主，又是北約成員，土耳其在華盛頓和布魯塞爾被公認為中東其他國家的模範。那些人主張，這兒有個國家提供了鐵證：證明穆斯林世界和西方之間沒有無可避免的「文明衝撞」。

歐巴馬強烈認同土耳其做為樞軸和體系強權的角色，於是將當選總統後的第一次海外演說獻給土耳其首都安卡拉。在第一任內，他跟土耳其總理艾爾多安對話的頻率，比和其他外國領導人都高。

艾爾多安是新類型的土耳其領導人。身為虔誠的教徒，他的政治生涯有大半時間和土耳其的世俗及軍事機關意見相左，甚至曾因此短暫入獄，但那只會增添他在歐巴馬及其他西方粉絲心目中的份量。如果這位土耳其總理可以證明一位虔誠的穆斯林在領導國家的同時，可以維持他的民主、資本主義和親美傾向，那土耳其作為榜樣的潛在意義就更深刻了。

艾爾多安在二〇〇三年第一次擔任總理，在那之後不久，我在布魯塞爾一場記者會碰到他，他在會上強調土耳其欲加入歐盟的傳統主張，加入歐盟是他們自一九六〇年代初期開始就追求未果的目標。這股加入歐盟的渴望，打從根本確定了土耳其西化的傾向，這是從土耳其共和國父凱末爾就已開始讓國家踏上的道路。然而，在艾爾多安就任後，愈來愈明顯的是，這位新土耳其領導人在對外政策上的抱負絕不只是加入歐盟，而是重現昔日的鄂圖曼帝國。艾爾多安的外交部長艾哈邁德・達夫歐魯（Ahmet Davutoglu）二〇〇九年於塞拉耶佛一場演說中，就這樣的抱負提出洞見，他浮誇地宣稱：「一如十六世紀，鄂圖曼的巴爾幹人是世界政治的中心，我們將讓巴爾幹人、高加索人和中東成為未來世界政治的中心。」他提到的那些地區都是前鄂圖曼帝國的領土，這絕非巧合。

從二〇一一年開始，席捲阿拉伯世界各地的起義，給了艾爾多安和他在執政的正義與發展黨（Justice and Development Party, AKP）的同路人沉迷於區域領導夢想的機會。身為虔誠的穆斯林，艾爾多安欣然擁抱政治伊斯蘭在遜尼派世界的崛起，尤其是穆斯林兄弟會政府在埃及出頭。艾爾多安情緒性地譴責以色列，也暗示他願意背離他的美國盟友，博取非西方世界和傳說中的「阿拉伯街」（Arab street）的支持。一時間，土耳其追求區域影響力的進展似乎相當順利。當艾爾多安於二〇一一年九月，即埃及革命數個月後訪問埃及時，有兩萬名民眾到開羅機場迎接他。

開羅的穆斯林兄弟會遭到推翻，以及艾爾多安和鄰國敘利亞阿薩德政權發生激烈爭執，使艾爾多安追求區域影響力的過程變得複雜。但那無助於調解土耳其和西方的關係，恰恰相反地，艾爾多安對美國和歐盟的態度愈來愈令人生疑。土耳其人受不了布魯塞爾是情有可原的，畢竟連吃歐盟五十多年的閉門羹是奇恥大辱。就算土耳其不符合入會的政治或經濟標準是事實，但土耳其人覺得歐洲處理土耳其申請入會案時吹毛求疵的態度，反映出文化上的偏見、以及擔心大量移民會自相對貧窮的穆斯林國家湧入，這種感覺也不是沒有道理。

艾爾多安和他在土耳其國內的支持者，也因一些與自尊受損無關的理由，對歐洲幻想破滅。正義與發展黨在諸如女權和同性戀權利等議題上，重新主張保守的文化價值觀，和愈來愈自由的西歐扞格不入。當歐盟於二〇〇九年陷入嚴重經濟危機時，土耳其人也開始比較土耳其和亞洲的迅速成長率，和較富裕但僵化的西方的明顯衰退。一如土耳其最敏銳的政治分析師之一希南・烏爾根（Sinan Ulgen）所解釋的：「政治伊斯蘭主義者現在傾向將整個西方、特別是歐洲，視為政治、經濟、社會和道德都在衰敗的文明。」

隨著艾爾多安繼續執政，土耳其和西方之間的衝突也變本加厲，阿拉伯之春只是火上加油。在動亂紛擾中，艾爾多安領導的土耳其非但不是西式自由主義在阿拉伯世界的明燈，反倒成為穆斯林譴責西方不作為、放任敘利亞內戰釀成悲劇的中流砥柱。艾爾多安本人的言辭也愈來愈偏激。他在二〇一四年底的一番言論非常典型，隨著敘利亞死亡人數節節攀升，艾爾多安告訴他的人民：「相信我，他們（西方）不喜歡我們……他們看似朋友，但巴不得我們死，更巴不得看我們的孩子死掉。」

在這些關於中東的言論背後，一種更全面的背離正在發生。在艾爾多安執政下，土耳其已悄然展開東方化的過程，這其中的意涵絕不只是地緣政治。事實上，艾爾多安的東方化過程從根本挑戰了土耳其盛行的意識型態，也就是凱末爾灌輸給土耳其共和的意識型態。凱末爾在第一次世界大戰後自行承擔的使命，是在鄂圖曼帝國的斷垣殘壁上建造一個新土耳其國家。對凱末爾來說，現代化和國家的存續，需要的是接受西方和廢除鄂圖曼的文化習俗，新土耳其要成為世俗國家。軍隊密切關注伊斯蘭主義者的政治活動，不惜鎮壓，就連土耳其的語言也變了，傳統的鄂圖曼文字被廢，改用羅馬字母。

對艾爾多安來說，凱末爾土耳其的軍事世俗主義令人反感，他迅雷不及掩耳地著手挑戰凱末爾遺留的各種制度。他廢除了不許女性在大學戴頭巾的禁令、鼓勵興辦宗教學校，以及教導鄂圖曼古文字。有些措施或許可詮釋為公民自由擴張、給予土耳其虔誠的民眾更多實踐宗教的自由，但艾爾多安在給予伊斯蘭更大包容的同時，卻限制了土耳其世俗自由派所珍視的一些公民自由。艾爾多安當政後，我曾數度拜訪土耳其，覺得相當明顯的一點是，我在土耳其媒體的許多同事，都生活在恐懼的氣氛之中。這並不令人驚訝，因為據說，在艾爾多安的土耳其鋃鐺入獄的新聞記者，比在共產主義的中國還多。[1]

二〇一三年，土耳其親西方自由派的焦慮溢上街頭。引發第一波抗議的是政府重新開發蓋齊公園（Gezi Park）的計劃。那是伊斯坦堡象徵性的中心塔克希姆廣場（Taksim Square）外圍的一片綠地，面積約一個街區大。同樣地，在蓋齊爭議的背後，也有世俗派和伊斯蘭主義者的文化衝突。艾爾多安的公園發展計劃，是建造當地曾有的一座鄂圖曼兵營的複製品，它曾是一九〇九年伊斯蘭主義官員發動叛變的基地，後來被世俗派的共和政府夷為平地。這位總理也想要拆除和廣場同一條路上巨大的凱末爾文化中心，改建為新巴洛克風格的歌劇院。他還提議應該在塔克希姆建一座清真寺。在許多反對人士眼中，這些提案無異是在攻擊土耳其的世俗主義。

塔克希姆的抗議顯露了土耳其親西方的都市菁英，和以艾爾多安為首的東方化人士之間極深的分歧。在美國，決定政治取向的文化分歧反映在紅州與藍州上。在土耳其，分歧則在「黑白」土耳其人之間。「黑白」不是指膚色，而是指社會態度和階級。「白」土耳其人多半有世俗傾向、相對富裕,也較都市化;「黑」土耳其人則是虔誠的穆斯林,通常較貧窮而居於鄉間。想一下紅色和藍色美國人彼此間的輕蔑和不信任,然後乘以三,你就明白土耳其文化鬥爭的兩大陣營分裂得有多嚴重了。

伊斯坦堡中心地區的示威,幾乎是白土耳其人專屬的場子。二〇一三年一個炎熱的夏夜,我加入聚集在塔克希姆廣場的數千名群眾。那場抗議的導火線是政府當局讓一名在安卡拉射死一位抗議民眾的警察交保釋放。在塔克希姆的群眾,應該可以和紐約祖科蒂公園(Zuccotti Park)的「占領華爾街」抗議者,或巴黎某一場學生示威運動完美融合在一起。這裡有支持強硬左派的紅旗、支持同志的彩虹旗、環保人士的綠旗,還有很多學生和一些看似從辦公室過來的專業人士。常帶頭呼口號的年輕女性多半穿短褲或背心,有些人靠在男友的肩上,墨鏡時髦地掛在頭頂。我看到唯一一名戴頭巾的女性是個老婆婆,她在人潮的邊緣,賣水給示威群眾。

執政的正義與發展黨,也就是這裡許多口號針對的目標,是虔誠穆斯林運作的政黨。艾爾多安和他前一任總統阿布杜拉·居爾(Abdullah Gul)的妻子都戴頭巾。塔克希姆的群眾主要是世俗派的都市中產階級,艾爾多安的核心選民則是較虔誠、保守的民眾。當總理譴責示威群眾為搶匪和外國陰謀的工具,並聲稱他們在伊斯坦堡一座清真寺裡喝啤酒時,就是在迎合這些忠實教徒。

酒精是土耳其文化戰爭的另一條戰線。在蓋齊公園示威爆發的大約一星期前，土耳其國會通過一項新法令，禁止清真寺或學校方圓一百公尺內的任何店家販賣酒精飲料。沒有人確定這項新法該詮釋得多嚴格，以及做觀光客生意和已獲得販售「惡魔飲料」許可的店家是否排除在外。但，既然伊斯坦堡到處都有清真寺和學校，該法便牽連甚廣。對「白土耳其人」來說，炎炎夏日在伊斯坦堡最大的樂趣之一，就是坐在戶外一邊眺望博斯普魯斯海峽，一邊啜飲一瓶啤酒或一杯白酒。有人擔心，艾爾多安時不時鎖定伊斯坦堡那些喝威士忌、凝視博斯普魯斯的菁英為目標，為的就是要拿那單純的樂趣來開刀。

雖然言辭激烈，但艾爾多安行事通常相當謹慎。他心在伊斯蘭世界，而他在地緣政治方面的抱負也促使他向東看，但腳踏實地的商業利益也很重要。新興市場固然已為土耳其公司開拓重要的新商機，但土耳其仍和歐洲做很多生意，也有蓬勃發展的觀光業需要保護。因此，艾爾多安執政下的土耳其力圖在東方與西方之間維持平衡，這是相當合乎邏輯的概念，尤其土耳其的地理位置正好橫跨歐亞。

但就連東西平衡的概念，也是一種顯著的背離。數個世代以來，土耳其是個只看一個方向的國家——只往西方看。東方對於凱末爾的世俗主義者來說，只代表倒退和貧窮，但在二十一世紀，那種態度已不再占盡優勢。雖然怒氣沖沖、情緒化、偶爾矯情，但艾爾多安卻是土耳其調整自己、適應較東方化的世界的象徵。

考慮到土耳其的穆斯林傳統，某種程度上，土耳其向東轉是合理的。在歐巴馬時代較令人意外的是，連一些歐盟（西方世界的第二條支柱）內的國家，都已開始向東看，其中最重要的莫過於匈牙利。它的領導者是具群眾魅力、備受爭議而有獨裁傾向的維克多・奧班。

二〇〇四年，當我在匈牙利入歐最後衝刺之際拜訪該國時，奧班仍是西方保守派人士的偶像。他在一九八九年共產主義垮台期間，以衝勁十足的年輕學生領袖之姿嶄露頭角，也是崇拜當時英國首相柴契爾夫人和美國總統雷根的經濟政治自由派，大獲西方新聞媒體好評。但許多欣賞奧班的西方人士最初都忽略了一點：他也是民族主義者。一如許多匈牙利右翼人士，他至今仍在哀悼匈牙利在一次世界大戰後喪失的土地。當奧班意欲鞏固權力時，事態便愈加明顯：對他來說，打敗國內政敵贏得政治鬥爭，並投國內民族主義者之所好，比服膺自由之道來得重要，就算那些規範被供奉在匈牙利已簽署的歐盟法令中。

奧班領導的匈牙利有愈來愈獨裁的傾向，新的法律不但限縮媒體自由，也給予奧班的支持者更多政治和商業利益。如此一來，布達佩斯和布魯塞爾的關係自然勢如水火。

而布魯塞爾嫌惡匈牙利的眼光，又反過來讓奧班更為光火。一如土耳其總統艾爾多安，這位匈牙利領導人開始大肆宣揚反西方的辭令，比如說歐洲經濟在後危機時代的不振為西方衰落的徵兆，還盛讚亞洲獨裁的發展模式為該國未來的典範。在二〇一四年一場備受爭議的演說中，這位匈牙利領導人指出，「自由民主的國家無法維持全球競爭力，」並補充：「當今世界正試著了解非西方、非自由，甚至非民主的體制。那些體制已相當成功。」他自己的目標則是打造一個「以國家為基礎，而非崇尚自由」的國家。這位總理援引新加坡、中國和土耳其為可能的靈感，這三個國家皆以歐盟無法接受的方式箝制媒體和政治反對派，且三國都由政府決定經濟發展的方向。中國和土耳其更沉溺於強烈的民族主義政治路線，那顯然令奧班十分激賞，但不被布魯塞爾所接受。

奧班帶領匈牙利行進的路線，令華盛頓、布魯塞爾和柏林相當錯愕。德國一位高級官員對我形容這位匈牙利領導人是「我們巴爾幹的小普丁」。但歐盟似乎無力將匈牙利拉回原本的路線。相反地，當二〇一五年歐洲突然得吃力地處理上百萬從中東和非洲湧入的難民時，奧班果斷而獨裁的作風，開始得到西歐甚至美國保守派的青睞。

為了封鎖難民越過匈牙利領土、往北進入德國的路線，奧班下令沿著匈牙利邊境高築有刺鐵絲網，並派武裝衛兵巡邏。西歐的自由派人士大為震驚，譴責奧班的行為殘忍又違法。二〇一五年夏天，電視播出慘遭虐待的難民逃出匈牙利的驚悚畫面，促使德國總理梅克爾打開門戶讓難民進入國門，但奧班儼然成為德國和歐盟其他國家保守派的偶像，他們認為他有行動力、願意做出符合國家利益的強硬決策。二〇一五年夏天，在與梅克爾合組聯合政府的基督社會聯盟（Christian Social Union）所舉行的一場會議上，奧班受到熱情款待，而他也成為同一年在波蘭贏得政權的民族主義和保守政黨的盟友和榜樣。在改變政治路線後，波蘭緊接著實施奧班式的國營媒體和法院操控。波蘭的新方向證明，歐洲其他國家不能再將奧班的匈牙利視為脫離正軌的異數，因此而掉以輕心。正如奧班受到習近平中國的啟發，歐洲的保守勢力正期待奧班當他們的典範。

奧班是相當細膩的政治操盤手，懂得避開直接的種族主義論調，也明白發送曖昧政治訊息的重要。但不少公然宣揚種族主義的勢力，正陸續於東歐和西歐捲土重來，使匈牙利再次引人矚目。除了奧班的青年民主主義者聯盟（Fidesz），匈牙利政壇還有作風浮誇的極右派「更好的匈牙利運動黨」（Jobbik），該黨發起反對「以色列影響力」的運動，目前在匈牙利國會擁有相當多席次。該黨的明日之星克莉絲蒂娜．莫爾瓦伊（Krisztina Morvai）的政治生涯，可說是西方希望落空的象徵。在一九八九年蘇聯帝國瓦解後，她是第一個獲得英國政府獎學金的中歐學生，當年還是柴契爾夫人親自頒獎給她的。這個西歐的門徒竟搖身變成極右派運動的領導人，是挺令人難堪的諷刺。二〇〇九年，我和莫爾瓦伊在布達佩斯碰面時，她斷然否認她是某種典型的法西斯主義者。但她令人不安地在討論右翼準軍事部隊對吉普賽人施暴的話題時閃爍其詞，並義憤填膺地指責以色列在匈牙利的商業影響力。

儘管方式不同，但匈牙利、土耳其和烏克蘭在二〇〇八年金融危機後的命運，都證明歐盟的吸引力大不如前，引導西化的力量也在流失。現在回想，我從二〇〇一到二〇〇五年住在布魯塞爾的時光，是歐盟的全盛時期。那時歐洲經濟看來強勁有力，歐洲單一貨幣廣獲好評，各國排隊等候加入歐盟，那儼然是繁榮昌盛、長治久安的保證。而匈牙利、烏克蘭和土耳其都是當時有望加入歐盟的國家。

十年後，一切都變了。經濟危機大大削弱了歐盟的可信度。匈牙利已經入會，卻恣意違反規定，並且向亞洲、而非布魯塞爾尋求靈感。土耳其開始在對外事務和國內政治上轉向東方，與西方漸行漸遠。至於烏克蘭，雖然政治菁英和多數人口仍渴望「加入歐洲」，但歐洲已無力拉烏克蘭上船。它只能使勁掙扎，但仍止不住下沉——被狂暴的俄羅斯和靠不住的西方撕裂。

13 ▼ 非洲和美洲的全球化——中國取代西方

二〇一五年七月，當歐巴馬出現在非洲聯盟領袖面前時，那是個饒富象徵與情感的時刻。這位美國總統宣告：「站在你們面前的我，是個驕傲的美國人。」頓了好一會兒，他繼續說：「站在你們面前的我，也是非洲的孩子。」全場歡聲雷動。

美國和非洲之間的個人與政治連結，就像歐巴馬體現的那般，應該能賦予美國相當大的優勢來和非洲大陸建立特別的關係。但歐巴馬發表演說的那棟建築，卻訴說著截然不同的故事。這棟位於衣索比亞首都阿迪斯阿貝巴的新非盟總部，其兩億美元的興建經費全部由中國資助。高一百公尺、附有超大型會議中心的非盟大樓高聳於阿迪斯阿貝巴的天際。這座城市也是非洲撒哈拉以南第一座都市捷運系統的所在地，而那也是由一家中國企業建造、出資和經營的。這些發展都是衣索比亞開發迅速，以及新興非洲經濟和中國密不可分的明證。

即便已是二〇一五年，許多西方人對衣索比亞的印象仍停留在一九八四年：當時，衣索比亞飢荒造成數十萬人死亡，也促成那幾場令一整個世代的年輕人難以忘懷的「拯救生命」演唱會。但到了二〇一五年，歐巴馬成為首位訪問衣索比亞的美國總統之際，飢荒和絕望的印象已嚴重過時。事實上，在二〇〇四到二〇一四年間，衣索比亞的經濟以年平均超過十%的速度成長。世界銀行預測，未來五年這裡將持續是世界成長最快的經濟體之一。

在西方世界，非洲經濟活蹦亂跳仍是新奇的概念。近至二〇〇〇年，《經濟學人》還刊登過一篇標題為〈絕望的大陸〉（*The Hopeless Continent*）、旨在探討非洲的封面故事。該雜誌指出，有四十五%的非洲人生活窮困，貪汙腐敗蔓延整個大陸，「戰火仍從北燒到南，從東燒到西」。文章末尾沮喪地結論道：「彷彿世界就要放棄這整座大陸了。」

《經濟學人》的唐突固然引發爭議，但那其實只是公開表達一種在歐美非常普遍的觀點：在衣索比亞飢荒、盧安達種族滅絕、索馬利亞和剛果內戰，以及辛巴威淪為專制國家後，華盛頓和倫敦很難對非洲抱持樂觀。

但「世界」並未放棄非洲；只有西方世界放棄而已，中國的看法截然不同。二〇〇〇年，和《經濟學人》刊出那篇封面故事同一年，中國政府在北京召開史上第一次中國—非洲論壇，非洲和中國領導人齊聚一堂，共商「絕望大陸」的投資大計。

雖然在很多西方人士眼中，非洲只有絕望和沮喪，但中國人卻看到了商機。中國成長迅速的產業經濟需要原料，而非洲有的是原料；許多非洲國家都迫切需要新的基礎建設，而中國的營建公司正在尋找機會。由於本身才從貧窮迅速崛起，比起備受呵護的西方商人和工人，中國人也較不容易被非洲的情況嚇到：泥土路、飢餓的人民和貪腐的官僚，中國都再熟悉不過。誠如一名中國官員所說：「非洲嚇不了我們的。」

接下來十年，中國的貿易和投資大舉注入非洲，協助扭轉國際對這座大陸的看法。中國和非洲的雙邊貿易在二〇〇〇至二〇一〇年間成長二十倍，從一年一百億美元暴增為兩千億美元，這使得中國輕易成為非洲最大的貿易夥伴。[1]最大的交易通常涉及中國經濟渴求的礦產和天然資源，例子不勝枚舉：包括中國石油公司以四十二億美元買下莫三比克一座天然氣田的二十%；中國耗資兩百三十億美元，在奈及利亞興建三座煉油廠和一座燃料綜合設施；在蘇丹尼羅河興建造價十八億美元的麥洛維大壩（Merowe Dam），這是非洲最大的水力發電工程；以及在肯亞花兩百四十億美元改造拉穆港。

中國投資的影響在整座非洲大陸上隨處可見。不到十年，中國聲稱已在非洲大陸興建四十二座體育館，和五十二間醫院，多半是用以換取資源使用權。這些巨大的工程也象徵中國的威望，讓人一看就想到它日益強大的權力。牛津大學教授克里斯・艾爾登（Chris Alden）指出：「中國正逐漸取代西方，成為非洲全球化的新面孔。」

中國於非洲無所不在的現象，不只反映在建物、道路和投資，還有人。中國面孔在非洲愈來愈常見，從會議室到市場的貨攤都看得到。二〇一〇年時，粗估非洲約有一百萬中國移民，但真正的數字沒人說得準。有時需要一件軼事或一個插曲才能生動地表達這種新情況。二〇一一年，當利比亞在格達費政權被推翻後陷入內戰，中國政府出動海軍來援救受困利比亞的中國民眾。當時我正在倫敦的日本大使館吃午餐，我至今仍然記得，當得知竟有三萬名中國人在利比亞工作，而且中國政府還有能耐在地中海安排海軍任務加以搭救時，我的日本東道主有多震驚。

中國在非洲影響力大增會引來華盛頓和東京側目是可以理解的，因為中國在非洲影響力大增，就是中國興起為真正全球強權最顯眼的例證——他們的經濟和外交版圖皆已擴展到亞洲腹地之外了。

西方強權向來習慣將非洲大陸視為他們的「勢力範圍」。一八八〇年代的「瓜分非洲」把這個大陸分割成歐洲列強的殖民封地——以英法為首，葡萄牙、德國和比利時也很重要。

即便在解殖之後，歐洲列強仍認為他們在非洲扮演特殊的角色。法國人仍費盡心機地捍衛他們在「法語圈」，也就是西非說法語的前殖民地的勢力。英國和非洲十九個大英國協國家發展關係與投資，包括奈及利亞、肯亞和南非等區域強國。葡萄牙到一九七〇年代都還是莫三比克和安哥拉國內的帝國強權，而隨著近幾年葡萄牙經濟一落千丈，許多葡萄牙中產階級都回到這兩地，特別是安哥拉，尋找工作機會。美國也透過非裔美國人的社群，和非洲建立自己獨特的連結。除此之外，非洲在冷戰時期也是兵家必爭之地。一九七〇年代，美國和蘇聯在非洲打了一場代理人之戰：兩大超級強權干預安哥拉內戰，並支持敵對的陣營。

基於上述種種理由，中國在非洲的存在愈來愈顯眼，著實令許多西方人士大吃一驚。但事實上，西方企業和政府就是沒跟上中國人的腳步和膽量。誠如迦納籍的前聯合國祕書長科菲・安南（Kofi Annan）指出的：「我問西方，你們在哪裡？」

中國在拉丁美洲的勢力擴張雖然較少人評論，但許多方面跟中國人在非洲一樣引人注目，畢竟，拉丁美洲可是美國的後院哪。一八二三年宣布的門羅主義（Monroe Doctrine）讓不容外國干涉美洲大陸成為美國的政策。冷戰期間，美國常採取冷酷無情的行動，以力抗俄羅斯在拉丁美洲的勢力——從尼加拉瓜到古巴再到智利。

但二十一世紀的第一個十年，中國的影響力以驚人速度成長，而美國人幾乎渾然未覺。

這個事態，加上「粉紅浪潮」（pink tide，即二十一世紀後，一些左派和極左派政府在拉丁美洲崛起），使得華府在美洲的影響力大幅衰退。二〇一五年，知名區域分析家麥可．瑞德（Michael Reid）評論：「美國現今在拉丁美洲的影響力，可說來到百年來的最低點。」

先前以為自己會永遠活在美國經濟陰影裡的拉美國家，忽然發現有其他選項了。二〇一〇年我造訪拉美最大的國家巴西時，一位資深外交官對我直言，現在對巴西來說，遙遠的中國比美國來得重要。為反映這個新現實，新選出的總統迪爾瑪．羅賽芙（Dilma Rousseff）在次年四月赴中國進行國是訪問，數個月後才訪問華盛頓。

理由很簡單：中國現在是巴西最大的貿易夥伴，巴西出口中國的商品總值幾乎達到出口美國的兩倍。巴西的經濟景氣，如聖保羅的房地產價格已超越紐約，這更是和中國對巴西黃豆、糖、肉、鐵、銅的渴望直接相關。與非洲的情況類似，中國對天然資源和商品的渴求，是兩邊貿易蓬勃發展的原動力。在二〇〇〇年後的十年間，中國也成為祕魯和智利最大的貿易夥伴。這兩國跟巴西一樣，都是商品生產大國。在二〇〇〇年到二〇一三年間，中國和拉丁美洲的貿易總值從一年一百億美元，成長至二千五百七十億美元。

但巴西人旋即發現，在經濟上仰賴中國是一把兩面刃。早在二〇一〇年，巴西的製造業就難以跟廉價的中國進口商品競爭，吵著要求保護。二〇一四年我再訪巴西之際，巴西的成長已急遽趨緩，主要是商品需求下滑所致，因為中國的成長慢下來了。民眾情緒躁動不安，羅賽芙在世界盃足球賽場現身時，遭觀眾噓聲以待。但就算如此，巴西除了迎合中國，別無選擇。一場金磚國家高峰會被安排在世足賽期間於巴西福塔雷薩市（Fortaleza）召開。據說這樣的安排最重要的原因是：習近平是足球迷。

巴西同時是金磚國家和二十國集團（G20）的成員，反映出巴西逐漸被視為南美發言人的事實。它能享有這個地位，主因是它擁有拉丁美洲最多的人口，略多於兩億人。[2]有些人，特別是墨西哥人（巴西在此區域的主要對手），對此輕率的認定方式深感不滿，並主張巴西如此仰賴商品出口，並非典型的拉丁美洲國家。

但事實上，拉美主要的經濟體，包括阿根廷、智利和祕魯，大多為商品生產大國，和中國的貿易也在二十一世紀的第一個十年急速發展。中國的足跡在美國後院比比皆是，甚至包括從邁阿密搭飛機一下就到的加勒比海群島。巴哈馬是美國人最愛的加勒比海渡假勝地之一，而島上最大的新飯店巴哈馬爾會議中心正是中國人投資興建的：造價三十五億美元、擁有兩千兩百個房間，和加勒比海最大的賭場。二〇一六年初，這個超大型複合式渡假村已接近完工，但尚未營運，突然聲請破產。但如此巨大的計劃不大可能半途而廢，何況巴哈馬政府聲稱，未來光巴哈馬爾就占全國GDP的十二%。

考慮到中國企業答應資助拉丁美洲進行的一些基礎建設計劃規模之龐大，像這樣的挫敗也許難以避免。另一個例子是橫貫尼加拉瓜的新運河計劃：這條造價五百億美元的運河將連接太平洋和大西洋，可與美國在一九〇四到一九一四年興建的巴拿馬運河競爭。還有另一項中國出資的計劃是墨西哥的新高速鐵路案。中國國務院總理李克強在二〇一五年訪問巴西時，也簽約贊助一項研究是環亞馬遜鐵路的可行性：那條鐵路計劃從巴西的大西洋岸，一路延伸至祕魯的太平洋岸。

這些工程不僅意在營利，也是為了展現中國的權力和企圖心，讓人不禁憶起英國在帝國企圖心最旺盛的時期，投入建造開普敦—開羅鐵路的往事。抱持懷疑的觀察家指出，中國宣布了一項野心勃勃的計劃，不見得就代表能夠完成。二〇一五年遇上財務問題的不只有巴哈馬的飯店工程，墨西哥的高鐵也是。眾人也有充分的理由懷疑新尼加拉瓜運河能否完工，或者環亞馬遜鐵路能否脫離紙上談兵的階段。但這些宣告仍有其意義。它們顯示中國有雄心、也有財力，來考慮在這座位於美國後院的遙遠大陸上，進行讓其基礎建設改頭換面的工程。

在拉丁美洲和非洲，中國的投資最令人興奮，也引發最多爭議。但如果僅將焦點擺在中國，便會忽略這個事實：非洲和拉丁美洲同時也雙雙吸引來自亞洲其他國家的大量資金。特別是印度，已準備好要充分利用這個位在非洲的嶄新機會。早在二十世紀初，已有鐵路工人和商人從印度移居非洲，眾所皆知，連甘地年輕時都曾在南非待過二十年。一九九九年以前，印度與非洲的雙邊貿易來往一直多於中國。跨印度洋的家族和種族關係，加上距離較近，使印度在非洲大陸具有相對優勢。而現今中國加速前進的畫面激勵了印度人。印度政府仿照中國的模式，在二〇〇八年和二〇一一年兩度舉行和非洲領袖的高峰會。在一筆指標性的投資中，巴帝電信（Bharti Airtel）投資了一百零七億美元，來建造全非洲的行動電話網路。二〇一〇年，印度和非洲的雙邊貿易額來到五百七十億美元——將近中國的三分之一。

一些發展經濟學家主張，未來數十年，為世界經濟提供新動力的將是非洲和印度（而非中國）的關係。他們的論據是，隨著中國、南韓和日本人口老化凋零，東亞的成長將會趨緩。相形之下，印度和非洲的人口年輕得多。長期而言，這可能意味著環印度洋將取代環太平洋，成為全球經濟最有活力的地區。

日本被中國在非洲和拉美擴張的情景所震懾，也試圖有所回應。二〇一四年元月，安倍晉三成為八年來第一位訪問非洲大陸的日本首相。日本已經是非洲最大的援助國之一，但安倍也承諾會鼓勵民間投資。六個月後，安倍出訪拉丁美洲，這座大陸和日本淵源頗深。光在聖保羅，就有超過三十萬日裔巴西人；而在祕魯，日本血統的藤森家族也出了一位總統和一位總統候選人。安倍的五國訪問從巴西開始，在那裡，他呼籲日本投入聖保羅地下鐵和近海石油工業的發展。在墨西哥和哥倫比亞，這位日本領導人簽署了能源協議；在智利，他則承諾日本將大規模投資銅礦開發。過去，精明的拉美國家曾得利於蘇聯和美國的地緣政治競爭，現在他們發現，自己還能當東亞鷸蚌相爭的漁翁。

在安倍巡迴訪問非洲和拉丁美洲之際，這兩個大陸顯然是一場政治角力的必爭之地，逐鹿者包括美國、歐洲、日本、印度，以及最重要的中國。無可避免地，中國的參與引發西方最強烈的關注和憂慮，這是因為中國投資規模巨大，也因為不同於印度和日本，中國被美國視為崛起中的全球勁敵。一些西方重要人士認為，中國積極參與拉美及非洲是良性發展。例如曾於數屆共和黨政府任職的佐利克就在擔任世界銀行總裁時，對此抱持審慎樂觀的態度，強調中國投資能帶來的好處。

但許多西方評論人士揮不去這個念頭：中國可能複製昔日歐洲國家最擅長的剝削模式。以往，歐洲帝國主義的模式常是由商人或傳教士率先突破，製造衝突和需求，而後歐洲強行介入、進行政治控制。就算中國從未企圖在非洲扮演正式的政治角色，但北京三番兩次透過金錢和外交援助扶持非洲一些較不受歡迎的政權，例如蘇丹和辛巴威，此舉已被西方指控為剝削和政治犬儒。

中國人非常清楚西方對他們在非洲的經營心懷猜忌，並決定置之不理。二〇〇八年，我在北京和一群專門研究非洲的中國教授聚會，有人提醒我，西方人曾把非洲人當奴隸買賣，然後殖民他們的國家，實在沒有資格批判中國在非洲的作為。他們說，因為中國本身曾深受西方帝國主義之害，因此對非洲人的經濟和政治需求感同身受。中國的投資不是什麼新帝國主義，而是「南南合作」。中國外交部長王毅也在二〇一五年訪問非洲時做了同樣的論述，發誓：「我們絕不走西方殖民主義者的老路。」

中國的外交政策強調「不干預」和它打交道的非洲政府的國內事務，而許多非洲政府受夠了難以取悅的西方「條件」，顯然相當歡迎作風迥異的中國。諸如世界銀行或美國政府等西方貸方，老是要非洲借方先接受環境和治理上的條件才肯撥款，中國人就沒那麼難搞。塞內加爾前總統阿卜杜拉耶・瓦德（Abdoulaye Wade）認為：「中國照應我們需求的方式，遠比歐洲投資人、捐贈組織和非政府組織那種慢條斯理、不時擺出施恩態度的後殖民手法來得恰當。」

對中國援助方式有所批評者則回說，雖然非洲領導人可能很高興能和北京政府做那些交易，但非洲平民未必因此受惠。一個常見的指控是，中國公司常引進中國自己的人力，而非雇用當地人。西方新聞記者也發現，很容易見到中國雇主對非洲人表現出種族主義的態度，他們的言詞聽來彷彿就出自西方帝國主義者之口。

一如巴西人，有些非洲人也擔心，中國和非洲的關係已經複製了一些殖民主義的惡性經濟特徵，因為非洲是賣出原料，交換進口較高價值的製造品。備受敬重的奈及利亞中央銀行總裁拉米多．薩努西（Lamido Sanusi）抱怨這種經濟關係「本質是殖民主義」，因為那將非洲國家鎖進依賴中國的關係中，卻讓中國取走大部分的利益。

但，如同中國的經濟已經改變，中國投資非洲的本質也在轉變。中國國內工資上漲，意味著許多製造業者現在要至他處尋找低成本的勞工。如果歐巴馬在二〇一五年搭車進入阿迪斯阿貝巴時曾往窗外望，他或許會見到機場附近有個新工業園區，那裡蓋滿中資工廠，例如世界最大製鞋廠華堅集團所擁有的一間，已雇用了四千人，而且有增聘到四萬人的雄心。這不足為奇，因為衣索比亞的工資不及中國南部的十分之一。

中國與日俱增的經濟影響力，也無可避免地成為全非洲的政治議題。二〇一一年，麥可．薩塔（Michael Sata）贏得尚比亞總統大選，他在競選時就大聲抨擊中國在尚比亞投資帶有的剝削性質。在南非，有些人覺得他們的國家正屈辱地迎合中國。當南非政府在二〇一四年拒絕接見達賴喇嘛（這向來是測試是否願意迎合北京的石蕊試驗），一位具影響力的南非專欄作家怒斥：「達賴喇嘛已成為南非對中國命令卑躬屈膝的代稱。」

然而在非洲，一如歐洲，多數政治領導人都願意務實地遷就中國對達賴喇嘛等議題的喜好，以便維護彌足珍貴的商業關係。一旦執政了，就連尚比亞總統薩塔都主動與中國和解。畢竟，中國可是尚比亞銅礦的最大顧客。

儘管有人抱怨中國的政治影響力，但對多數非洲和拉美政府而言，中國和其他亞洲投資人的到來，仍是受歡迎的發展，在經濟和政治方面都是。不少國家和政治人物都對西方宰制的世界深感不悅，而某種程度而言，東方化正為他們提供嶄新的政治機會。

二〇〇二年到二〇一〇年的巴西總統，人稱「魯拉」的路易斯．伊納西奧．魯拉．達席爾瓦（Luis Inacio Lula da Silva），本人極具領袖魅力，他是被西方公認為已接受溫和、親西方社會民主的前激進派。但論及外交政策，魯拉仍保有激進的風格，主張「巴西、俄羅斯、印度和中國在創造全新的世界秩序上，扮演著舉足輕重的角色」。

金磚五國這個頭字語（BRICS，五個字母分別代表巴西、俄羅斯、印度、中國和南非）曾只是高盛集團的行銷工具，但到魯拉任期結束時，已具有真實的政治生命——巴西、俄羅斯、印度和中國會定期舉行高峰會，並於二〇一一年歡迎南非入列。金磚五國自稱要結合成足以和西方抗衡的政治力量，但多數西方觀察家對此不屑一顧，指出那個組織集結了民主與專制，以及規模相差懸殊的經濟體（中國的經濟規模是南非的二十倍）。但有跡象顯示，在發生政治危機時，金磚五國可能立場一致。俄羅斯人就很開心在二〇一四年聯合國的討論會上，沒有一個金磚國家投票支持美國和歐盟譴責俄羅斯併吞克里米亞之舉。

美國人知道他們必須重新在非洲和拉美與他人競爭影響力，因而促成外交政策的一些變革。二〇〇七年，美國成立聚焦於非洲的軍事指揮團隊，和現有著眼於太平洋、中東、歐洲和美洲的區域司令部平起平坐（有點怪異的是，「非洲司令部」設在德國的斯圖加特〔Stuttgart〕）。該指揮部的設置固然和非洲萌生的恐怖主義威脅息息相關，但也反映出，美國愈來愈清楚在非洲進行戰略性競爭的風險。

歐巴馬政府也力圖厚植美國在非洲及美洲的「軟實力」，以抗衡中國的經濟影響力。美國長期監視巴西總統羅賽芙的電子通訊一事曝光是記重拳，導致羅賽芙取消赴華府的國是訪問。但歐巴馬失之東隅收之桑榆，在二〇一五年重新建立與古巴的外交關係，緩解了美國和拉丁美洲關係的一大沉疴。美國人也開始不再那麼大聲呼籲拉丁美洲在「毒品戰爭」上與他們合作，期能更鞏固他們在美洲的地位。

西方在非洲及美洲的政策是否該隨著中國爭權奪勢起舞的問題，在歐巴馬時代顯得愈見緊要而急迫。有些決策官員主張（多半是輕聲細語地），美國和歐盟應放緩他們針對治理和民主等議題的論調，以免失去朋友和合約。

但歐巴馬在二〇一五年巡迴訪問非洲期間，卻相當刻意地反其道而行。在肯亞和衣索比亞的正式演說中，他碰觸了非洲政治社會最敏感的一些議題。他毫無顧忌地支持同性戀權利、譴責「貪腐是一種癌」，還告訴非盟「沒有人可以當總統當一輩子」。無巧不巧地，當時的非盟主席正是高齡九十一、已經當了二十多年總統的辛巴威總統羅伯・穆加比（Robert Mugabe）。不過穆加比本人不在觀眾席，而有些觀眾則對歐巴馬支持民主的辭令報以熱烈的掌聲。歐巴馬傳遞的訊息「非洲不需要強人，需要強大的制度」，和中國強調個人外交及「不干預」非洲國家內政的說詞形成強烈對比。

對美國而言，在中國於非洲和美洲的影響力增長得如此迅速的當下，採取這樣的立場是場豪賭。但長遠來看，歐巴馬強調強大的制度這點，判斷相當正確。在世界經濟正在東方化的年代，美國人和歐洲人要保有他們的全球政治實力，最好的機會還是在於西方制度的長久穩固。

14 ▼ 西方制度上的優勢

環球銀行金融電信協會（Society for Worldwide Interbank Financial Telecommunication, Swift）的總部，隱身於比利時布魯塞爾市郊的拉於爾普（La Hulpe）小鎮上，一條樹木繁茂的道路之外。無論誰開車經過，都沒有理由會想到自己正經過一個堪稱世界金融制度配電盤的機構。唯一暗示Swift可能十分重要的是協會龐然的建築，大約有一座足球場那麼長。

但二〇一二年，Swift卻不情願地從沒沒無聞中冒出頭，因為歐盟通過的制裁案，迫使該機構中止和伊朗銀行的聯繫。一眨眼，伊朗便被隔絕於全球金融體系之外。不到幾個月，伊朗經濟瀕臨窒息，迫使這個伊斯蘭共和國在進行國際核武談判時，做出重大的讓步。

伊朗的麻煩突顯了這個事實：能否參與全球經濟，取決於能否把錢匯出國境。Swift提供的是連結國際銀行的技術和規則。任何要進行國際匯款、需要銀行國際匯款代碼（SWIFT code）或國際銀行帳戶碼（IBAN number）的人，都會用到它的系統。

Swift為民營合作機構，由它的會員銀行持有和經營，而它的董事會由世界各地金融機構的代表組成，包括俄羅斯、中國、日本，以及美國和歐洲。協會總部位於比利時這點原本看似無關緊要，直到國際決定對伊朗實施制裁，在那一刻，Swift受歐洲法管制的事實變得一清二楚。當歐盟頂不住美國的壓力，通過針對伊朗與Swift連線的制裁案後，該協會別無選擇，唯有切斷對伊朗的服務。

Swift禁令的破壞力舉世皆知。當西方在俄羅斯併吞克里米亞後開始對俄國實施制裁，一名俄羅斯資深外交人員警告，切斷他的國家與Swift的連結，會被視為等同於對俄宣戰。但Swift事件還有更深的意義。這件事披露了一些讓全球經濟得以運作的隱藏線路，更突顯了有多少線路仍集中於西方之手。

這一章將透過檢視一些支撐全球經濟與政治秩序的重要機構，來探討世界何以大半仍掌握在西方手中。這些機構包括聯合國、世界銀行和國際貨幣基金組織等備受矚目的國際機構，但也包括知名度低得多、常被視為技術性或非政治性的組織——例如Swift，和設在洛杉磯的網際網路名稱與號碼指配組織（The Internet Corporation for Assigned Names and Numbers, ICANN）。再來，有些組織看似幾乎和政治毫無關係，但其國際參與度高，代表其掌控和管理是判斷聲望與權力的重要標準。這些包括世界運動的管理機構，例如舉辦國際足球賽、總部設在瑞士的國際足球總會（FIFA）。

最後，還有一種超越正式機構的國際線路：世界各地最廣為使用的貨幣和法律。當FIFA官員在瑞士被捕，隨後引渡到美國接受FBI貪汙調查時，他們明白了美國的法律體系無遠弗屆。美元是世界首要儲備貨幣（reserve currency）的事實，或許是美國的制度能有如此雄厚實力的最大原因。這允許了美國用它自己的貨幣借錢和貿易，也幫助美國銀行主宰全球金融。因此，美元是否會將其優勢拱手讓給人民幣的問題，其實極具政治意涵。

這麼多對全球經濟和國際政治管理至關重要的機構（包括正式與非正式）都位於西方的事實，是西方政治力量的主要來源。但在東方化的年代，這種優勢能維持下去嗎？

這個問題的答案，取決於經濟實力能否決定誰來掌控全球機構。如果經濟力真有那麼重要，我們可以預期未來會有更多世界的線路經過亞洲。但也可能其實是其他因素更加重要。比如歷史就扮演了要角。聯合國在一九四六年於紐約開張，此後就一直在那裡；同樣地，世界銀行和國際貨幣基金組織也是自成立就以華府為總部。雖然聯合國、國際貨幣基金組織和世界銀行都是國際機構，但它們的總部設於美國的事實相當重要，這使它們更容易受到周遭的想法和政治壓力所影響。

然而，歷史造就的制度慣性不可能無限期維持西方的優勢。如果國際機構不再反映周圍世界的現實，最後將變得無關緊要。世界列強將繞過它們，或另立組織。西方最重要的非經濟優勢不只是歷史，還有西方實行法治的聲譽。

只要美國和歐盟運作的機構被認為能合理、公正且明快地執行規定，有權勢的人民和機構或許會繼續愛用設在西方的機構。如此一來，就算西方在全球經濟所占的比例節節下降，世界的線路仍將不成比例地位於西方世界。

不過，西方的制度實力遇到了進退兩難的困境。雖然許多重要機構設在西方確實是美國及歐盟政治實力的來源，但如果西方開始太明目張膽地運用那股政治力量，世界其他地方將愈來愈不相信那些設在西方的機構能公正嚴明。屆時，成立替代性組織的動機將愈來愈強，逐漸侵蝕西方在競爭國際政治權力上所剩無幾的優勢之一。運用和濫用西方權力的問題，讓許多性質迥異的機構，從國際貨幣基金組織到ＩＣＡＮＮ等的命運緊緊相連。

聯合國無疑是所有國際組織中地位最崇高者。但它誕生於後一九四五年的秩序這點，卻賦予西方一個愈來愈不合時宜的優勢。聯合國安理會的五個永久會員國是美、英、法、俄、中，也就是第二次世界大戰的戰勝國。倘若聯合國在今天成立，沒有人會把否決權和永久會員國給英法這種歐洲中等強國，而不給印度、日本或德國，而安理會上沒有任何非洲或拉丁美洲國家的席次也不合理。

安理會接連幾次改革，都因各國否決來否決去而功敗垂成：中國不會支持日本加入安理會，非洲人不可能共同推舉出一個候選國，阿拉伯人則更不可能。中國默默反對印度加入安理會，而雖然英國和法國可能支持德國，但世界上其他國家卻不會贊同有三個永久會員國在歐洲。結果便是陷入僵局，而印度和巴西被不公平對待的感覺又更深了。

不過，拜一段歷史所賜，聯合國安理會已大致保有它的國際合法性，即因為日本投降，中國是一九四五年戰勝國之一的事實。這一點確保了二十一世紀初的世界兩大強權美國和中國，在世界最重要的決策團體中都有席位。而那連帶使英國、法國甚至俄國不合時宜的永久會員國身分，沒那麼令人難以忍受。相對無影響力的聯合國大會常被視為反西方裝腔作勢的論壇，這點固然已損及聯合國位在美國的威信，卻反而就其他方面提高了聯合國的國際合法性。

國際組織傾向西方的印象，在國際貨幣基金組織和世界銀行，這兩大國際經濟機構上引發的問題則又更多。這兩間「布列敦森林機構」（有此名稱，是因為兩者都是一九四四年在新罕布夏州，於布列敦森林召開的一場會議中被構思出來的）總部都設在華盛頓。依循傳統，世界銀行會以美國人為首，國際貨幣基金組織則由歐洲人主持。或許是對這種事況感到困窘，美國決定在二〇一四年任命亞裔美國人金墉（達特茅斯大學的校長）擔任世界銀行行長。

布列敦森林機構的領導地位本已不合時宜，國際貨幣基金組織的投票權分配重又讓情況雪上加霜。二〇一四年，金磚五國中的前四大國（巴西、俄羅斯、印度和中國）占了全球經濟產出的二十四點五%，卻只擁有國際貨幣基金組織十點三%的票數。相形之下，四大歐盟經濟體（德、法、英、義）占世界經濟十三點四%，卻擁有十七點六%的票數。為修正這種明顯且日趨嚴重的異常現象，國際貨幣基金組織和其主要會員國，在二〇一〇年同意改革投票制度，將六點二%的票數轉給朝氣蓬勃的新興經濟體。但事實證明，對美國國會來說，如此些微的變化仍大得令他們無法接受，竟長達五年拒絕批准這些變革。

美國無法通過國際貨幣基金組織改革案，令歐巴馬政府十分難堪。二〇一三年起擔任美國財政部長的路傑克（Jack Lew），就哀嘆自己三不五時得為美國在改革國際貨幣基金組織上的不作為，向其他國家的財政部長致歉。二〇一四年，在布里斯本舉行的G20高峰會堪稱谷底：普丁批判美國怠惰，而贏得許多與會國家的支持。最後，到二〇一五年底，美國國會終於肯為此變革背書，但重傷害已然造成。

中國在二〇一四年順利推動金磚五國銀行，並成立亞投行，兩者都將設在中國。很多人認為，這就是在反制布列敦森林機構的西傾天性。這兩個新機構皆受到國際熱烈歡迎，或許主要只是反映中國愈來愈雄厚的金融實力，但這也暗示，新興國家普遍認定國際貨幣基金組織和世界銀行皆有親西方的傾向。

國際貨幣基金組織在歐洲金融危機中的作為，又為西傾的指控火上加油。新興國家的評論家指出，國際貨幣基金組織提供五百八十億歐元的貸款，給希臘這個人口僅一千一百萬，且還算富裕的國家；反觀一九九七年，當人口超過兩億的印尼面臨破產威脅時，國際貨幣基金組織僅提供兩百三十億美元的貸款，還附帶非常苛刻的條件，導致執政三十餘年的蘇哈托政權垮台。國際貨幣基金組織對印尼如此嚴格（一張舉世聞名的照片說明了一切：當時組織的總裁、前法國財政部長戴拉羅吉爾〔Jacques de Larosière〕站在蘇哈托面前，督促他簽署紓困協議），卻願意為希臘和搖搖欲墜的歐元計劃放寬規定，兩者的待遇有天壤之別。發展中世界的評論者旋即指出：希臘危機時，國際貨幣基金組織是以兩位法國前財長為首：先是多米尼克．史特勞斯─卡恩（Dominique Strauss-Kahn），二〇一一年其因醜聞辭職後，由克莉絲蒂娜．拉加德（Christine Lagarde）接任。對法國來說，歐元存續是最重要的議題，因此一旦涉及歐元，與法國關係如此密切的國際貨幣基金組織總裁能否真的秉公處理，確實令人質疑。

以往，當國際貨幣基金組織的主要「客戶」幾乎都是需要財政援助的非西方國家時，前法國財長（例如戴拉羅吉爾或拉加德）可能被視為大公無私的金錢、專業和援助來源，但當金融危機發生在歐洲，布列敦森林的西方領導便引發愈來愈大的爭議。

同樣的問題：是否仍可信任西方會無私領導國際機構？一再以不同的面貌出現：Swift、ICANN和FIFA的事例全都提供了類似辯論的不同版本。

Swift的董事駭然發現自己淪為西方對外政策的工具。這個組織指望提供全球服務，是以他們非常清楚，一旦被認為在國際政治爭端上選邊站，要付出何等代價。Swift的董事長亞瓦爾・沙阿（Yawar Shah）曾自誇：「中立是刻在Swift的DNA裡的。」但當孤立伊朗的壓力倍增，Swift卻無力抵抗。雖然最終迫使Swift有所動作的是歐盟法規，但該組織也面臨不可等閒視之的、可能遭到美國制裁的威脅。如果Swift拒絕配合，美國一項考量中的法規可能會將該組織的董事列入「特別指定名單」（Specially Designated Nationals，即讓人聞之色變的SDN黑名單），禁止他們入境美國。這對任何從事國際金融相關工作的人士而言，都會是無比艱難的情況。

在Swift與伊朗斷絕往來後，該組織前執行長拉札羅．甘伯斯（Lazaro Campos）要大家注意西方制裁的意涵，並提出警告：「如今全球性組織已是瀕臨絕種的生物。我們一直看到某些美國法令有治外法權的性質，現在這樣的歐洲法令也愈來愈多，我認為這會讓全球企業幾乎不可能真正做到全球平等，因為最後我們都會淪為政客的工具。」

甘伯斯的擔憂在二〇一四年開始成真。隨著禁止俄羅斯使用Swift的呼聲愈來愈高，俄羅斯人開始更熱切地和中國人商討另外建立國際支付系統一事。有報導披露，北京正致力發展中國人民幣跨境支付系統（CIPS）做為人民幣的交易平台。俄羅斯人清楚地表明他們非常有興趣使用CIPS來取代Swift。

西方將Swift這樣的機構用於政治目的，雖然這種做法極為誘人，卻也極有可能招致反效果。如甘伯斯所抱怨的：「西方一方面希望東方過來加入系統，同時卻運用、濫用這個系統遂行自己的地緣政治目的。我們必須做出抉擇。」

由於明白對俄羅斯實施Swift禁令可能會有始料未及的後果，有人開始說服西方政府在烏克蘭危機增溫時將此選項備而不用。誠如一名白宮官員在二〇一四年對我指出的：「若將國際制裁分成一到十級，Swift會是第十級，而現在程度只到三、四級而已。」鼓勵俄國人、中國人和其他人繼續使用西方支付系統，也有戰略因素考量。一位前美國情報官員淺淺一笑地對我解釋：「只要他們使用Swift，我們就能密切觀察他們在做什麼。」

這句話的含意昭然若揭：透過Swift進行的金融交易，有些可能被西方情報監控。這情況源於美國對九一一事件的反應。當時，美國的反恐法令迫使Swift交出可能與恐怖主義有關的金融交易資料。Swift和其他金融機構被迫交出的資料受到法律嚴格限制，以確保限用於「反恐戰」。但二〇一三年時，美國檢舉人愛德華・史諾登（Edward Snowden）揭露美國國家安全局會監聽電話和監視網路通訊，無可避免地讓人更加擔憂美國電子監視全球通訊的範圍，是否遠遠超越金融領域。史諾登的舉發在世界各地引發政治爭議，隨之產生的政治後座力，極可能破壞網際網路的全球性質。如美國對全球資訊網（World Wide Web）基礎建設之「掌控」，就已引來各國的反擊。

許多支撐網際網路的管理和技術都集中在美國的事實，反映了網路的起源：它本是美國國防部支持、並由美國大學研發的計劃。一個特別迷人也特別備受爭議的機構是ICANN，其職責在於分配用來界定全球各地個別網站的名稱（域名）和數字（IP位址）——簡直就是網際網路的電話簿。

ICANN的工作最早是由一個人一手包辦，他就是南加州大學的喬恩・波斯特爾（Jon Postel）。後來，波斯特爾被一間機構取代，但ICANN仍以洛杉磯為基地，並受美國商業部管制。網路學者蘿拉．德納迪斯（Laura DeNardis）指出，ＩＣＡＮＮ只是讓網際網路運作的一部分線路。不過，早在世界聽說愛德華．史諾登之前，ＩＣＡＮＮ就成了德納迪斯所謂一篇「國際故事」的核心，故事的主題正是「何種情況可被理解為美國政府對網際網路長期的獨霸與掌控」。史諾登醜聞爆發前一年，印度電信部長薩欽．皮洛特（Sachin Pilot）就曾抱怨：「全球網路通訊會通過十三個根域名伺服器，其中九個在美國，日本和西歐各兩個……我覺得印度和其他國家應該在管制流量上扮演更吃重的角色。網際網路是全球資源，它的管理不該局限於特定地理區。」不到兩年內，隨著技術持續發展，十三個根域名伺服器全都位於不同大陸的不同地點，但這項技術革新無法平息史諾登在全球掀起的、擔心美國「控制」網際網路的滔天巨浪。

吵吵嚷嚷數十年、盼望聯合國以某種形式掌控網際網路的要求，在史諾登揭露美國國安局無遠弗屆的監控後更趨激烈。巴西總統羅賽芙在發現電子郵件被美國監控後取消赴華府國是訪問的決定，不只是一次性的抗議。後來在聯合國發表的演說中，他也要求由國際掌控網際網路。與此同時，巴西政府也考慮修法，讓巴西人的個人資料只能儲存在巴西國境內的伺服器裡。德國總理梅克爾，是另一位通訊被美國國安局窺探的領導人，她也提出斷絕美國掌控的構想，並論及歐洲專屬網路的必要性。在布魯塞爾，歐盟委員會主張：「大規模的監視和情報活動，已導致大眾對網際網路和其現行管理機制喪失信心。」美國大型網路公司不免開始擔心，他們的歐洲對手可能會利用這股後座力，來強行推動立法，限制Google之類的公司。歐洲左派也開始使用一個新的頭字語來指稱矽谷的邪惡勢力——「GAFA」，這四個字母分別代表Google、蘋果（Apple）、臉書（Facebook）和亞馬遜公司（Amazon）。

中國的反應沒那麼喧嚷，但對美國利益上的威脅卻可能更大。史諾登揭密案碰巧在二〇一三年六月，於加州陽光莊園舉行的「歐習會」前兩天爆發。美國原本打算讓控訴中國網路間諜活動成為焦點話題，卻因國安局醜聞案易攻為守（有些美國官員相信這絕非巧合，並指出史諾登最早就是在香港洩密的）。隔年，中國官方媒體開始警告國內公司，不要使用美國電腦巨擘如IBM、思科（Cisco）和微軟的產品。於是據報導，這三家公司在中國的銷售額皆大幅下滑。在許多方面，中國對待大型美國科技公司的態度愈來愈可疑，這反映了美國對待中國科技公司的極度謹慎，特別是華為（當今世上最大的電信設備製造商之一）。現在雖然是受到國內政治情勢所驅使，但中國也以冠冕堂皇的「國家安全」為由，對國內網路進行愈來愈嚴密的審查。

歐巴馬政府澄清，國安局不會窺探美國公民的隱私，但這對Google、臉書和亞馬遜等力求打造全球事業、視整個世界為潛在顧客的公司毫無助益。在史諾登事件後，矽谷和白宮的關係急遽惡化。臉書創辦人馬克・祖克柏抱怨：「都被政府毀了。」又說：「世界各國政府現在都要通過自己的法律，准許侵犯網路使用者，這會危害網路安全。」當我在二〇一五年春天拜訪矽谷時，歐巴馬政府和Google、臉書等公司的關係顯然絕不和諧。為消除顧客對資料安全的疑慮，矽谷巨擘答應提供顧客最新的、牢不可破的網路加密。此舉令美國情報機構大為驚恐，他們認為這意味著恐怖分子之間的通訊將「化明為暗」，會置一般民眾於險境。美國政府正以新法要脅矽谷：那是關於強迫GAFA交出客戶資料的法規。

雖然受不了矽谷，但歐巴馬政府也覺得必須設法緩和國際上對美國掌控網際網路的憂慮，並需要做出一些重要的讓步。在史諾登醜聞案後，美國商業部宣布將交出對ICANN的管制權，支持更國際化的管理，並提出這句重要的警語：新制度應強調民間、而非政府的掌控。歐巴馬政府認為民間模式可防範網際網路落入聯合國的手掌心，但美國的保守派評論人士對此沒那麼放心。共和黨要員紐特・金瑞契（Newt Gingrich）就警告，美國交出ICANN的掌控權「非常、非常危險」，又說：「這會讓獨裁國家有機會把持網際網路。」

西方深怕失去對自己當初創建機構的掌控權，而這種恐懼不限於網際網路。足球這種世界最受歡迎運動的管理，在經濟上的重要性遠不如管理網際網路，但其國際能見度卻高得多。二〇一〇年十二月，FIFA否決由英格蘭、西班牙、荷蘭、美國和澳洲舉辦二〇一八年及二〇二二年世界盃足球賽的提案，而屬意俄羅斯和卡達，似乎就是西方影響力衰退的證據。雖然派出英國皇室成員遊說，但由英國申辦二〇一八年賽事一案僅獲得屈辱的兩票，是吊車尾的票數。英格蘭超級足球聯賽主席大衛．理查茲爵士（Sir Dave Richards）不快地抱怨：「我們發明這項運動、制定規則、推廣到全世界。我們擁有這項運動……但五十年後，有人過來，名副其實地把它偷走了。」英國媒體充斥著FIFA貪汙收賄的指控，但看起來他們好像也不能怎麼樣。

二〇一五年五月，就在FIFA於蘇黎世開會前兩天，我在《金融時報》的同事西蒙．庫柏（Simon Kuper）寫道，FIFA七十九歲的瑞士籍主席塞普．布拉特（Sepp Blatter）「很早就明白世界有個新秩序，而西方人在其中不怎麼重要。」將世界盃主辦權授予俄羅斯和卡達的決定，就是那種秩序的象徵，而「西方國家無力改變FIFA。」

但，幾天後發生的一件事證明，現在說西方無能為力尚嫌太早。瑞士警方拿著FBI的搜查令，突擊FIFA的蘇黎世會議，逮捕該組織數名最高級的官員。幾天後，曾經無可搖撼的布拉特辭職了。這一連串事件，恐怕只有美國有意願、有辦法引爆。

究竟是什麼造就美國影響力持久不墜？答案似乎可分成兩部分來說：美元，以及美國的法律體系。聯邦調查局能夠成立一個可在美國追究責任的案件，是因為據說賄賂是透過美國銀行支付的；這反映出美元在全球金融體系扮演何等重要的角色。正是因為FIFA官員用了美國的銀行系統，使他們受到美國法律體系約束。這種影響力並非FIFA一案的特例。西方能連成一氣，對伊朗和俄羅斯發動制裁，美元和美國及歐盟法規的權力功不可沒。

美元和法律是兩大利刃，這也意味著，就算全球經濟正在東方化，世界的線路仍大多得經過西方。

但在中國和其他亞洲經濟體迅速崛起的世界，這些優勢能維持多久呢？答案將視亞洲和西方（特別是中國和美國）的內部發展而定。若有進一步證據顯示，美國有意濫用其制度實力來推進對外政策的目標，就會進一步刺激非西方國家發展替代性的機構。不過，發展成效將取決於新機構的發起國能否讓其他國家相信，他們的新論壇比西方舊論壇不易受到政治操弄。特別是對中國而言，這觸發了關於法治的根本議題，因為在它的國家體系中，共產黨仍凌駕於其他所有制度機構，包括司法。

照當前情況來看，世界對使用西方法律體系，特別是美國和英國的體系的偏好仍非常明顯。國際商業仍廣泛應用英國普通法（common law）的現象，讓一些人主張，正如美國擁有世界的「準備貨幣」，英國則頒布了世界的「準備法律」。套用第一任卡麥隆政府的司法大臣肯尼斯．克拉克（Kenneth Clarke）的話，由於在倫敦仲裁的國際商業爭端多於世界其他城市，英國想當「世界律師」的抱負，看來正逐步實現。二〇一二年，有大約四十%的大型國際企業表示他們採用英國法進行跨境交易，另有二十二%選擇美國法律。於是，二〇一五年，世界百大律師事務所中，有九十一家設在英國或美國；而英國商業法庭上，有三分之二的訴訟當事人是外國籍。

全球對英美法律體系的偏好，有相當程度是尊敬這兩個國家在法治方面的卓著聲譽。對亞洲嶄露頭角的大型經濟體來說，這也如實反映了自身法律體系之不足。中國的商法制度是由共產黨設計，其商事法庭仍受到黨的監控。印度的民主制度和普通法傳統，讓其法律體系理論上聽來較具吸引力，但其法院系統之拖延可說惡名昭彰。

英國和美國有充分的理由希望，效率和誠實的美名，再加上是英文是世界商業通用語言一事，將能繼續讓英美人士縱橫國際法。但西方沒有理由自滿。事實上，已經有跡象顯示，亞洲愈來愈強的經濟實力正開始改變一切。法律體系也是以英國普通法為基礎的新加坡，在國際仲裁事業所占的比例愈來愈高，印度公司尤其熱衷。中國公司則開始堅持法律爭端要在香港仲裁，當地的法律體系也是以英國普通法為基礎，且打算脫離北京的影響。中國市場與日俱增的重要性，也提高了北京管理者的權力。二〇一五年，當殼牌出價四百七十億英鎊，欲收購英國天然氣公司時，它赫然發現，除了布魯塞爾和華盛頓之外，它還需要徵得北京及巴西管理者的同意。

隨著西方的全球經濟霸權逐步走進歷史，要確保世界的經濟命脈仍經過西方，由英美世界主宰國際法所賦予的「軟實力」就愈來愈重要。不過這也意味著，如有證據顯示西方機構不再以可靠、公正的方式運作，西方，尤其美國，可能要為此付出慘痛的代價。已經有許多國際公司特別提防美國的法律體系，並舉美國檢察官的侵略性和美國陪審團會判出奇高損害賠償金的名聲（尤其是針對外國企業）為例（二〇一五年，一家大型歐洲石油公司的董事告訴我，他的公司現在擔心被美國法律體系設局陷害，已經勝過對俄羅斯當局的擔心了）。

許多心存懷疑的亞洲人都相信，西方就算口口聲聲說尊重法律，也有以法規為基礎的國際體系，但仍一定會偏心。西方或許不會再徹底表現出他們在帝國主義時代表現的殘酷，但美國和歐盟永遠會想濫用他們的制度實力——無論在網際網路、國際貨幣基金組織或國際支付系統上。這些亞洲人認為，隨著西方的軍事和經濟優勢不再，這樣的誘惑有增無減。

西方能否公平公正的問題，在貨幣領域格外重要。全球政治實力和一種貨幣在全球的使用情形息息相關。諾貝爾經濟學獎得主羅伯特・蒙代爾（Robert Mundell）曾說：「強國擁有強勢貨幣。」羅馬帝國時代，羅馬硬幣是舉足輕重的國際貨幣；在大英帝國的全盛時期，英鎊是世界排名第一的準備貨幣；而隨著美國取代英國，成為世界首強，美元也比下了英鎊。

如果美元的地位只是反映美國經濟的規模，那可以預見中國人民幣遲早會與之競爭，然後取而代之，成為世界首要準備貨幣。這正是阿文德・薩博拉曼尼二〇一一年在其著作《大預測》中的論述。當時就要離開華盛頓的彼得森國際經濟研究院，回到印度財政部擔任首席經濟顧問的薩博拉曼尼博士，依照交易量、資本流動和占世界GDP比例的綜合標準，創造了「經濟支配力指數」（index of economic dominance）。他所做的歷史分析，促使他主張「廣義的經濟支配力……是決定準備貨幣地位的關鍵要素」，並斷言「從歷史來看，人民幣可能在未來十年內來到足以與美金匹敵的位置。」

不只薩博拉曼尼一人如此分析。美國國債在二〇〇八年華爾街爆發金融危機後節節增高，不禁令人擔心，美國可能會想藉通貨膨脹裨益償還債務，中國更是舉國瀰漫著這股憂慮，因為它是美國短期國庫券最大的外國持有者。當美國財政部長提摩西・蓋特納（Timothy Geithner）在二〇〇九年告訴一群中國學生，中國的美元資產「非常安全」時，觀眾回以嘲弄的笑聲。同一年，包括中央銀行行長在內的中國官員，開始公開呼籲中止美元獨霸國際金融的現況。此話一出，恐慌四起。因為外國人，尤其是中國人，可能會失去購買美國國債的欲望，而使美元有驟然暴跌之虞。國際貨幣首屈一指的專家，康乃爾大學教授強納森・凱許納

（Jonathan Kirshner）在二〇一四年主張：「當今美元的脆弱，是一次世界大戰前夕以來絕無僅有的。」二〇一三年，美國國會考慮讓美國國債「技術性違約」之舉，只引來更多看輕美元未來的譏諷。

至於對中國人而言，爭取準備貨幣地位的吸引力非常明顯。人民幣的國際化意味著美國要將「囂張的特權」（可用自己的貨幣向國外借錢）讓給中國了。中國不必被迫拿大半國民儲蓄買美國國庫券。而隨著人民幣成為全球準備貨幣，中國也可期盼享有一些以往美鈔賦予美國的國際權力和地位。在習近平於二〇一二年掌權之際，倫敦和新加坡等大型國際金融中心裡，大家都在談論迫在眉睫的人民幣國際化。二〇一五年，人民幣國際化跨出重要的一步：國際貨幣基金組織宣布，將人民幣納入特別提款權（Special Drawing Rights，一種國際貨幣）的一小籃貨幣中。中國的「紅鈔」加入美國「綠鈔」、英鎊、日圓和歐元的行列，是極具象徵意義的一大步，可望鼓勵外國人持有更多人民幣作準備金。

但其中仍有難題。中國貨幣想成為真正的全球貨幣，中國就必須解除管制，不再限制民眾可移入及移出中國的貨幣額度。如果無法保證能立刻取用財產，就沒什麼誘因讓外國人想繼續持有人民幣了。但「可完全自由兌換」的貨幣是帶有政治和經濟風險的。政治上，這代表有無上權力的共產黨必須放棄它對經濟最重要的管制手段之一，而那項管制可能仍然非常重要，因為有不少證據顯示，富裕的中國民眾想把錢弄出中華人民共和國的需求是被壓抑的。隨著民眾開始擔心，會有多少有錢人在習近平打貪反腐期間被捕，這種需求更加明顯。完全解除資本管制，會提高資金大量撤出中國的威脅性。例如二〇一五年夏天和二〇一六年初，上海股市二度暴跌，就是威脅成真的時機。

對美元的信徒來說，資金逃離中國的威脅，說明了問題不只在技術性的經濟管理。它突顯出這個事實：決定「準備貨幣地位」的不僅是經濟因素。歸根結柢，一種貨幣能贏得國際信任，是因為那感覺像是最安全的儲蓄地點。許多中國人想把錢弄出那個國家，就是反映出內心深處對於中國政治安定，以及個人易受政府作為傷害的憂慮，畢竟這是個共產黨凌駕法院的國度。

反觀美國，儘管經濟轉弱、政治前景未卜，卻是一個實施法治和穩定民主制度的國家。美國的軍力也為緊張的外國投資客提供更高等級的保證，因為他們會希望確定向他們借錢的政府三十年後還在那裡。雖然世人開始擔心美國權力衰退、法律體系變幻無常、長期償付能力不足和政治民粹崛起的問題，代表這個「包裹」也許不若從前那麼有吸引力了，但「吸引力」永遠是相對的現象。比起尚未通過驗證的中國制度，支撐美元的「權力包裹」看來仍相對優質。一旦金融市場受到驚嚇，恐慌的投資人仍傾向期待美元資產的「安全」——就算恐慌的根源其實是在美國本身，就像二〇〇八年雷曼兄弟破產那樣。

西方的制度優勢，將有助於維持西方國家的全球競爭力，就算財富已向東轉移。但要維持西方制度的誠信，需要歐美領導人高度自律。如果西方機構被過度當成偏袒歐美的政治力來源使用，便有可能喪失對世界其他國家的吸引力。在歐巴馬時代，隨著西方主導機構（從國際貨幣基金組織到管理網際網路的組織都是）的合法性和誠信遭受愈來愈多質疑，危險信號已經閃現。

會左右全球均勢的不只是國際制度，主要強權國內制度的實力也至關重要。許多西方自由派人士長期主張中國對全球秩序的挑戰，終將因其國內政治制度的脆弱而瓦解。他們指出，二十年後，美國選舉總統的方式完全可以預期，但沒有人能確定中國到時將盛行什麼樣的政治制度。習近平當政期間，隨著經濟趨緩、許多高官在反貪行動中被肅清，中國經濟和政治制度可能有多不堪一擊的問題，再次成為焦點。

然而，西方的政治制度雖然看似比較穩定，但不代表一定會造就更好的成果和更強大的國家。中國制度的辯護者指出，中國在一黨專政下，已享有數十年的景氣繁榮。而與此同時，美國的實質工資陷入停滯，民意調查也一再顯示民眾對政治制度的信心正在衰退。歐巴馬時代已有聯邦政府偶爾停工的情況，這只會進一步戳破民眾對華盛頓的幻想。此「除魅」

的深度也反映在像川普這樣滿嘴垃圾話的電視人物兼房產大亨，出人意表地成為總統候選人之事上。歐洲的制度看來維護得更差，歐元危機和非法移民及難民湧入歐洲這兩件事合起來，已讓歐盟的制度顯得老舊而不敷使用。

但移民危機確實闡明了一個長久不變的事實。西方在全球經濟的份量固然正在萎縮，但比起世界上其他地方，西方的生活水準仍令人羨慕。在敘利亞人、厄利垂亞人和其他吵著想進歐盟的民眾心目中，西方的衰退似乎無關緊要。

就算以東亞和平、繁榮國家的標準來看，西方的生活水準仍非常舒適。就算亞洲占全球產出的比例已超越西方，一般美國或歐洲民眾仍遠比一般中國或印度民眾富裕，雖然這個差距正在縮小。一九八〇年，亞洲的平均每人所得仍只有美國的三十分之一；到二〇二五年，照澳洲政府的預測，澳洲的平均每人所得將只比亞洲平均高四倍。但受限於資源較貧乏、人口壓力大和生產力較低，就人均而言，多數亞洲國家可能永遠追不上美國或歐盟。所以在多數亞洲人眼中，西方的生活水準仍將十分優渥。

這種恆久的「生活水準差異」也可能產生政治後果。如果有人將此歸咎於國際制度不公，便可能成為東西緊張的根源。西方對簽證和移民多所限制的態度，已引發南亞和東亞的憤怒，而未來情況可能更糟，因為對恐怖主義的憂慮，已使西方政府受到更多來自民間、要求限制外來移民的壓力。這件事關係重大是因為，雖然新興亞洲的生活水準仍將低於西方，但亞洲大國的總體經濟和政治實力將十分強大，使西方無法漠視他們的訴求。在二十世紀，世界最富裕也最強大的國家美國，其平均生活水準也最高，但來到二十一世紀，個人與國家財富之間的關連性正在斷裂。

除了可能是緊張的源頭，西方卓越的生活水準也是「軟實力」和國際聲望的重要來源。亞洲的新富豪們常熱衷於購買歐洲和北美的房地產，並送小孩到美國和英國受教育。也常有人說，歐洲和美國比較新鮮的空氣，對於厭倦在北京、雅加達或德里的霧霾中呼吸的人有吸引力。

論及政府和公共生活的水準，西方也被公認為「比較乾淨」。放眼全亞洲，從民主印度到獨裁中國，平民對貪腐的憤怒已成為政治生活的重心。這與二〇一六年美國總統大選期間，相當明顯的反菁英熱潮有若干異曲同工之妙。但國際之間的比較，例如國際透明組織（Transparency International）進行的比較，結果仍顯示西方機構較亞洲機構清廉。再一次，西方享有制度優勢。

今後，如果能大致維繫國際和平與穩定，生活水準、貪汙和制度實力等相對細微的問題，將對全球均勢至關重大。但如果在歐巴馬時代幾乎籠罩全中東的黑暗、殘暴、無法無天的力量蔓延到世界其他地方，那麼國際政治將會被較粗野的力量所塑造，軍事和經濟實力的問題將突圍而出。

結論 ▼ 超越東西

本書的讀者可能已歸納出，我相信由於西方主導的世界秩序正逐漸崩潰，衝突的可能性已然攀升——不僅東亞，還包括中東和東歐。的確，從本書撰寫的時間點，即二〇一六年初來看，中東的戰爭和俄羅斯再起的侵略是世界面臨最迫切的國際安全議題。

但近年來，美國和中國之間的緊張和懷疑已愈趨強烈。世界兩大經濟實體出現對峙，就代表全球化的經濟正在亞洲太平洋地區面臨生存危機，遠超過在中東或烏克蘭。美中對抗也是這個區域眾多危險競爭的核心：過去十年，大規模的軍備競賽已在亞洲扎根。因為被國內危機和中東動亂分散注意力，西方很少政治人物關注日本、印度、巴基斯坦、南北韓和印尼等國家的憂慮和野心。但財富和武器愈來愈集中於亞洲，就表示如果這個區域真的發生衝突，將迅速衝擊整個世界。

二十一世紀亞太地區各國之間的對抗將形塑全球政治，就像一五〇〇年之後影響世界事務五百多年的歐洲國家衝突一樣。全球經濟的東方化，意味著太平洋無人島礁的「模糊」爭端、或中印邊境的劃界糾紛，都有改變世界的潛力。中國和印度，甚至是北韓複雜政治鬥爭的衝擊，倫敦和紐約也會有感。

亞洲內部的權力鬥爭必將牽扯到全球安全，是因為美國仍是太平洋最強大的軍事力量，而歐巴馬政府已決心維持美國在亞太地區的戰略霸權。美國人明白，如果美國讓出它獨霸亞洲（現今全球經濟的核心所在）的軍事和外交地位，就不可能繼續當世界的老大。

但，在習近平時代愈來愈明顯的是，中國不想再讓美國主宰中國的「後院」。中國發言人甚至數度暗示，美國領導的世界秩序不再絕對適用。前中國駐倫敦大使，也是季辛吉知心好友的傅瑩就主張：「美國主導的世界秩序，是件不再合身的西裝。」

顛覆美國的全球角色是中國的長期目標。中國下定決心採取的第一步，是要求北京在亞洲定義的國界和權利，為更廣大的區域所接受。中國覺得，這是一個新興強權起碼該獲得的尊重。

美國是否該抵抗、又該如何抵抗中國在亞洲太平洋的野心，可能是未來數十年國際關係方面最重要的議題，因為這會讓世界兩個最強的國家針鋒相對。有一種「務實」的論點是：美國的抵抗不但徒勞，而且危險。這些「務實者」相信，拜其經濟規模和軍力所賜，中國必將獨霸周遭地區。美國若執意抗拒這個無法避免的事實，到頭來不是慘烈的戰爭，就是屈辱的退讓，而這些都將損害美國在世界各地的權力。要避免這種結果，務實者主張美國應默許中國在它的區域內擁有自己的勢力範圍。

這種「務實」的論點雖不能等閒視之，但我並不信服。如果美國的動機只是亟欲維持自己的全球霸主地位，那麼冒著和中國開戰的風險來維持它在亞太地區的權力，確實是不負責任的做法。但顯然中國大部分的鄰居都不喜歡生活在中國當家作主的區域，正是這個區域的鼎力支持，讓美國繼續扮演吃重的角色，讓美國對抗中國在太平洋稱霸的決心更合乎道德和戰略考量。

若美國堅守它在太平洋的立場，或許也能為中國爭取內部改革的時間，讓北京政權對其他亞洲國家的威脅看來不再那麼大。正因中國無法容忍國內不同的聲音，也常對外界批評惡言相向，才使北京在其他亞洲國家眼中更具威脅性。在香港，民眾愈來愈擔心無法保障自己的言論自由。在遠一點的地方，越南、菲律賓，甚至日本等國家也擔心，沒有美國的保護，他們將無力抵抗來自獨裁中國的壓力。

當然，繼續留在亞洲太平洋、等待中國發生質變，不見得能成功。甚至就中程來看，也沒有人敢保證中國會變得比較自由，畢竟現階段在習近平領導下，事態是往反方向發展的。也沒有人敢保證民主中國會少煽動一點民族主義。新一代的中國年輕人是吃民族主義的「狼奶」長大的，而那種教育的影響將綿延好幾代。

美國本身也無法免疫於民族主義。事實上，美國「重返亞洲」的風險之一，就是那終將導致中國和美國的民族主義狹路相逢。二〇一六年，總統選戰的主軸暗示，後歐巴馬時代的美國可能回復較崇尚武力和強勢的外交政策。為共和黨競選定調的川普一再承諾要「讓美國再次偉大」。川普哀嘆美國「從頭輸到尾」，而他重建軍容和一定要讓美國「贏」回來的承諾，顯然表示他屬意在亞洲太平洋地區採取更對抗、更民族主義的策略。

但在川普以及爭取民主黨提名、立場偏左的桑德斯的論調中，也潛伏著一股強勁的孤立主義暗流。川普和桑德斯都承諾要重新談判美國的國際貿易協定，兩人也都對美國的全球軍事聯盟抱持懷疑。桑德斯主張美國應卸下「世界警察」的角色；川普則要日本和南韓為他們獲得的安全保障付錢給美國。川普陣營以及桑德斯陣營受到歡迎，就表示美國有大批選民支持退出全球主義：將國際軍事與貿易承諾斷絕乾淨。如果這些趨勢匯聚成流，那麼那些痛批歐巴馬缺乏國際參與的人，可能很快就會懷念歐巴馬時代了。

美國若退出跨太平洋夥伴協定，和美日安保條約等國際承諾，將進一步侵蝕後冷戰時代的國際秩序，而那幾乎等於變相鼓勵中國和俄羅斯試著填補美國留下的真空，加速這個已經在歐巴馬時代開啟的過程。

強權對抗的再起大大違背了歐巴馬的初衷。這位美國第四十四任總統上台時，本決心要打造超越傳統的外交政策，藉由釐清共同面臨的全球挑戰、發展分工合作的方式，與俄羅斯、中國和伊斯蘭世界建立新關係。但到了歐巴馬第二任期，華盛頓和北京及莫斯科的關係看來又跟傳統的強權對抗如出一轍，中東則戰火燎原。

但歐巴馬一開始的洞見迄今依然真確：二十一世紀許多最嚴重的問題，基本上都是全球性的。重大的全球議題，讓國界之爭和國與國的對抗，看來不是無關緊要，就是會招致危險的反效果。當西方和亞洲政治領導人放眼未來，他們應該會驚訝地發現，他們和他們的子民所面臨最嚴重的危機，本質竟那麼相似。這些挑戰包括全球金融的穩定性、不平等、貪汙、網路安全、聖戰士恐怖主義、核武擴散和氣候變遷問題。

但，對於那些挑戰能讓東西方攜手合作到何種地步，我們切莫天真。很有可能，那些挑戰也是對立分歧的根源。

網際空間的新挑戰就是一例。在歐巴馬時代，許多西方國家的安全機構，都將來自中國的網路竊盜或網路攻擊的威脅，列為最重大的國安問題。但在西方之外，史諾登事件加深了世人對美國「控制」網際網路的懷疑。但所有國家的政府，包括亞洲及西方，也同時面臨新網路科技可能讓犯罪集團或恐怖主義者如虎添翼的威脅。要對付這些威脅難上加難，因為這會引發有關言論自由和間諜活動等敏感問題。但這些共同的挑戰確實存在是毋庸置疑的，最好的解決之道，無疑就是新型態的國際合作。世界還沒有制定類似管理軍備控制或戰爭法那一類的國際條約，來管理網際空間，發展這些協定將是未來十年最大的外交挑戰。然而，前景並不樂觀。事實上，美國人和歐洲人仍持續揭發出源源不斷、出自中國的網路間諜活動。

氣候變遷可能是國際較有希望合作的領域。歐巴馬一上台就面臨國際氣候變遷會議的潰敗：二〇〇九年在哥本哈根，西方世界和以中國、印度及巴西為首的發展中國家群僵持不下。不過，歐巴馬的第二任在締結國際協議方面就遠比之前成功，且精於管理，二〇一五年的巴黎協議堪稱高潮，中國和印度皆同意付出更多心力來限制溫室氣體排放。在巴黎協議之前，美國和中國已另簽條約，為更廣泛的國際共識奠定基礎。除了議題本身的重要性，氣候協定也證明美國和中國儘管在太平洋劍拔弩張，但仍能就共同的挑戰攜手合作。

但批評家這麼說也沒錯：巴黎協議固然意義重大，減少排放的速度卻不保證快到讓主流科學意見滿意。所以氣候變遷仍是理想上應能統合東西方，實際上卻可能造成分裂的議題。亞洲發展中國家不斷指出，西方人士相對嬌生慣養的生活方式所仰賴的能源消耗，可比亞洲人高得多。

在全球暖化的年代，印度人和中國人持續吵吵鬧鬧地主張：就每人平均而言，美國人和歐洲人比貧窮的亞洲人多享有那麼多的能源，是不合乎道德的。當今大氣層的二氧化碳濃度，是這幾百年西方工業化的苦果，這更強化了這個論點。這些現代的辯論加劇了往日西方帝國遺留的痛苦，讓各方更難以達成真正有機會解決問題的國際協議。要對付全球暖化，可能需要全面性的經濟和環保變革。

不過，若走出政治摩擦和歷史悲情的迷霧，顯而易見的是，全球暖化是人類的共同挑戰。事實上，氣候變遷和水資源匱乏的問題，對南亞、中國和大洋洲的威脅，可能比對多數歐美國家還大。但西方國家並無法全身而退，加州已經深受嚴重缺水之害，全美各地也屢屢出現極端的氣候變化。與此同時，非洲與氣候變遷和人口成長息息相關的沙漠化，則推波助瀾、驅使大量人口遷往歐洲，造成歐盟動盪。二〇一一年起義前，敘利亞才經歷長達四年毀滅性的乾旱，而有人認為那正是氣候變遷所致。中東另一個失敗國家，飽受暴動和戰火摧殘的葉門，也面臨嚴重缺水問題。因此，這個事實似乎昭然若揭：一種跨國問題（氣候變遷）

和另一種跨國問題（恐怖主義）之間，存在著間接關係。

中東的地緣政治對抗，加上西方對中國、印度和俄羅斯違反人權感到不安，都讓這些世界主要強權難以聯合起來，共同打擊聖戰士的恐怖行動。但受到聖戰士伊斯蘭威脅的顯然不只是中東、美國和歐盟，中國、印度和俄羅斯也無法置身事外。再一次地，這可以說是大家共同的難題。若再發生重大的恐怖攻擊，或伊斯蘭國繼續攻城掠地，都可能逐漸說服東方和西方聯手對抗威脅眾人的聖戰士暴力。

自命運多舛的伊拉克戰爭後，對核武擴散的關切就與對恐怖主義的憂慮密不可分。核武議題也有使列強對立的可能性。中國不負責任地協助巴基斯坦發展核武計劃，就令印度和美國憤慨至極。北韓的核武計劃也引起華府嚴正關切，因為愈來愈多證據顯示北韓政府有意研發可能威脅到美國西岸的核彈頭彈道飛彈。由於中國明顯不能或不願遏止它的附庸國，美國只好改在南韓部署反彈道飛彈。但北京卻認為部署這樣的系統會威脅中國核武的威懾力，因此激烈抗議。於是，核武北韓這個原本該由美中合作解決的共同問題，反倒引發許多不該有的緊張。

不過，我們也好幾次在歐巴馬時代見到，在對的情況下，列強仍可能共商防止核武擴散之大計。俄羅斯和西方間高漲的敵意，並未妨礙俄羅斯在伊朗核武談判中扮演有建設性的角色。

最明顯能將東西方列強結合在一起的共同議題，是雙方同時享有全球經濟持續成長之利。二〇〇八年，世界名列前茅的經濟體，在史上第一次G20高峰會齊聚一堂，防止全球金融危機轉變成世界性的蕭條。一個共有的體認像條線把歐美的政治論述和中國、印度的國內辯論串聯起來：不平等是日益嚴重的問題。全球化已協助亞洲國家改善數億人民的生活，但也似乎造成世界各地的社會不平等。建立更公平、更穩定的全球化模式，可讓東西方領導者互蒙其利。將亞洲和歐美綁在一起的經濟互惠，仍是避免衝突的希望所繫。但這裡也不例外，有潛力促成東西方合作的議題，也可能是分裂的根源。美國國內反對不平等的民意，可能輕易加劇成保護主義——川普一再呼籲對中國貨物課徵高關稅就是明證。一旦發生這種情況，國際貿易制度的崩解就會演變成國際政治緊張的導火線。

歐巴馬於二〇〇九年就任時，最初的目標是和中國建立新的關係，聯手對付會威脅到全人類的重大全球議題。習近平會提到「新型大國關係」，也表示他可能有意著眼於氣候變遷和金融安定等共同的挑戰，而非國與國的對抗。

但歐巴馬時代的故事，卻已往反方向發展。如前文所述，美中之間的猜忌在最近幾年愈來愈深。亞洲國際情勢愈來愈緊繃，相信「修昔底德陷阱」必將出現、新興強權中國和既有強權美國終將一戰的人，也就愈來愈擔心；但在網際網路、核武、人工智慧和全球暖化的年代，還相信國家會繼續按照古希臘時代的行為模式發展，也未免太宿命論了些。二十一世紀在政治方面的一大挑戰，將是如何以符合人類共同利益的方式，來管理東方化的過程。

謝詞

我要感謝《金融時報》的同事董貝和皮林耗費時間心力仔細讀過這本書，並為我指出可以如何精進。感謝曾任職於國務院、布魯金斯研究所和歐洲外交關係委員會的夏皮羅如此熱心地精進我的文稿，最後甚至親自寫了兩段話（但我不會透露是哪兩段）。

身為《金融時報》的專欄作家，我大大受惠於報社國外通訊記者網絡的知識和友誼。我要特別感謝駐北京的安德萊尼、米契爾、張麗芬（音譯）、胡克和希爾（她在莫斯科也幫了我的忙）、上海的沃麥爾、德里的馬列特和首爾的蒙迪。在美國，我要謝謝我在華盛頓、紐約和舊金山的同事——特別是魯斯、戴爾（他自己也寫了一本很棒的探討美中關係的著作）、麥克葛瑞格、泰特、塞瓦斯托普羅和華特斯。我還想向柏林的皮爾和瓦格斯戴爾、伊斯坦堡的董貝、馬德里的巴克、耶路撒冷的瑞德、雅典的霍普、巴黎的卡內基和庫柏、基輔的歐萊爾柴克、莫斯科的克洛佛和威佛、聖保羅的雷西和約翰尼斯堡的英格蘭表達我的感謝。以上諸位都慷慨地付出他們的時間和腦力。在英國，我很幸運能和優秀的編輯和同事共事，包括羅素、史杜德曼、范德維德、巴爾伯、沃夫、史蒂文斯和凱樂威。

我也想要感謝許多幫助過我完成這本書的智庫和研究機構。特別感謝伯格魯恩研究院和尼可拉斯・伯格魯恩（Nicolas Berggruen）及中川（Dawn Nakagawa）讓我參與大開眼界的北京之行。我也大大受益於每年集會兩次的戴姆勒論壇（Daimler Forum），感謝三個智庫：布魯金斯研究所、歐洲改革中心（Centre for European Reform）和學術與政治基金會（Stiftung Wissenschaft und Politik）安排這些會議。歐洲外交關係委員會和德國馬歇爾基金會（German Marshall Fund）也讓我參與了數次有益的會議和旅行。在日本，我要特別感謝經濟廣報中心（Keizai Koho Center）邀請我參加一場卓越的遊學活動，也要謝謝我的嚮導田中伊佐夫。感謝南韓的紀州論壇數度擔任體貼的東道主，也要感謝英國的迪奇利基金會（Ditchley Foundation）和澳洲的羅伊研究所安排兩場以亞洲為題、分別於牛津郡和雪梨舉辦的卓越研討會——特別要向迪奇利的霍姆斯（John Holmes）和羅伊的富利洛夫致謝。達佛斯的世界經濟論壇仍是非常實用的會議，而我要特別感謝一些智囊人物，包括沃坦史波（Regula Waltenspuel）和傑—甘迺迪（Lucy Jay-Kennedy）。在英國，我得益於外交和重大策略研究中心（LSE Ideas）籌辦的傑出會議、齊晨（Nick Kitchen）和考克斯（Mick Cox）的作品，以及名為克尼格斯溫特爾會議（Konigswinter Conference）的年度英德對談。許多牛津大學的所屬機構，包括聖安東尼學院、國際關係學系和布拉瓦尼克政府學院，也都大方地允許我參加他們的活動。都柏林李事務局（Leigh Bureau）的歐唐納（Karen O'Donnell）幫助我環遊世界。聯合事務所（Fusion Partners）的賽茲（Karen Seitz）也親切地允許我參加她分別在北京及舊金山舉辦的兩場意義非凡的研討會。

身為報導國際政治的新聞記者，我受過世界各地無數人的幫助，多到無法一一列舉。但我想挑出一些對我特別有恩或耐心的人士聊表謝意。在美國，這包括戈登、奈伊、坎貝爾、麥艾文、伯恩斯、庫普昌、史密斯、修雷特、史坦柏格、萊特、海爾布朗、艾利森、格林和葛雷瑟。我在中國也得到許多人的幫助：貝爾、李、王緝思、張維為、閻學通和安提。在東京和倫敦，宮家邦彥、淺利秀樹、嶺安政、船橋洋一、土屋大輔全都提供了關於日本的寶貴洞見。在德里，梅赫塔、拉詹、薩博拉曼尼、薩蘭、巴魯、古普塔和梅農都撥冗跟我談話。在首爾及台北，我要特別感謝文正仁、德勒里和陳婉宜。在巴西，艾利斯是熱心助人的東道主；在新加坡，我要感謝考西坎、馬凱碩、庫克和赫胥黎。在澳洲，則要向懷特和麥德卡夫致謝。

在歐洲和中東，貝格、邁爾—蘭德魯特、哈伯、羅特根、佩瑟斯和沃爾特慷慨地付出時間，並提供關於柏林的洞見。在巴黎，我要感謝魏斯、佩德、海斯伯格、卡絲翠和李維；在義大利，感謝德貝內代蒂和朱利亞諾。在莫斯科，感謝特列寧、亞巴茲和奧斯卓夫斯基。在伊斯坦堡，感謝艾提內和烏爾根。在以色列，感謝雷格夫、李維、霍普和戈爾德。在開羅，感謝阿姆拉尼、歐斯曼和阿斯瓦尼。在英國，感謝傅雷瑟、麥唐諾、莫爾提默、李納德、希爾、達洛克、葛蘭特、尼布雷特、喬西、韋斯塔德、雅克、米塔、麥克米蘭、加爾頓—艾許和艾波鮑姆全都大方提供時間和構想。

我還要向我的著作經紀人夏爾方和普倫，以及鮑德萊海德公司（The Bodley Head）的出版人威廉斯、艾爾斯和瓦茲致上深深的謝意。

最重要的是，我要感謝我的妻子奧莉薇雅和孩子們——娜塔莎、喬伊、奈特和亞當。他們逼我時時注意論據、構想和問題，容忍我常不在他們身邊，也讓回家永遠是我最快樂的事。

注釋

序

1 這場會議是由伯格魯恩治理研究院（Berggruen Institute of Governance）主辦，與會人士包括法蘭西斯·福山、企業家霍夫曼（Reid Hoffman）、Google董事長史密特（Eric Schmidt）及總監柯恩（Jared Cohen）等數十人。

2 這句話其實早在一九九〇年代，就已由江澤民廣為宣傳。

1

1 南京大屠殺的死亡人數至今仍有爭議。文安立（Arne Westad）在《躁動的帝國》（*Restless Empire*）一書中估計人數超過二十萬，獲得多數西方史學家同意。

2 譯注：即《從帝國廢墟中崛起》（*From the Ruins of Empire: The Revolt Against the West and the Remaking of Asia*）一書。

3 出自帕沙・查特吉（Partha Chatterjee），《帝國與國家》（*Empire and Nation*）。查特吉自己則主張，「我覺得是別的事情。印度的大眾民主愈深化，它的菁英就愈懷念過去那個唯有受啟蒙的紳士才能決定……什麼對大眾好的制度。」

2

1 其他持類似論點的學者，還包括倫敦經濟學院的克里斯多福・柯可（Christopher Coker）和布魯塞爾自由大學的強納生・侯斯塔（Jonathan Holstag）。

2 其中包括伊沃・達爾德（Ivo Daalder），擔任歐巴馬政府首位駐北約大使、菲利普・戈登（Philip H. Gordon），後來擔任歐巴馬政府的歐洲助理國務卿，以及白宮國安會中東協調員。

3 數年後，我問史洛康是否記得這件事。他回答，他已不記得精確的對話內容了，但「那肯定是我在那種情況下會說的話。」

4 一群哈佛大學學者，合撰了一整本書《下一場大戰？》（*The Next Great War*）來做此比較。此書由理查・羅森克蘭斯（Richard Rosencrance）和史蒂芬・米勒（Steven Miller）編輯。

4

1 一如標準的華盛頓風格，白宮和國務院不得體地為「軸心」或「再平衡」的智慧財產權、設計甚至名稱吵得不可開交——希拉蕊的國務院和唐尼隆的國安會互相爭奪主控權。

2 譯注：為加強國際經濟合作、重建國際貨幣秩序，一九四四年七月，四十多個國家的代表在美國新罕布夏州的布列敦森林舉行會議，後於一九四六年二月正式成立國際貨幣基金組織。

6

1 譯注：此路線不必經過麻六甲海峽。

7

1 這個數字是以實質匯率計算而得的。若改用購買力平價計算，中國經濟體的規模是印度的二點五倍。

2 「金磚五國」最初是吉姆．歐尼爾（Jim O'Neill）在二〇〇一年憑空想出的概念。當時擔任高盛集團首席經濟學者的他，想以此為投資人鑑定出最令人興奮、規模最大的新興市場。後來，這個概念在此五國外交部長於二〇〇六年舉行聯合會議時，從頭字語變成實質的組織；二〇〇九年起，會議更升格為領導人高峰會。當時，金磚五國被宣傳為傳統七大工業國高峰會的非西方替代版。這個新組織的政治性質使它必須納入一個非洲國家，因此南非（國名剛好是「S」開頭）便入列了。

9

1 譯注：二〇〇五年七月由英國社運組織發起的全球性運動，目的是向以色列施壓，呼籲以色列政府停止占領巴勒斯坦領土，尊重阿拉伯裔以色列人的平等權，及海外巴勒斯坦難民的回歸權。

10

1 他也是我在《金融時報》的同事，後投效義大利的《共和報》（*La Repubblica*）。

2 譯注：大西洋主義（Atlanticism）指歐洲與北美各國在軍事、政治、經濟方面互相合作之政策。

3 譯注：南海的英文名稱為「南中國海」（South China Sea）。

11

1 我在一九八六年第一次拜訪莫斯科時，莫斯科第一家民營餐廳才開幕不久，我住的國家飯店（National Hotel）破敗又荒涼。但在普丁時代，這裡已經昂貴、奢華到我住不起了。

2 我特別想到吾友愛德華・路卡斯（Edward Lucas），和安・艾波鮑姆（Anne Applebaum）。

12

1 持平而論，這個數據也反映了以下事實：許多被囚的庫德族獨立運動成員都是新聞記者。

13

1 就對非洲的固定投資而言，英、法等歐洲國家在二〇一二年仍領先中國，這反映出雙方可追溯至殖民時代、較長久的經濟關係。但中國直接投資非洲的進展奇快，意味這種情況很可能在未來十年內有所改變。

2 這是二〇一三年時的數據。

東方化：中國印度將主導全球
吉迪恩.拉赫曼（Gideon Rachman）；洪世民譯. -- 初版. -- 臺北市：時報文化, 2017.08
320面；14.8×21公分. --（Next；239）
譯自：Easternisation : war and peace in the Asian century
ISBN 978-957-13-7085-9（平裝）
1. 亞洲問題　2. 外交政策　3. 美國亞太政策
578.193　106012091

ISBN 978-957-13-7085-9
Printed in Taiwan

Next 239

東方化：中國印度將主導全球

Easternisation: War and Peace in the Asian Century

作者　吉迪恩・拉赫曼 Gideon Rachman｜譯者　洪世民｜副主編　陳怡慈｜特約編輯　施舜文｜美術設計　許晉維｜內文排版　綠貝殼資訊有限公司｜董事長・總經理　趙政岷｜總編輯　余宜芳｜出版者　時報文化出版企業股份有限公司　10803台北市和平西路三段240號四樓｜發行專線 ── (02)2306-6842　讀者服務專線 ── 0800-231-705・(02)2304-7103　讀者服務傳真 ── (02)2304-6858　郵撥 ── 1934-4724時報文化出版公司　信箱 ── 台北郵政79-99信箱　時報悅讀網 ── www.readingtimes.com.tw　電子郵件信箱 ── ctliving@readingtimes.com.tw｜人文科學線臉書 ── http://www.facebook.com/jinbunkagaku｜法律顧問　理律法律事務所 陳長文律師、李念祖律師｜印刷　勁達印刷有限公司｜初版一刷　2017年8月｜定價　新台幣380元｜行政院新聞局局版北市業字第80號｜版權所有 翻印必究（缺頁或破損的書，請寄回更換）

時報文化出版公司成立於一九七五年，並於一九九九年股票上櫃公開發行，於二〇〇八年脫離中時集團非屬旺中，以「尊重智慧與創意的文化事業」為信念。